江西竹资源与产品图志

JIANGXI ZHUZIYUAN YU CHANPIN TUZHI

余江帆 主编

中国林业出版社

图书在版编目（CIP）数据

江西竹资源与产品图志 / 余江帆主编. -- 北京：中国林业出版社，2012.11

ISBN 978-7-5038-6881-8

Ⅰ.①江… Ⅱ.①余… Ⅲ.①竹林资源—江西省—图集
②竹制品—江西省—图集 Ⅳ.①F326.275.6-64

中国版本图书馆CIP数据核字（2012）第302333号

责任编辑：贾麦娥
装帧设计：刘临川
出　　版：中国林业出版社（100009 北京西城区刘海胡同7号）
电　　话：010—83227226
发　　行：新华书店北京发行所
印　　刷：北京卡乐富印刷有限公司
版　　次：2012年12月第1版
印　　次：2012年12月第1次
开　　本：230mm × 300mm
印　　张：32
定　　价：208.00元

《江西竹资源与产品图志》编委会

顾　　问：魏运华　罗　勤

主　　编：余江帆

副 主 编：钟秋平　王　森　吕芳德　刘光胜

编　　委：（按姓氏笔画排序）

王贤成　工贤亮　冯绪泉　李坚华　李桂香　朱江华　张　震　邱亦令　邵凤佚　林垂都

杨德威　赵　斌　钟三明　袁振刚　黄　雯　黄敦元　赖学桂　蔡煌远　熊晓洪　魏绪春

本书由中央财政林业科技推广示范资金项目

——“笋竹集约经营及加工利用关键技术培训”资助出版

序

江西简称赣，位于中国东南部，长江中下游南岸。因公元733年唐玄宗设江南西道而得省名，又因境内主要河流赣江而得简称（赣）。古称“吴头楚尾，粤户闽庭”，乃“形胜之区”。东邻浙江、福建，南连广东，西靠湖南，北毗湖北、安徽而共接长江，为长江三角洲、珠江三角洲和闽南三角地区的腹地。地理坐标为北纬24° 7′ ~29° 9′ ，东经114° 02′ ~118° 28′ 之间，境内除北部较为平坦外，东西南部三面环绕有幕阜山脉、武夷山脉、怀玉山脉、九连山脉和九岭山脉，中部丘陵起伏，成为一个整体向鄱阳湖倾斜而往北开口的巨大盆地。全境有大小河流2400余条，赣江、抚水、信江、修水和鄱江为江西五大河流。鄱阳湖为中国最大的淡水湖，同时也是世界上最大的候鸟栖息地。全省总面积16.69万km^2，森林覆盖率达63.1%。自古以来物产富饶、人文荟萃，素有“物华天宝、人杰地灵”之誉。

江西气候温暖，四季分明，光照充足，雨量充沛。年平均气温 11.6 ~ 19.6℃，年日照时数1274.2~2086.0小时，年均降水量1341~1940mm，无霜期240~307天，为亚热带湿润气候。全省林业用地面积16080万亩，占全省总面积的64.2%，全省土壤以红壤为主，总面积达13966万亩，约占全省总面积的56%。江西境内山地丘陵约占全省总面积的78%，其中海拔500m以上的山地占36%，海拔100~500m的丘陵占42%。丰富的立体地形，优越的自然条件，十分有利于竹类植物生长，为竹产业提供了广阔的发展空间。

在新石器时代浙江、江西等南方地区就有大片竹林分布的记载。《禹贡》记载扬州 “淮海惟扬州：彭蠡既猪，阳鸟攸居。三江既入，震泽底定。篠簜既敷，厥草惟夭，厥木惟乔。厥土惟涂泥。厥田惟下下，厥赋下上下错。厥贡惟金三品，瑶琨篠簜，齿革羽毛惟木。岛夷卉服。厥篚织贝，厥苞桔柚，锡贡。” 这里的“扬州”包括现在的浙江、江西、江苏与安徽中南部，相当于现在的淮河以南及东南沿海地区。“彭蠡”为今鄱阳湖，“震泽”为今太湖。“篠”为小竹子，“簜”为大竹子，“苞”为冬笋，“篚”为竹器。江西九江、鹰潭等地出土过大量商周、战国时期的竹制品。江西用竹的历史可以追溯到4000年前。

江西作为全国竹主产区，全省竹林面积达98.6万hm^2，立竹总株数23.21亿株，竹林面积和立株数均居全国第二位。竹子植物种类共22属176种(含种下等级，下同)，其中自然分布的有19属117种，引进3属35种7变种12变型5个杂交组合。竹类种质资源丰富，优良种类众多，材用、笋用、观赏、工艺、环保等各类用途竹种齐全，大、中、小、微各型竹种具备，资源遍布全省。近年来，随着改革开放和绿色经济的发展，竹产业已越来越引起人们的重视，竹加工产品规模不断扩大，经营管理及生产技术水平不断提高，制品种类日益增多，产品日益丰富。全省共有竹加工企业780余家，产品从竹地板、竹胶板等发展到竹键盘、竹瓷工艺品、重竹仿古家具等1000余种，在建筑、经济、艺术、电子、造纸、轻工、家具、包装、运输等行业中得到广泛应用。2011年江西竹产业总产值达164.8亿元，占全省林业总产值的25.5%。

《江西竹资源与产品图志》从江西竹资源及其分布、竹类生物学特征及江西省主要竹种、竹文化的起源与发展、江西竹类科学研究与创新成果、竹产品专利技术推广、主要竹产品等6个方面搜集整理了大量翔实资料。全书注重形式的艺术性、产品的真实性、编撰的科学性、知识的完整性和内容的实用性，力求文字简洁，图文并茂，内容丰富，使用方便。《江西竹资源与产品图志》的问世，必将提升江西竹产品的知名度，推动江西竹产业工作再上新台阶。

闫钢军

2012年12月

前　言

“竹简”、“竹纸”——就竹行文是中国古代的一项独特发明，是中华先民给人类社会留下的宝贵文化财富，所遗下的“竹简”、“竹纸”，聚为中华文明灿烂之见证，散为各博物馆璀璨之明珠，凝结着古人的心思与智慧，闪耀着民族的星火与光芒，它见证了历史、记录了历史、传唱着历史，是全人类文明的瑰宝。

竹子的用途异常广泛，就对竹子的栽培利用而言，历史之久、产品之多、用途之广，其他植物无与伦比；就对竹子的文化内涵而言，依本性之固、直、空、贞，托树德、立身、体道、励志的中华文化实质，其他自然物体不能肩齐。随着时代的步伐，竹业已成为一种集经济、生态、文化价值于一体的新兴产业，应用于材料、纺织、医药、旅游、电子、国防工业等领域，给社会带来了巨大的财富和众多的便利。国家在解决了民生的基本物质需求之后，便会为人民营造舒适、恬美、雅致、清新的生活氛围，竹子作为可再生的绿色天然资源，可谓得天独厚。无论从竹为材料发展低碳生物循环经济与生态服务的基本功能着眼，还是从竹喻精神延续人与自然绵长和谐的文化关系考虑，均为他物不可替代。那清新、美丽、高贵、典雅的外在品性；那坚贞、不屈、深厚、凝重的内在涵养，都是中华民族优秀文化传承的载体。

《江西竹资源与产品图志》是一部论述中华竹文化，介绍江西竹资源、竹加工利用以及竹类科技发展现状的实用性科普读物。作者根据考古的竹器实物、文献记录与现代的专利产品、科学成果，全面总结了中国竹文化发展7000年的成就，分时代论述了各阶段竹栽培与利用的发展历史与文化特点；系统介绍了现代江西竹资源、主要经济竹类品种、竹产品、竹类科学研究与创新成果及竹加工生产企业，为江西竹业进一步的文化内涵积淀与产业外延扩展，提供值得借鉴的资料。本书内容丰富，具有历史性、知识性、科学性和趣味性，是一部集社会科学与自然科学、基础理论与应用技术、古代发现与现代科学于一体的科技论著。全书共分6章，附录5个。

本书可以作为竹文化爱好者、林业科研院所从事竹类研究的科研人员、大专院校相关专业的老师和学生、竹企业家、农林单位从事竹资源保护和利用的专业人士，以及广大园林和竹业开发与生产企业技术人员的重要参考书。

本书在编写过程中查阅了大量的文献、走访了众多的企业，得到了江西省林业厅、中南林业科技大学、中国林业科学院亚林中心、江西省竹子种质资源与利用重点实验室、江西省林业科学院竹类研究所、江西省竹产业协会与相关企业有关领导和竹类专家的大力支持，现借本书面世之际，向文献作者、单位领导、行业专家谨致以最诚挚的谢意！

但终因编著者水平所限，时间仓促，错误与不足之处在所难免，恳请广大读者批评指正。

编者

2012年11月

目　录

JIANGXI ZHUZIYUAN YU
CHANPIN TUZHI
江西竹资源与产品图志

第一章 江西竹资源及其分布

JIANGXI ZHU ZIYUAN JIQI FENBU

1.1 世界竹资源

1.1.1 世界竹种质资源

全世界共有竹种70多属，1 200多种，而中国有竹种48属，占世界竹属的50%多，竹种（含变种）500余种，约占世界竹种的42%。而竹种分布排世界第二的日本，只有13个属，230余种，可见，中国竹种具有高度丰富多样性。并且据调查考证，许多竹种为我国特有，其中特有竹属就有10个63个竹种（含变种）。即酸竹属（*Acidosasa*）5个种，悬竹属（*Ampelocalamus*）7个种，巴山木竹属（*Bashania*）4个种，井冈寒竹属（*Gelidocalamus*）10个种，铁竹属（*Ferrocalamus*）1个种，薄竹属（*Leptocanna*）1个种，异枝竹属（*Metasasa*）2个种，单枝竹属（*Monocladus*）5个种，少穗竹属（*Oligostachyum*）17个种，筇竹属（*Qiongzhuea*）11个种。

1.1.2 世界竹种分布

目前全世界竹林面积约2 200万hm^2。世界的竹子地理分布可分为3大竹区，即亚太竹区、美洲竹区和非洲竹区，有些学者还单列“欧洲、北美引种区”。

1.1.2.1 亚太竹区

亚太竹区是世界最大的竹区。南至南纬42° 的新西兰，北至北纬51° 的库页岛中部，东至太平洋诸岛，西至印度洋西南部。本区竹子50多属，900多种。既有丛生竹，又有散生竹，前者约占3/5，后者约占2/5，其中有经济价值的有100多种。

主要产竹国家有中国、印度、缅甸、泰国、孟加拉国、柬埔寨、越南、日本、印度尼西亚、马来西亚、菲律宾、韩国、斯里兰卡等。

1.1.2.2 美洲竹区

南至南纬47° 的阿根廷南部，北至北纬40° 的美国东部，共有18个属，270多种。美洲竹类植物中，青篱竹属为散生型，其余17属均为丛生型。在北美，除大青篱竹及其两个亚种外，没有乡土竹种。在拉丁美洲，南北回归线之间的墨西哥、危地马拉、哥斯达黎加、尼加拉瓜、洪都拉斯、哥伦比亚、委内瑞拉和巴西的亚马孙河流域是竹子分布的中心，竹种十分丰富，由此而南直至阿根廷则逐渐减少。

在南北美洲，竹子分布主要集中在东部。竹子的垂直分布，由海拔几米至海拔3 000m。20世纪以来，南北美洲还从亚洲引种了大量的竹种。主要竹类植物有：青篱竹属（*Arundinaria*）17种，*Merotstachys*属16种，*Guadua*属17种，*Chusqu*属22种，刺竹属（*Bambusa*）70种。

1.1.2.3 非洲竹区

该区竹子分布范围较小，南起南纬22° 莫桑比克南部，北至北纬16° 苏丹东部。在这范围内，由非洲西海岸的塞内加尔南部、几内亚、利比里亚、象牙海岸南部、加纳南部、尼日利亚、喀麦隆、卢旺达、布隆迪、加蓬、刚果、刚果（金）、乌干达、肯尼亚、坦桑尼亚、马拉维、莫桑比克，直到东海岸的马达加斯加岛，形成从西北到东南横跨非洲热带雨林和常绿落叶混交林的斜长地带，这是非洲竹子分布的中心。

在非洲北部苏丹境内的尼罗河上游河谷地带和埃塞俄比亚的温带山地森林地区都有成片的竹林分布。然而非洲大陆的竹类区系很贫乏，根据记录，乡土竹种有锐药竹（*Oxytenanthera abyssicillca*）和高山箭竹（*Arundinaria alpha*）等几种，加上引种的也不过十几种，分属山竹属、滇竹属和青篱竹属，形成大面积的天然纯林，或与其他树种伴生成为混交林的下层。例如在肯尼亚的山区就有青篱竹13万hm^2，在埃塞俄比亚有10万hm^2的滇竹。东非的马达加斯加岛，降水量高，气候温暖，竹种比非洲大陆丰富。

1.1.2.4 欧洲和北美洲引种区

世界竹子分布，主要在亚、非、拉的一些国家。欧洲没有天然分布的竹种，北美原产的竹子也只有几种。近百年来，英国、法国、德国、意大利、比利时、荷兰等欧洲国家和美国、加拿大等从亚、非、拉的一些产竹国家引种了大量的竹种。例如，美国从中国引种的刚竹属竹种就有35种。目前，世界上绝大多数竹林仍处于荒芜状态，滥砍滥伐严重，经营管理水平低，产量不高。20世纪80年代以来，一些热带、亚热带国家都重视发展竹业生产。其中，经营历史较久、经营管理水平较高的要算中国和日本。

1.2 中国竹资源

1.2.1 中国竹种资源

我国是世界上竹子的中心产区之一，竹材是我国的特色资源，其种类、面积和产量均居世界首位。世界有竹类植物50多属、1200多种，我国就占到48属、500多种。我国竹林面积达700万hm^2，占国土面积的0.5%，占森林面积的2.87%，竹材年总产量达1800多万t，其中纯竹林400多万hm^2、原始高山竹丛300万hm^2，在400多万hm^2纯竹林中，具有较高经济利用价值的毛竹林有280万hm^2。目前，毛竹是重要的竹种，约占用材竹林的2/3，全国毛竹年产量约5亿根，各类杂竹300多万t，相当于1000余万m^3的木材。但竹材资源主要集中于我国南方的福建、浙江、江西、湖南、广东、四川、安徽、湖北、广西、重庆10个地区，这些地区竹林面积占全国竹林总面积的93.78%，其中前三个省的竹林面积占全国竹林总面积的50%。在全国形成了浙江省安吉、临安，福建省建瓯、顺昌等著名的“中国十大竹乡”。

1.2.2 中国竹种分布

中国是世界上最主要的产竹国，无论是竹子的种类、面积、蓄积量及竹材、竹笋的产量都雄居世界首位。竹林资源集中分布于四川、浙江、江西、安徽、湖南、湖北、福建、广东，以及广西、贵州、重庆、云南等地的山区，其中以福建、浙江、江西、湖南4省最多，占全国竹林总面积的60.7%。

由于我国各地气候、土壤、地形的变化和竹种生物学特性的差异，中国竹子分布具有明显的地带性和区域性，有将其分为三大区、四大区和五大区的，本书按薛纪如先生等将我国竹林划分为五大竹区。

1.2.2.1 北方散生竹区

包括甘肃东南部、四川北部、陕西南部、河南、湖北、安徽、江苏及山东南部、河北西南部等地区。位于北纬30° ~40° 之间，年平均温度12 ~ 17℃，1月平均温度-2 ~ 4℃，年降水量600 ~ 1200mm，该区约分布竹类10属29种10个变种和变型。该区竹类代表竹属是刚竹属（*Phyllostachys*）、苦竹属（*Pleioblastus*）、箭竹属（*Fargesia*）、青篱竹属（*Arundinaria*）、赤竹属（*Sasa*）等。在这一区域内，主要分布竹种以刚竹属的散生竹种为主，如毛竹、金竹、刚竹、桂竹、淡竹、水竹、斑竹、紫竹、毛金竹及其变种等。依据竹类水平分布，该区又可分为3个自然的亚地区：①北亚热带湿润气候淮河、汉水上游竹区；②暖温带半湿润气候黄河中下游竹区；③暖温带半干旱气候陕甘宁竹区。

1.2.2.2 江南混合竹区

本区包括四川东南部、湖南、江西、浙江、安徽南部及福建西北部，约相当于北纬25° ~30° 之间，年平均温度15 ~ 20℃，1月平均温度4 ~ 8℃，年降水量1200 ~ 2000mm。该区具有散生竹和丛生竹混合分布的特点，是中国竹林面积最大的地区，竹子资源最丰富，主要的代表竹属有刚竹属、苦竹属、少穗竹属（*Oligostachyum*）、大节竹属（*Indosasa*）。该区内散生型的竹种主要有毛竹、刚竹、水竹、淡竹、石竹、早竹、花竹、哺鸡竹、桂竹等；丛生型的竹种有慈竹、凤凰竹、孝顺竹、硬头黄等；混生型的有箬竹、苦竹等。竹子与壳斗科树种（如闽粤栲、丝栗栲、青冈等）、木兰科、山茶科、金缕梅科等树种形成各种类型混交林。该区是我国人工竹林面积最大、竹材产量最高的地区，而尤以毛竹为甚，毛竹林的面积280万hm^2，是我国毛竹分布的中心地区，竹业生产较为发达。

1.2.2.3 西南高山竹区

主要包括地处横断山区的西藏东南部、云南西北部和东北部、四川西部和南部。该区位于北纬10° ~20° 之间，年平均温度 8 ~ 12℃，1月平均温度-6 ~ 0℃，年降水量800 ~ 1000mm。该区主要以熊猫的主食箭竹属和玉山竹属等合轴散生型高山竹类为主，一般分布在海拔1500 ~ 3600m或更高地带。

1.2.2.4 南方丛生竹区

根据竹种组成和生存条件的不同分为两个亚区。位于北纬10° ~20° 之间，年平均温度20 ~ 22℃，1月平均温度8℃以上，年降水量1200 ~ 2000mm。

（1）华南亚区 包括台湾、福建沿海、广东南岭以南及广西东南部，处于南亚热带季风常绿阔叶林地带和热带季雨林及雨林地带，主要竹种有刺竹属，种类最多，数量最大，为该属的分布中心，还有思劳竹属（*Schizostachyum*）；东部的福建还有复轴混生型唐竹属（*Sinobambusa*）竹种出现。该区竹种数量较多，主要以丛生竹为主，其代表竹属有刺竹属、牡竹属（*Dendrocalamus*）、酸竹属、茶秆竹属、藤竹属（*Dinochloa*）、巨竹属、单竹属（*Lingnania*）、梨竹属（*Melocanna*）、滇竹属（*Oxytenanthera*）等；主要竹种有青皮竹、莉竹、撑篙竹、硬头黄、绿竹、麻竹、甜竹、大头典竹、单竹、牡竹、梨竹、龙竹、滇竹、巨竹、藤竹等。

（2）西南亚区 包括广西西部、贵州南部及云南，竹种主要有牡竹属、巨竹属、空竹属、泰竹属、方竹属（*Chimonobambusa*）、箭竹属、筇竹属、玉山竹属（*Yushania*）、慈竹属（*Neosinocalamus*）等丛生竹类，尤以牡竹属种类最多，是该属的分布中心。

1.2.2.5 琼滇攀援竹区

包括海南岛中南部，云南南部和西部边缘，西藏东南察隅、墨脱。此区竹类的主要特点是具有多种攀援性丛生竹类，主要有藤竹属、梨藤竹属、思劳竹属及刺竹属的一些种类。

1.3 江西竹资源

1.3.1 江西竹种资源

江西地处亚热带，纬度跨越大，全省处季风气候区，温暖湿润，东南西三面环山，北为江湖，具有完整的鄱阳湖水系。境内气候条件优越，水热资源充沛，土壤类型丰富，地形复杂，生境多样，适宜竹类植物生长，竹类种质资源繁多。竹类种质资源广布于全省99个县市（区），材用、笋用、观赏、纸浆林及水土保持林等各类用途竹种齐全。大、中、小、微各型竹种具备，尤其是特有和经选育及引进的不少适宜全省推广栽培的优良笋用、珍贵观赏、材用或笋材两用竹种。全省现有竹子植物种类共22属176种，其中自然分布的有19属117种，引进3属35种7变种12变型5个杂交组合。自然分布种类中丛生型竹种有3属22种，分别占自然属种的15.8%和18.8%，其中以竹属种类为最多，达19种，分别占自然竹种总数和丛生竹种的16.2%和86.4%；散生型竹种有17属95种，分别占自然属种的84.2%和81.2%，可见散生型竹类占有绝对优势，其中又以刚竹属竹种为最多，达29种，分别占自然分布种类和散生型竹种的24.8%和30.4%。引种中丛生竹种引进2属13种，占引进种数的22.0%，散生型竹种引进1属46种，占引进种类的78.0%。其中以刚竹属竹种引进最多，达35种，占引进种数的59.3%。

1.3.2 江西竹林资源

江西省现有竹林面积92.4万hm^2，占林业用地的7.1%，占全国竹林总面积的17.4%，总蓄积量达45.7亿根。其中毛竹林面积达84万hm^2，占全省竹林总面积的90.3%，占全国毛竹林总面积的25.2%，居全国第2位，蓄积量15.7亿根，占全国毛竹总蓄积的23.4%，居各省之冠。其他竹类林分面积约8.4万hm^2，蓄积量30.0亿根。全省5个地区中竹林面积最多的是宜春地区，其次是赣州地区，分别是16.88万hm^2和10.27万hm^2，毛竹林面积和蓄积最多的也是宜春地区，分别是16.77万hm^2和2.51亿株，其次是抚州地区，分别为8.86万hm^2和1.75亿株，竹林面积最少的九江地区，仅3.64万hm^2，但该地区中、小型竹种竹林面积较大，且蓄积量也最多，分别达1.66万hm^2和12.09亿株，尤其是淡竹林面积较大，达1万hm^2以上，且林相整齐，资源保护较好。

全省1万hm^2以上的毛竹产竹县市有26个，其中面积最大的是宜丰县，其次为奉新、崇义、铅山县，分别为5.60万hm^2、4.22万hm^2、3.81万hm^2和3.27万hm^2；资源最多的也是宜丰县，其次是崇义、奉新和资溪县，分别为0.73亿株、0.73亿株、0.65亿株和0.57亿株。崇义和宜丰分别被命名为全国十大竹乡之一。上述4县在全国20名以内重点毛竹产区县中面积和蓄积分别居第二、四、八、十三位和第一、二、三与九位。

江西省主要产竹县毛竹资源表（2009年）

单位：hm^2/万株

序号	单位	面积	株数	序号	单位	面积	株数	序号	单位	面积	株数
1	崇义县	45091.0	9836.5	16	大余县	19846.1	3715.9	31	明月山	12035.9	2240.7
2	宜丰县	60766.4	8973.2	17	武宁县	16488.9	3692.3	32	弋阳县	11672.3	2204.1
3	奉新县	43475.9	7621.4	18	芦溪县	15447.0	3629.0	33	全南县	8094.9	2150.1
4	宜黄县	34947.9	7353.1	19	乐安县	21370.4	3604.6	34	瑞金市	10351.9	2105.8
5	铅山县	34976.8	6717.9	20	上饶县	23141.6	3533.4	35	宁都县	9656.3	2003.7
6	资溪县	33525.3	6707.3	21	泰和县	13707.5	3082.1	36	浮梁县	8878.3	1924.7
7	万载县	41900.3	6000.4	22	德兴市	14858.4	3081.6	37	金溪县	5898.2	1882.1
8	贵溪市	28438.8	5569.1	23	袁州区	16923.5	2969.9	38	湘东区	10646.6	1874.0
9	遂川县	25434.7	5408.8	24	井冈山市	13738.8	2950.8	39	临川区	9481.0	1780.7
10	黎川县	20263.8	4977.1	25	上犹县	13491.5	2900.6	40	定南县	8721.8	1596.1
11	铜鼓县	29830.5	4944.3	26	南丰县	10474.1	2669.5	41	龙南县	6927.9	1545.4
12	安福县	28641.6	4871.7	27	婺源县	13920.2	2635.0	42	永修县	6665.8	1429.5
13	靖安县	32809.5	4477.3	28	分宜县	10459.5	2571.2	43	广丰县	9033.4	1385.8
14	崇仁县	21636.6	4333.5	29	永丰县	15274.2	2265.4	44	南城县	11395.7	1290.1
15	万安县	18589.2	3759.2	30	丰城市	8117.7	2249.0	45	吉水县	7057.6	1197.6

1.3.3 中国竹子之乡介绍

1.3.3.1 宜丰县

宜丰县毛竹资源丰富，有毛竹林面积60766.4 hm^2（其中丰产竹林基地51万亩*），毛竹蓄积量8973.2万株，毛竹林面积居全国第三、全省首位，被命名为“中国竹子之乡”“中国竹产业集群县”。宜丰县作为“中国十大竹子之乡”之一，有发展毛竹产业得天独厚的条件。为了在省级竹产业基地的基础上做大做强竹产业，宜丰县委、县政府在“十二五”期间，科学规划，统筹兼顾，努力打造国家级竹加工产业基地。

宜丰县为了发展林业经济，充分利用全县的适林荒山、荒地和公路两旁适植竹地，引导林农栽植丛竹，变闲山地为发财致富地。宜丰县在本县澄塘镇黄坪村建立斯米克竹浆纸一体化丛竹试种基地，面积300亩，试种品种12个，分别从福建永安、华安引进种竹。主要品种有：吊丝单竹、绵竹、粉单竹、坭竹、梁山慈竹、绿竹、硬头黄竹、大木竹、慈竹、撑篙竹、青杆竹和苦绿竹等。

为了推广丛种种植，真正让林农得到实惠，全县林浆纸一体化项目原料基地建设可用地初步核查为300779.2亩（16个乡、镇、场），其中：荒地、房前屋后闲地23597.1亩，公路两旁可用地24900.7亩。这些适地的开发使用必将为宜丰县竹加工产业的发展带来新增长点。

宜丰县现有竹地板、竹胶合板、竹工艺、竹门、竹凉席、竹筷等竹加工企业80多家。2012年上半年竹加工产业基地主营业务收入6.89亿元，同比增长8.2%；实现利税0.98亿元，同比增长46%。2012年新引进竹加工产业项目3个：一是总投资8000万元的精品竹席项目，二是总投资4000万元的竹制滑板项目，三是总投资3600万元的竹叶黄酮项目。这些科技创新项目陆续进驻，为基地注入了新的活力和动力，促使其他企业进行技术研究和创新，以在市场经济条件下立于不败之地。

宜丰县政府全力以赴为竹产业的发展提供政策支撑。一是搭好项目承载平台，规划了面积为5km^2的竹加工产业基地。第一期开发面积2km^2，规划建设竹产业基地发展服务平台（含竹产业综合楼、竹产品研发中心、种竹栽培试验基地），建设重竹地板等新型建筑装饰建材加工区，竹炭、竹醋、医药

*：1亩=667m^2，下同。

保健品加工区以及竹纤维纺织、竹家具工艺品等生产加工区。

二是配套完善“七通一平”（通水、通电、通路、通讯、通邮、通宽带网络、通有线电视和平整场地）。

三是基地建设按照统一规划、分步实施的原则，力争3年努力打造成为国家级竹加工产业基地，引进竹制品加工企业50家，形成加工毛竹3000万根的能力，全县竹加工产业生产总值达到30亿元，10年内达到规划规模并发挥整体效益，全县竹加工产业生产总值达100亿元，竹加工产业发展达到全国一流水平，并正式确定创建院士产学研基地，为竹材工程技术研究开发成果的转化打造一个重要平台。

宜丰县在中国毛竹之乡的基础上，于2010年被中国竹产业协会授予“中国竹产业集群县”。

宜丰 双峰林场毛竹原材料基地1（宜丰县林业局提供）

宜丰 双峰林场毛竹原材料基地2（宜丰县林业局提供）

1.3.3.2 奉新县

奉新县是被国家林业局授予“中国毛竹之乡”、“中国竹产业集群县”荣誉称号的毛竹产业大县。奉新县把竹产业作为富民强县的支柱产业之一，按照资源与科技并重、规模与质量齐升的思路，全面转型升级，实现了由作坊式加工向企业化生产转变、初级加工向精深加工转变、分散经营向强强联合转变，使竹产业得到快速发展和全面提升。

该县拥有竹林面积达43475.9hm^2，立竹蓄积量7621.4万株，是全国第三，江西第二大毛竹产区。竹林培育是竹产业转型升级的基础工程，该县紧抓林改机遇，大力培育毛竹资源。通过推行林权担保贷款、利用退耕还林后续项目资金等多种方式，帮助林农筹措资金，大力推广毛竹低产林改造、竹腔竹蔸施肥等技术，增强林农投入效益，大大调动了林农的积极性。近几年来，全县成立造林专业队11个，共造毛竹林3.2万亩，相比林改前增长3倍；采取“公司+农户”模式建设原材料基地，变林农分散经营为农企联合经营，增强资源培育的合力；实行竹林轮流封山，坚持合理采伐，资源蓄积量得到不断提升。尤其在2008年雨雪冰冻灾害后，该县注重在毛竹林中培植阔叶树，发展毛竹混交林，以减少病虫害，增强竹林对雨雪冰冻等自然灾害的抵抗力；并加大“养山”力度，减少毛竹采伐，连续禁笋5年，竹腔竹蔸施肥30万亩，施毛竹专用肥3万亩。通过两年多的努力，该县亩立竹量由灾后初期的60~70株恢复到120株以上。

奉新县全面提升竹加工企业的潜能，以科技创新引领竹产业的发展。目前有竹地板、竹胶合板、竹家具、竹厨房用具、竹工艺、竹筷、竹制品、竹凉席企业90多家，产品多样化，年产值达19.8亿元，产品销往欧美、东南亚等28个国家和地区，出口创汇占江西

奉新毛竹不仅质量好，趣味也不少。图为奉新奇特的翘竹林（奉新县林业局提供）

首位。

奉新县全力推动竹产业的转型升级，该县加快资源整合和科技创新步伐，依托本地的资源优势吸引外地的先进技术，促成本地企业和外地企业强强联合，促进了生产工艺和产品更新。同时，县财政设立中小企业发展基金、企业科技发展基金，对企业技改进行补贴，鼓励企业不断改进生产工艺；对于通过提高产品产量和质量，从而提高产品销售单价的企业，按照“保存量，分增量”的办法，将税收增量部分的10%奖励给所在企业用于技改和提高产品质量；鼓励企业争创品牌，凡获得中国驰名商标、中国名牌的企业，奖励10万元，获得省著名商标、省名牌、省重点保护产品的企业，奖励4万元。目前已有康达、飞宇、华昌、华强、亿利、松涛、泰豪七家公司成为江西林业产业化龙头企业。康达集团的“通贵”牌、飞宇集团的“春红”牌、华昌集团的“鑫华昌”牌、亿利公司的“园菱”牌、环宇公司的“环宇”牌、松涛公司的“竹涛”牌获江西著名商标和江西重点保护产品称号。康达集团的“通贵”牌竹地板系列产品被评为中国驰名商标。

由于奉新竹产业政策优惠和异军突起，为当地的农民致富搭建了很好的平台，也为林业产业可持续发展奠定了坚实的基础。全县有3.5万多人从事竹产业，为当地经济的发展做出了贡献。

奉新竹海（奉新县林业局提供）

1.3.3.3 崇义县

崇义县是全国毛竹之乡，竹林资源丰富，现有竹种7属40种，竹林面积45091.0hm^2，占全县有林地面积的23.7%，毛竹活立竹蓄积量9836.5万株。1996年获得全国十大“竹子之乡”称号。全县有以华森竹业公司、贵竹公司、盛竹公司为龙头的毛竹加工企业171家，年生产竹能力 800万根。崇义县主要竹产品是竹地板、竹胶合板、竹筷、竹工艺、竹拉丝、竹凉席等30多种，产品30%外销欧美、中东和东南亚。有华林公司、贵竹公司、盛竹公司等农业产业化龙头企业和林业产业化龙头企业6家，2011年竹业总产值5.4亿元，实现税收2600万元，安排就业人员1.6万人。

2006年，为进一步打造“竹乡品牌”，县委、县政府将竹产业发展列入重要议事日程，制定出台了《崇义县2006—2010年竹产业发展规划》（崇府发[2006]3号）和《加快竹产业发展的意见》（崇发[2006]12号），对分户经营的自留山、责任山和已租赁经营的毛竹林严格按照县委、县政府《关于深化林业产权制度改革的实施意见》和“双十条规定”维护经营者的合法权益；对未落实经营主体的村集体的竹林，通过公开招标租赁拍卖等形式落实经营主体；对已租赁的竹林林改后减免税费归林权单位（个人）享受，让利款按每亩每年产竹10～20根，每根按让利1元计算调整租金，并签定好政策性让利补充协议。经营期满后，承租人在同等条件下可享有优先承租权。在发展布局上，以云山、万长山、天台山、黄雀坳和天星寨为中心，选择立地条件好，交通便利，毛竹林相对集中连片的横水、铅厂、文英、乐洞等乡镇建设20万亩笋竹两用重点丰产竹林基地。在竹产业发展上，财政每年安排不低于300万元的资金，用于奖励扶持毛竹资源的开发培育，并大力发展产业协会和产业经济合作组织，以协会为平台，积极抓好毛竹林实用技术的推广，在全县推广“毛竹竹腔施肥丰产技术”、“猪—沼—竹”绿色无公害有机肥新技术，带动了该县竹产业迅速发展。2009年，全县完成竹林清理25.2万亩，新造丛生竹2.6万丛，新建“猪—沼—

竹”示范基地9个，完成毛竹生产、销售815万根，鲜笋1.2万吨，实现竹业总产值3.8亿元，其中：笋竹加工业实现产值1.9亿元，创税9600万元，林农人均来自竹产业的收入达1513元，占林农总收入的33%左右。竹产业已成为我县农业产业化发展中最具潜力、农民增收最大、财政增长最快的产业。

崇义竹林人家（崇义县林业局提供）

崇义竹海（崇义县林业局提供）

1.3.3.4 安福县

安福县是全国竹子之乡，毛竹资源十分丰富，种植毛竹面积23673.3hm^2，立竹3075.59万株。该县通过“政策活竹、科技兴竹、龙头强竹”，变毛竹资源优势为特色产业优势。毛竹制品加工企业如“雨后春笋”蓬勃发展，产品科技含量显著提升。

早期毛竹只是用来做竹椅、竹凳、竹床、竹桌、竹席等初级产品，市场不大，经济价值也不高。近年来，在县委、县政府的引导下，引进和培植竹产业龙头企业，鼓励开发具有市场竞争力的高档竹产品，全县毛竹产业快速发展。一根竹子，实现了从竹根、竹竿、竹叶甚至到竹屑在内的全竹利用：竹根做根雕，竹竿制地板、高档凉席，竹梢、竹鞭做工艺品，就连传统竹产业中的废料——竹屑也得到利用，加工成竹炭等系列产品。

目前，全县从事毛竹产业的竹农达到1万多户，共有竹加工企业10余家，其中年产值1亿元以上的有2家。竹产品囊括10余个系列、100余个品种，竹产业年产值达5.8亿元。产品远销全国各地甚至东南亚。全面提升了该县毛竹产业规模化发展。

安福县主要竹产品以竹地板、竹胶合板、竹工艺、竹凉席、竹拉丝等品种为主。江西安福竹业有限公司业等企业被评为省十佳民营农业产业化龙头企业。

为使安福县的竹产业快速发展，以科技兴竹，实施毛竹发展“三个一”工程，长期与江西林科院合作，并聘请4名全国知名专家为顾问，培训竹业研发人员486人，建立和完善县、乡、村三级竹业技术推广网络，让科技兴竹深入企业，深入千家万户。

安福县每年财政安排100万元专项资金扶持毛竹低改，并建立毛竹发展基金。金融部门建立林权抵押贷款“绿色通道”，为发展毛竹产业的竹农解决投资难题，竹业发展优惠政策和有力措施的出台，不仅让安福县1.2万多户竹农和130多处社会主体参与毛竹资源培育的热情高涨，还吸引了省外34家业主来安福投资，使安福的竹山更进一步获得了生机和活力，实行了集约经营，更做大做强了竹产业。

竹乡安福（安福县林业局提供）

1.3.3.5 资溪县

资溪县是全国竹子之乡，毛竹资源十分丰富，毛竹面积33525.29hm^2，立竹6707.31万株。资溪属中亚热带湿润季风气候区，全年气候温暖，光照充足，雨量充沛，无霜期长，水热资源丰富，适合林木、农作物生长，优越的自然条件，资溪人“把山当田耕，把竹当菜种”。为了提高毛竹林培育水平，资溪决策者们陷入深思，政府“执柯作伐”。成立毛竹产业专题调研组，对全县毛竹产业发展现状进行深入调研，并分赴浙江、福建考察学习，提出按照考评与投入并重、规模与经营齐升的思路，全面转型升级，实现山上分散经营向集约经营、规模经营转变，山下初级加工向精深加工、企业化生产转变。在实施毛竹产业转型升级方案中，该县大力发展林业专业合作社、民营林场、毛竹协会、有机竹笋协会、竹工艺品协会，通过“公司（合作社、林场）+基地+农户”的形式，实现林地适度规模经营、集约经营，解决一家一户想办而办不成的事情，为不同组织成员提供生产、销售、加工、运输、储存等技术和信息，增强市场竞争力。取消毛竹采伐限额指标，实行即报即批；对年纳税100万元以上的重点竹材加工企业，给予奖励扶持；对企业争创品牌、地名商标和省级以上名牌，给予重奖。鼓励毛竹加工企业对接旅游市场，在资源利用“吃干榨尽”的基础上，大力发展竹根雕、竹地板、竹家具、旅游工艺品、竹炭、竹医药以及竹高分子材料等高科技高附加值产品，将一根原始价值15元左右的竹子，产值提升到50元以上。

同时与南京林业大学、江西农业大学、江西省林业科学院、浙江农林大学建立了长期合作关系，聘请了4名全国知名专家、教授担任竹业开发技术顾问，建立了密切的协作关系。广泛开展毛竹林培育技术培训班，每年招集毛竹林经营专业户举办1~2次技术培训，内容主要为竹林培育技术、竹林栽培技术、毛竹笋竹两用林丰产培育技术、竹腔施肥技术、毛竹林病虫害防治技术等，这些技术大大提高了群众经营竹林的整体水平。建设“丰产高效毛竹示范片”，开展“丰产高效毛竹示范户”的竞赛活动，通过示范典型，带动经营走应用新科技、科学育竹、高投入高产出之路，提高竹林整体质量。连续三个轮回实施“禁笋护竹”行动，做到山上不挖、路上不运、市场不卖；采取项目促动和年度考评等方式，鼓励引导经营大户、基地企业、投资开发商，新建和改造林区公路，解决商品竹运输困难，全县林区公路已四通八达，总长达300多公里；在南方林场试行竹腔施肥，在德顺林场开展砍杂、垦复、号竹对比示范，在全县推广“两林场”科技投入的成功做法，不但丰产高效优质毛竹基地扩充至30多万亩，而且乡村旅游新添竹海观光和竹园采摘20多个景点，共同唱响资溪生态旅游，年综合收入逾5.9亿元。

多管齐下，从“跟跑”到“领跑”，一系列竹产品从国内热销走向国际畅销，占领了毛竹产业“制高点”。目前，该县兴办竹类加工企业42家，其中省级龙头企业5家，全县建立竹业合作社、民营林场和协会组织9家，就业创业于产业链条的竹农近2万人，2011年实现产值近20亿元。

资溪林业局提供

江西竹资源与产品图志

JIANGXI ZHUZIYUAN YU CHANPIN TUZHI

第二章 竹类生物学特征及江西省主要竹种

ZHULEI SHENGWUXUE TEZHENG JI JIANGXISHENG ZHUYAO ZHUZHONG

2.1 竹类形态特征

竹类植物的形态特征不同于其他树种，而形态特征是竹类植物分类的主要依据。竹类植物营养器官可分为地上和地下两部分。地上部分有竹秆、枝、叶等，竹在幼苗阶段称为竹笋；而地下部分则有地下茎、竹根、鞭根及竹秆的地下部分等。

2.1.1 地下茎

竹类植物的地下茎是在地下横向生长的主茎，既是养分贮存和输导的主要器官，也具有分生繁殖的能力。地下茎俗称竹鞭，亦由节和节间组成，圆而中空。节由鞭环和箨环组成，鞭环上着生芽和鞭根；箨环为鞭箨脱落后留下的痕迹。地下茎先端生长部位称为鞭笋或顶芽。竹类植物的繁殖主要靠地下茎上的芽发笋成竹繁衍后代。

雷竹笋

同一属的竹种具有相同的地下茎类型，因此地下茎是竹类植物分类的重要特征之一。根据地下茎的形态特征和进行分生繁殖的特点，可将竹类植物的地下茎分为以下4种类型：

（1）单轴散生型 有真正的地下茎（即竹鞭），鞭上有节，节上生根，每节着生一侧芽，交互排列。侧芽或出土成竹，或形成新的地下茎，或呈休眠状态。顶芽不出土，在地下扩展，侧芽出土成竹，地上茎（竹秆）在地上散生，故又称为散生竹。如刚竹属*Phyllostachys*、方竹属*Chimonobambusa*、酸竹属*Acidosasa*等。

竹鞭

（2）合轴丛生型 无真正的地下茎，由秆基的大型芽直接萌发出土成竹，不形成横向生长的地下茎，秆柄在地下也不延伸，不形成假鞭，竹秆在地面丛生，故又称为丛生竹。如刺竹属*Bambusa*、牡竹属*Dendrocalamus*等。

（3）合轴散生型 秆基的大型芽萌发时，秆柄在地下延伸一段距离，然后出土成竹，竹秆在地面散生。延伸的秆柄形成假地下茎（假鞭）。假鞭与真鞭（真正的地下茎）的区别是，假鞭有节，但节上无芽，也不生根。秆柄延伸的距离因竹种不同而有很大差异，或数十厘米，或可达几米。如箭竹属 *Fargesia*（*Sinarundinaria*）等。

（4）复轴混生型 有真正的地下茎，间有散生和丛生两种类型，既可从竹鞭抽笋长竹，又可从秆基萌发成笋长竹。竹林散生状，而几株竹株又可以相对成丛状，故又称为混生竹。如赤竹属*Sasa*、筇竹属*Qiongzhuea*、箬竹属*Indocalamus*等。复轴混生型不是一种十分稳定的地下茎类型，常因立地条件和生长状况的变化而发生变化，单轴散生型的竹种如生长发育不好，或受立地条件的影响，则可能表现为复轴混生；而复轴混生型的竹种，当立地条件较好，生长旺盛，常常表现为单轴散生的性状。

2.1.2 竹秆

竹秆即地上茎，实际上是主茎（地下茎）的第一级分枝。竹秆的大小差别很大，大型竹如巨竹高达30m，直径可达30cm，小型竹如菲白竹高仅几十厘米，直径犹如铁丝。有的竹种秆直立，少数竹种秆攀缘而呈藤状。秆通常中空，也有的竹种秆实心。秆一般为圆柱状，也有的竹种秆近方柱状，如方竹；有的秆则节或节间为其他形状，如罗汉竹、佛肚竹等。秆的表面一般为绿色或黄绿色，有的竹种则为紫色、黄色、黄绿相间或具斑点，如紫竹秆为紫色，黄秆乌哺鸡竹秆则为黄色间有绿条纹，斑竹秆绿色具有紫黑色斑点、斑块。竹秆是竹子的主体，其构造包括以下3个部分：

竹秆

（1）秆柄（俗称螺丝钉） 竹秆的最下部分，与地下茎相连，细小而短缩，具有数节，但上无芽，也不生根。地下茎为合轴丛生型的竹种，其秆柄是与另一老竹秆基相连的部分；合轴散生型的竹种，其秆柄延伸形成假鞭。

（2）秆基 竹秆入土生根的部分，由数节至数十节组成，节间极为短缩，粗大。在丛生竹中，秆基上通常有互生的大型芽，称芽眼，萌笋成竹；在散生竹中，秆基上通常无大型芽或仅具少数发育不完全的大型芽。秆基各节密生根，称为竹根，形成竹株的独立根系。

秆柄、秆基和竹根合称竹蔸。

（3）秆茎 也称竹秆，由秆环、箨环、节内、节隔和节间组成。秆环是居间分生组织停止分裂分化后留下的痕迹，位于箨环的上方。秆环隆起或平，其隆起的程度随竹种的不同而不同。多数丛生竹的秆环平，如绿竹等；在散生竹中一些竹种分枝以下的秆环平而不明显，如毛竹、金竹，而桂竹秆环隆起。箨环是秆箨脱落后在秆上留下的痕迹。秆环和箨环之间的距离称节内。秆环、箨环和节内称为节。两节之间称节间。节间通常中空，节与节之间有竹隔相隔。不同竹种的节数有显著差异，如毛竹可达70节，鹅毛竹仅十余节。

2.1.3 分枝

竹类植物的分枝与一般木本植物的分枝不同。竹子的分枝由竹秆节上的侧芽发育而成，根据起源不同，分枝类型可分为单芽起源和多芽起源两种。我国所产竹子的芽在芽的原始体时就已经分化形成侧芽（称芽的早期分化），当芽萌动时，侧芽也一起生长，因此我国所产竹种无论其每节分枝的数目是多少，都是由单芽起源的。根据每节分枝的数目，可分

竹枝

为以下几种类型：

（1）**单枝型**　每节具有1分枝，分枝直立而直径与秆相近。如赤竹属、箬竹属等。

（2）**二枝型**　每节具2分枝。如刚竹属等。

（3）**三枝型**　中部节每节具3分枝，秆上部节可多至5枚分枝。如酸竹属、筇竹属、少穗竹属等。

（4）**多枝型**　每节具多枚分枝，分枝或近于等粗，或有1～2枝较粗，其他较细。如刺竹属等。

竹子通常都有再次分枝，但也有少数竹种无再次分枝，如鹅毛竹。同一属的竹种其每节分枝的数目通常是一致的，但有时竹秆上部的分枝数目通常较多，而下部节的分枝数目少于中部节间。一般所说的分枝数目是指中部节每节所具的分枝数。

2.1.4 竹叶

从植物形态学的观点看，竹子有两种形态的叶，即茎生叶和营养叶。茎生叶着生于竹秆上，又称秆箨、竹箨、笋壳等。这里的竹叶仅指着生于枝条上的营养叶。

枝条各节着生叶，叶互生，排列成2行。叶分为

竹叶

叶鞘、叶柄和叶片三部分。叶鞘包裹小枝节间，叶鞘与叶片连结处的内侧有一突起称叶舌，两侧的耳状突起称叶耳，叶耳的边缘常有肩毛，有些竹种既无叶耳也无肩毛，有些竹种则仅有肩毛而无叶耳。

竹叶通常在叶片与叶鞘之间有一关节，叶片枯老时从关节处脱落。叶片一般为披针形，先端渐尖，基部收缩。叶片的大小各竹种相差悬殊，最大的长度可达40～50cm，如麻竹、龙竹，较小的长不过2～3cm，如凤尾竹。叶的更新是周期性的，通常为每年一次，毛竹则2年一次，从落叶小枝的节上的芽发育为新的具叶小枝替代落叶小枝。不少竹种可以通过竹叶更新时遗留的小枝痕数来判断竹株的年龄。

2.1.5 秆箨

秆箨是识别竹种的重要器官。

秆箨也称竹箨、笋壳，为主秆所生之叶，着生于箨环上，不能进行光合作用，仅起保护节间不受机械创伤的作用。当节间生长停止后，秆箨基部形成离层而脱落，有的竹种秆箨迟落或宿存。

一枚完全的秆箨包括箨鞘、箨舌（箨鞘顶端的突起物）、箨耳（箨鞘鞘口两侧的突起物）、箨叶和缝毛（生于箨耳或鞘口）。

（1）**箨鞘**　其基部着生于箨环上，整个包被竹秆的节间，外缘通常分离。不同的竹种，箨鞘的形状各异。箨鞘的质地有厚革质、革质、厚纸质、纸质的不同；箨鞘背面的色泽、斑点及被毛等也因竹种而异；

秆箨

先端形状可有平截状、凸形、凹下以及宽窄等区别；边缘有的可明显被毛，有的则光滑。箨鞘在竹秆生长过程中有的早落，有的竹种则迟落或宿存。

（2）箨舌 绝大多数箨鞘均具箨舌，有的竹种可无箨舌，或在秆基部位的箨鞘上箨舌缺失或退化。箨舌的颜色、高度、宽度、先端形状、是否被毛及被粉等性状随竹种不同而发生变化。

（3）箨耳 箨耳通常着生在鞘顶的两侧。有的竹种箨耳为箨叶基部延伸而成，与箨叶连成一体，如篌竹，有些竹种可无箨耳。具有箨耳的竹种，箨耳的发达程度、形状、色泽、边缘毛的有无及发育程度等性状均有相当稳定的表现。

（4）箨叶 着生在箨鞘的顶端，通常无柄，宿存或脱落。箨叶的形状有三角形、锥形、披针形、卵状披针形、带形。箨叶在箨鞘上是直立还是反转，其本身是平直还是皱褶、颜色以及其基部宽度与箨鞘顶部宽度之比等都是可以用于分类的性状。

2.1.6 花、花序和果实

花

2.1.6.1 花

竹类植物的花不同于一般被子植物的花，它和其他禾本科植物的花一样是以小穗为单位的，一个小穗含有1至数朵小花，每个小穗基部具有2~5枚颖片，颖片的腋部不生花，每小花具2枚稃片，外面的一片称外稃，里面的一片称内稃，通常有3枚鳞被（退化的花被），雄蕊和雌蕊。开花时雄蕊通常伸出稃片之处，鳞被吸水膨胀，将稃片胀开，使柱头能接受花粉。竹类植物的雄蕊大多为3枚或6枚，个别属更多，同一属的竹种雄蕊数目相同，因此雄蕊的数目是竹类植物分属的重要依据。

2.1.6.2 花序

竹类植物的花序可分为一次性发生的花序和续次性发生的花序两大类。前者由真小穗组成，开花时花序就已经定型，小穗具柄；后者由假小穗组成，每小穗间的距离很小，形成小穗丛，这实际上是分枝在花序上的重演，因此假小穗无柄。花序类型也是竹类植物分属的重要依据。

花序

2.1.6.3 果实和种子

（1）果实 竹类植物的果实有颖果、浆果和坚果状，其果实不开裂，仅具1枚种子。

通常为颖果，如刚竹属、牡竹属等，其果皮薄并与种皮愈合，形如较大较长的麦粒，胚乳淀粉质丰富，胚位于胚乳的下部，与外相对，在其相反的一侧为槽状种脐。

有的种类果实为浆果状，如筇竹、云南方竹、铁竹、梨竹等，其果皮较厚且多为肉质，球形或卵形，一般长8~12cm，宽4~8cm，但梨竹的果长可达10cm余，直径可达7~8cm，形同梨状，鲜果重达47~180g。浆果状的果实，从果皮外通常看不到种脐的痕迹。

还有的种类果实为坚果状，如空竹、藤竹、梨藤竹等，果皮较厚，可达1mm以上，坚果与种皮绝然分开，果实球形或卵形，直径可达1cm或更大，从果皮外也看不到种脐的痕迹。

竹类果实的顶端，通常还具有花柱发育而成的喙，喙或长或短，或粗或细，在不同的种类间有明显差异。

（2）种子 竹类的种子，不论颖果类或非颖果类，其种皮都很薄，一般仅1层细胞。颖果类的种子，由于种皮与果皮完全愈合而散失了一般种皮的形态和功能。非颖果类的种子，由于其果皮较厚，且不开裂，种子不存在直接与外界接触所面临的问题，其保护作用完全由果皮承担，所以种皮也很薄，且无其他附属物。

从有无胚乳的角度，竹类的种子与其他种子一样，也可以分为有胚乳和无胚乳两种类型。颖果类的种子一般有显著的胚乳；部分坚果类、浆果类的种子没有胚乳，前者竹种较多，后者如梨竹、藤竹、梨藤竹和群蕊竹。

竹类种子中的胚，从大的构造上，与小麦、玉米等其他禾本科植物一致，也包括一个显著的盾片（发育完好的子叶），一个很小的外胚叶（退化的子叶），胚芽（具胚芽鞘），胚轴和胚根（具胚根鞘）。

由于竹类不常开花，采到果实更不容易，因此对竹类果实和种子的认识，相对来说还不是很全面和深入，一些基本问题还有待解决。

2.2 江西省主要竹种

2.2.1 笋材两用竹类

2.2.1.1 毛竹

毛竹*Phyllostachys edulis* 别名：茅竹、楠竹、猫竹、江南竹、孟宗竹

竹竿：竿高20余m，幼竿密被细柔毛及厚白粉，老竿无毛，并由绿色渐变为绿黄色；径粗20余cm，竿环不明显，节间长，基部节间甚短而向上则逐节较长，中部节间长达40cm或更长；壁厚约1cm。竹箨：箨鞘背面黄褐色或紫褐色，具黑褐色斑点及密生棕色刺毛；箨舌宽短，箨片较短，长三角形至披针形，有波状弯曲，绿色，初时直立，以后外翻。竹叶：叶片较小较薄，披针形，长4～11cm，宽0.5～1.2cm，次脉3～6对，再次脉9条。花果：花期5～8月，枝穗状，长5～7cm，基部托以4～6片逐渐稍较大的微小鳞片状苞片，佛焰苞通常在10片以上，每片孕性佛焰苞内具1～3枚假小穗。小穗仅有1朵小花；颖1片，长15～28mm；外稃长22～24mm，上部及边缘被毛；鳞被披针形，长约5mm，宽约1mm；花丝长4cm，花药长约12mm；柱头3，羽毛状。颖果长椭圆形，长4.5～6mm，直径1.5～1.8mm，顶端有宿存的花柱基部。笋期：4月。

毛竹是江西省分布范围最广、经济价值最高、竹林面积最大的优良大型经济竹种，具有适应性强、分布广、繁殖力强、栽培易成林、生长快、投产早、产量高、材性好、笋质优良、用途广、经济价值高等众多优良特性，集材用、食用、观赏、药用等众多用途于一体，并具有良好的固土防风作用，广泛应用于建材、建筑、造纸、绿色食品、医疗保健、家具农具、日用品、旅游工艺品、文体文艺器材以及城乡绿化等各个领域。毛竹竹秆高大通直，材性优良，材质坚硬，收缩性小，弹性和刚性强，纹理直，纤维长，具高度的割裂性、弹性和韧性。顺纹抗拉、抗压强度为一般木材的2～2.5倍和1.5～2倍。毛竹春笋、冬笋和鞭笋均鲜美可口，富含蛋白质和可食性纤维素，同时含有大量的维生素、多种矿物质营养元素、糖分和脂肪等，是我国传统的佐餐蔬菜和保健食品，尤其毛竹冬笋享有“天下第一笋”的美誉。同时，竹笋、竹茹、竹实、竹叶、竹根及其提取物都具有较高的药用价值，能抑制内脂质过氧化的作用和提高免疫能力，有较好的防疲劳抗衰老和增强智能等作用。

毛竹分布广，适应性强，在我国年均温12～22℃、年均降水量500～2000mm、年均相对湿度65%～85%和海拔1350m以下中山、低山、丘陵岗地及沿海地带的广大地域均有毛竹分布，毛竹能耐-20℃的极端最低气温，对土壤要求不严，在壤土、沙壤土、黏壤土、重黏土和石砾土上均能适应，但以具有良好理化性质、疏松深厚肥沃的乌沙土上生长最好，江西南北均宜栽培。

由于毛竹生长对水湿条件及≥10℃有效积温要求较严，各地发展毛竹资源应尽量满足毛竹适宜的立地条件。要大面积发展毛竹或营建毛竹丰产林基地，应选择年均气温15～20℃、1月份月均气温1～8℃、年降水量1000～2000mm、年均相对湿度70%～85%、海拔300～800m的区域，并选择不旱不涝，土层深厚疏松肥沃，有良好的有机质组成和较多的矿质营养元素，孔隙度、透气性、持水和吸收能力等物理性状良好，pH值在5.0～6.5的壤土（乌沙土、香灰土）、沙质壤土和轻黏壤土为宜。

毛竹（曾庆南、彭九生提供）

毛竹笋

2.2.1.2 厚皮毛竹

厚皮毛竹*Phyllostachys edulis* f. *pachyloen* 别名：厚壁毛竹

厚皮毛竹是毛竹变型，除竹壁特厚外，其他特征与毛竹一致。竿高12m，径粗9cm。竹秆略呈椭圆或方形，竹壁特厚，腔径小或近实心，材性与毛竹相当，但竹壁远厚于毛竹，基部竹壁厚达3～4cm，中部壁厚也达1.4～1.8cm。竹材坚重，竹秆比同径级的毛竹重0.5～1倍，鲜材沉水，竹材纸浆得率、材质坚韧度和抗腐、抗压、抗拉力性能和竹笋营养品质均优于毛竹。其竹笋营养成分与毛竹比较，除水分略低和可溶性糖与毛竹持平外，其粗蛋白、粗纤维、磷、灰分、脂肪含量和蛋白质水解氨基酸总量分别比毛竹高48.74%、14.04%、45.36%、9.87%、10.0%和67.9%，水解氨基酸中除蛋氨酸和组氨酸含量略低于毛竹外，其余氨基酸含量均高于毛竹笋。同时厚皮毛竹发笋无较大的大小年变化，退笋率较低，平均为33.6%，成竹率较高，具有较好的丰产和稳产性能。

厚皮毛竹（杨光耀提供）

厚皮毛竹是江西特有的一种具较高经济价值的毛竹优良栽培变种，是一种非常优良的笋材两用和观赏竹种。主要分布于万载县境内，资源处于极度濒危状态，被列为江西省珍稀濒危保护植物。厚皮毛竹壁坚厚，材质优良，竹笋营养丰富，速生丰产，适应性强，经济性状稳定，其用途与毛竹相同，拥有材用、食用、药用、观赏、饲用、环保等众多功能，其早产稳定性、抗逆性、材性和竹材加工得率等均优于毛竹，有着极高的经济和推广利用价值，是一种极具地方特色的珍贵种质资源。江西是毛竹的中心产区，而厚皮毛竹是江西特有的优良竹种，发展和利用好这一优良资源，有着广阔的市场前景。

厚皮毛竹抗性好，适应性强。厚皮毛竹壁厚，材质坚韧，其抵抗风害、冻雨雪压和病虫害等自然灾害的能力优于毛竹。其适应性也较强，对土壤要求不甚严格，在毛竹的栽培范围内均能适应，在壤土、沙壤土、黏壤土和石砾土上均能生长。在毛竹分布区域内海拔600m以下酸性、微酸性、通透性能良好、深厚疏松的沙质壤土或壤土区域均可推广栽培。

2.2.1.3 毛金竹

毛金竹*Phyllostachys nigra* var. *henonis* 别名：毛巾竹、金毛竹、小毛竹、白竹

毛金竹是江西一种非常优良的乡土中型笋材两用竹种，具有适应性广、耐瘠耐旱性强、笋期长、丰产性好、竹笋营养成分丰富等多种优良特性，集笋用、材用、药用于一体，具有较高利用和经济价值。竹竿：竿高可达7～18m，径粗7～8cm。笋期：4～6月。

毛金竹竹秆节间细长，材性优，质地坚韧，篾性好，竹材可替代毛竹，整秆或劈秆使用均佳，用于编织、建筑、农具柄、晒衣竿、钓鱼竿等。其竹笋营养成分丰富，笋味鲜美可口，可鲜食和制罐头、笋干。竹笋营养品质优于雷竹和毛竹，笋体所含8种人体必需氨基酸含量分别比黄甜竹、毛竹冬笋高34.2%和37.1%，2种人体半需氨基酸含量分别比雷竹、毛竹冬笋高109.4%和271.4%。且具较高药用价值，其提取物益智防疫抗衰老功效可与银杏提取物媲美，中药“竹茹”、“竹沥”的原料基本取自本种，其药用功效其他竹种无可比拟。毛金竹丰产性好，对其天然林分略加抚育，竹笋产量达7500kg/hm^{2}以上。新造林分3年内可郁闭投产，第5年可达丰产结构，丰产林分鲜笋产量可达15000～22500kg/hm^{2}以上。

毛金竹适应性广，耐瘠耐旱性强，丰产性好，对土壤要求不严，江西南北及海拔1400m以下均有毛金竹分布，野生资源有明显优势，其中尤以铅山、遂川资源较多。毛金竹新造林分经受60多天连续高温干旱天气成活率仍可达95%以上。毛金竹的多种功用性、良好的适应性、耐瘠耐旱性及丰产性均优于雷竹和黄甜竹，适宜江西各地尤其低山丘陵地区推广栽培。

毛金竹（曾庆南、彭九生提供）

2.2.1.4 篌竹

篌竹*Phyllostachys nidularia* 别名：花竹、油竹、白竹、笼竹、枪刀竹

竹竿：竿高达10m，径粗4cm，劲直，幼竿被白粉；节间最长可达30cm；壁厚仅约3mm；竿环同高或略高于箨环；箨环最初有棕色刺毛。竹箨：箨鞘薄革质，背面新鲜时绿色，无斑点；箨耳大，三角形或末端延伸成镰形，新鲜时绿紫色；箨舌宽，紫褐色，边缘密生白色微纤毛；箨片，直立，舟形，绿紫色。竹叶：末级小枝仅有1叶，稀2叶；叶片呈带状披针形，长4～13cm，宽1～2cm，无毛或在下表面的基部生有柔毛。花果：花期4～8月，花枝呈紧密的头状，长1.5～2cm，基部托以2～4片逐渐增大的鳞片状小形苞片；佛焰苞1～6片，长约16mm，每片佛焰苞腋内具假小穗2～8枚；小穗含2～5朵小花，上部1或2朵小花不孕；颖通常1片，有时多至3片，长可达15mm；外稃草质，多脉，第一外稃长10～12mm，最长可达16mm；内稃短于外稃，亦被开展的细刺毛，长6～11mm；花药长4.5～5.5mm；柱头3，有时2或1，羽毛状。笋期：4～5月。

竹秆可以作篱笆、棚架，劈篾可以制竹编。笋味鲜美可口，产量高，可鲜食和制笋干。丰产林分鲜笋产量可达1000kg/亩以上，笋质好，是一种非常优良的小型笋材两用竹种。植株分枝斜上举，冠辐狭而挺立，叶下倾，株型呈尖塔形，秆环显著隆起，体态优雅，亦是一种优良的园林绿化竹种。

篌竹分布于长江领域及其以南广大地区，江西南北均产，野生资源较多。篌竹适应性强，对土壤要求不严，在中山、低山、丘陵岗地及平原均可种植，江西各地均可推广栽培。

篌竹（右图由曾庆南、彭九生提供）

2.2.1.5 实肚竹

实肚竹*Phyllostachys nidularia* f. *farcata* 别名：实心花竹

为篌竹之变型，不同之处在于秆实心，江西主产赣南，用途与篌竹同。

实肚竹（杨光耀提供）

2.2.1.6 淡竹

淡竹*Phyllostachys glauca* 别名：花干淡竹、麻壳淡竹、粉绿竹、洛宁淡竹

竹竿：竿高5～12m，粗2～5cm，幼竿密被白粉，无毛，老竿灰黄绿色；节间最长可达40cm，壁薄，厚仅约3mm；竿环与箨环均稍隆起，同高。竹箨：箨鞘背面淡紫褐色至淡紫绿色；箨舌暗紫褐色，高约2～3mm，截形；箨片线状披针形或带状，开展或外翻，平直或有时微皱曲，绿紫色，边缘淡黄色。竹叶：末级小枝具2或3叶；叶耳及鞘口缝毛均存在但早落；叶舌紫褐色；叶片长7～16cm，宽1.2～2.5cm，下表面沿中脉两侧稍被柔毛。花果：花期6月，花枝呈穗状，长达11cm，基部有3～5片逐渐增大的鳞片状苞片；佛焰苞5～7片，每苞内有2～4枚假小穗。小穗长约2.5cm，狭披针形，含1或2朵小花；颖不存在或仅1片；外稃长约2cm，常被短柔毛；鳞被长4mm；花药长12mm；柱头2，羽毛状。笋期：4月中旬至5月底。

竹材纤维长2009μm，纤维含量44.3%。淡竹竿形通直、材质好、韧性强、篾性好，可生产竹编胶合板、编制品、工艺品、农具柄、晒衣竿、棚架等。淡竹笋味鲜美，可鲜食或作罐头、笋干，是山珍中的佳品，竹叶、竹液均可入药。是一种优良的笋材两用竹种。

淡竹分布广，黄河流域及长江流域各地区均有分布。垂直分布可达海拔1640m，但仍以海拔600m以下较多。江西南北均产，全省有淡竹林1.5万hm^2以上，主要在九江市，面积达1.0万hm^2，其中瑞昌市石灰岩山地有淡竹0.74万hm^2，约占全省淡竹面积的50%。尤其成片面积100hm^2以上的林分较多，且林相比较整齐，资源保护好，是当地重要的经济来源之一。淡竹适应性强，耐寒耐旱，在-18℃低温下和土壤含水量10%以下均能正常生长，还能耐水湿，也较耐瘠薄和轻度盐碱。多生长在山地、丘陵、岗地及河滩、谷地，沙土、壤土、黏土中均能生长，但以土层深厚、肥沃湿润的沙壤土生长最好。江西南北低山、丘陵、平地、滩地均可栽培。

淡竹（右图、下图由曾庆南、彭九生提供）

2.2.1.7 水竹

水竹*Phyllostachys heteroclada* 别名：烟竹、水胖竹、黎子竹、水棕竹

水竹

竹竿：竿可高6m许，粗达3cm，幼竿具白粉并疏生短柔毛；节间长达30cm，壁厚3～5mm；竿环在较粗的竿中较平坦，与箨环同高，在较细的竿中则明显隆起而高于箨环；节内长约5mm；分枝角度大，以致接近于水平开展。竹箨：箨鞘背面深绿带紫色，无斑点，被白粉；箨耳小，淡紫色，卵形或长椭圆形；箨舌低，微凹乃至微呈拱形，边缘生白色短纤毛；箨片直立，三角形至狭长三角形，绿色、绿紫色或紫色，背部呈舟形隆起。竹叶：末级小枝具2叶，稀可1或3叶；叶鞘除边缘外无毛；无叶耳，鞘口繸毛直立，易断落；叶舌短；叶片披针形或线状披针形，长5.5～12.5cm，宽1～1.7cm，下表面在基部有毛。花果：花期4～8月，花枝呈紧密的头状，长（16）18～20（22）mm，基部托以4～6片逐渐增大的鳞片状苞片，生于嫩枝上的花枝具1或2片佛焰苞，生于老枝上的花枝则具佛焰苞2～6片，每片佛焰苞腋内有假小穗4～7枚，有时可少至1枚；小穗长达15mm，含3～7朵小花；小穗轴节间长1.5～2mm，棒状，无毛；颖0～3片，外稃披针形，长8～12mm；鳞被菱状卵形，长约3mm，有7条细脉纹；花药长5～6mm；花柱长约5mm，柱头3，有时2，羽毛状。果实未见。笋期：5月。

水竹竹材坚韧，纤维长1784μm，材性优，材质柔韧，富于弹性，纤维极强，表面光滑，篾性好，用途广泛，是编织器具和工艺品的上好材料，也是优良造纸原料，且还具有药用价值。竹笋味鲜甘甜，笋味美，可鲜食或作罐头、笋干，是一种非常优良的以材用为主的材笋两用竹。水竹竿挺叶茂，层次分明，株形姿态文静，秀雅自然，潇洒飘逸，也是一种非常优良的园林观赏竹种。水竹在江西各地均产，水竹林分面积1.0万hm^2，以萍乡市和九江市资源较丰富，但由于连年不合理砍伐，过度采笋，许多水竹林已趋于荒芜。

水竹分布广，黄河流域及其以南各地均有分布，尤其为长江流域以南最常见的野生竹种，多生于河岸及山谷、湖旁或山坡上，野生资源遍及江西南北各地。水竹性喜温暖湿润，通风良好，光照充足的环境，耐半阴，甚耐寒。水竹对土壤要求不严，但以肥沃稍黏的土质为宜，江西各地均可发展栽培。

水竹（由杨光耀提供）

2.2.1.8 实心竹

实心竹 ***Phyllostachys heteroclada* f. *solida*** **别名：木竹、实中竹、满心竹**

水竹的变型，与水竹不同在于竿壁特别厚，实心或近实心，分枝节间对侧略扁平，以致竿形略呈方形，有的竿基部少数几节不规则短缩肿胀呈算盘珠状。实心竹竹材坚实韧性大，笋味鲜美，是一种非常优良的笋材两用竹种。江西全省南北均产，实心竹的用途及适应环境同水竹。

实心竹

2.2.1.9 白夹竹

白夹竹*Phyllostachys bissetii* **别名：蓉城竹、龙竹、四川刚竹**

竹竿：竿高5～6m，粗约2cm，幼竿深绿略带紫色，被白粉，节间上部疏生直立的细柔毛，微粗糙，老竿绿色或灰绿色；最长的节间约2.5cm，壁厚4mm；竿环隆起，略高于箨环。竹箨：箨鞘背部暗绿至淡绿，箨耳常存在于中、上部的竿箨上，小形乃至较大而呈镰形，或可无箨耳，绿色或绿带紫色；箨舌拱形或截形，紫色，高1～2mm，箨片狭三角形至三角状披针形，深绿色或深绿色带紫，直立，平直或波状。竹叶：末级小枝具2叶；叶耳及鞘口缝毛通常存在，但易脱落；叶舌中度伸出；叶片长7～11cm，宽1.2～1.6cm。笋期：4月中、下旬。

白夹竹竹竿可制竹器、柄材、棚架或造纸，篾性好，用作编织。笋味好，鲜食，制罐头或笋干，是一种优良的小型笋材两用竹种。白夹竹广布于长江流域以及陕西秦岭等地，生长于丘陵及平原，在江西主产幕阜山、罗霄山脉一线的县（市）。白夹竹适应性强，耐寒，江西各地均可栽培。

白夹竹与水竹较为相似，不同之处在于白夹竹的新竿于节间上部疏生直立细柔毛。

2.2.1.10 早园竹

早园竹*Phyllostachys propinqua* 别名：园竹、花竹、焦壳淡竹、桂竹

竹竿：竿高6m，粗3～4cm，幼竿绿色（基部数节间常为暗紫带绿色）被以渐变厚的白粉，光滑无毛；中部节间长约20cm，壁厚4mm；竿环微隆起与

白夹竹

早园竹（杨光耀提供）

箨环同高。竹箨：箨鞘背面淡红褐色或黄褐色，无箨耳及鞘口缝毛；箨舌淡褐色，拱形，有时中部微隆起，边缘生短纤毛；箨片披针形或线状披针形，绿色，背面带紫褐色，平直，外翻。竹叶：末级小枝具2或3叶；常无叶耳及鞘口缝毛；叶舌强烈隆起，先端拱形，被微纤毛；叶片披针形或带状披针形，长7～16cm，宽1～2cm。笋期：4月上旬开始，出笋持续时间较长。

早园竹竹材坚韧，纤维长2078μm，篾性好，用于柄材、竹编、竹器、晒衣竿，亦可作造纸原料。早园竹笋味好，可鲜食或制笋干。是一种较好的笋材两用竹种。

早园竹分布广，适应性强，耐旱力抗寒性强，能耐短期-20℃低温；在轻碱地、沙土及低洼地均能生长。早园竹喜温暖湿润气候，江西全省产，但多数为星散或小片状分布，以幕阜山脉一线的县（市）资源较多。

2.2.1.11 早竹

早竹*Phyllostachys praecox* 别名：早园竹、雷竹、早哺鸡竹

竹竿：竿高8～10m，粗4～6cm，幼竿深绿色，密被白粉，无毛，节暗紫色，老竿绿色、黄绿色或灰绿色；中部节间长15～25cm，常在沟槽的对面一侧微膨大，有时隐约有黄色纵条纹，壁厚约3mm；竿节最初为紫褐色，竿环与箨环均中度隆起。竹箨：箨鞘褐绿色或淡黑褐色，初时多少有白粉，无毛；无箨耳及鞘口缝毛；箨舌褐绿色或紫褐色，拱形，箨片窄带状披针形，强烈皱曲或竿上部者平直，外翻，绿色或紫褐色。竹叶：末级小枝具2或3叶，稀可5或6叶；无叶耳和鞘口缝毛；叶片带状披针形，长6～18cm，宽0.8～2.2cm。花果：花期4～5月，花枝呈穗状，长4～（5）7cm，基部托以4～6片逐渐增大的鳞片状苞片；佛焰苞5～7片，每片佛焰苞内生有2枚假小穗；颖1片，被短柔毛；外稃长2.5～2.8cm，背部有短柔毛疏生；内稃长2～2.5cm，背部1/2以上疏生短柔毛；鳞被仅见到1片，长约3mm；花药12～13mm；柱头仅见有2枚。笋期：在3月中旬开始。

早竹

早竹特点是：笋期早，持续长，笋味鲜美，产量高，每公顷可产15000～30000kg，笋鲜食或制罐头，每100g鲜笋含蛋白质2.55g、总糖3.12g、粗纤维0.77g、脂肪0.41g、磷60mg、铁1.2mg、钙4.2mg，是我国的一种主要笋用竹种，但其竿壁较薄，且节间常向一侧肿胀，竹材仅能作一般柄材使用。早竹的主产

早竹（由曾庆南、彭九生提供）

区为浙江嘉兴地区、湖州市，江苏南部，上海市郊，安徽芜湖地区，江西各地有引种。早竹喜肥，对土壤条件要求较严，适应性不及毛金竹与篌竹强，适宜丘陵山麓缓坡和低丘平地深厚疏松肥沃土壤种植，江西南北可推广栽培。

2.2.1.12 雷竹

雷竹*Phyllostachys praecox* f. *prevernalis*

为早竹的栽培变型，竹竿：竿高6～10m，径4～8cm，节间长15～20cm。其特点是出笋早，笋期长，产量高，每公顷可达45000kg，笋期比早竹还早，一般提前约半个月，采取地面覆盖增温措施，笋期可提早到春节以前。雷竹笋味鲜美，营养丰富，竹笋含蛋白质2.74%、脂肪0.52%、糖3.54%，是我国著名的笋用竹种，其株形文雅，也是一种非常的优良园林绿化竹种。雷竹喜肥沃，怕积水，对土壤要求较严，以低丘平地，背风向阳，光照充足，坡度平缓，土层深厚肥沃，疏松透气，排水良好的沙质壤土种植为好。江西各地有引种栽培。

雷竹（右上、右下图由曾庆南、彭九生提供）

2.2.1.13 乌哺鸡竹

乌哺鸡竹*Phyllostachys vivax* 别名：雅竹、凤竹、乌桩头、墙竹、榉竹、麻哺鸡竹、鸡笋、王莽竹

竹竿：竿高5～15m，直径4～8cm，梢部下垂，微呈拱形，幼竿被白粉，无毛，老竿灰绿色至淡黄绿色，有显著的纵肋；节间长25～35cm，壁厚约5mm；竿环隆起，稍高于箨环，常在一侧突出以致其节多少有些不对称。竹箨：箨鞘背面淡黄绿色带紫至淡褐黄色，无箨耳及鞘口缝毛；箨舌弧形隆起，箨片带状披针形，外翻，背面绿色，复面褐紫色，边缘颜色较淡以至淡橘黄色。竹叶：末级小枝具2或3叶；有叶耳及鞘口缝毛；叶舌发达，高达3mm；叶片微下垂，较大，带状披针形或披针形，长9～18cm，宽1.2～2cm。花果：花期4～5月，花枝呈穗状，基部托以4～6片逐渐增大的鳞片状苞片；佛焰苞5～7片，每片佛焰苞内有1或2枚假小穗。小穗长3.5～4cm，常含2或3朵小花，被疏柔毛；颖1片；外稃长2.7～3.2cm，被极稀疏的柔毛；内稃长2.2～2.6cm，几无毛，背部2脊明显；鳞被狭披针形，长约5mm；花药长12mm；子房无毛，柱头3。笋期：4月中、下旬。

乌哺鸡竹笋味鲜美，产量较高，可鲜食和制罐头等，为较优良的笋用竹种，但其竹竿壁薄而脆，篾性较差，可编制篮、筐等，竿作柄材等用。乌哺鸡竹主产江苏、浙江、安徽、上海市郊，江西各地有引种栽培。

乌哺鸡竹

乌哺鸡竹（由曾庆南、彭九生提供）

2.2.1.14 白哺鸡竹

白哺鸡竹*Phyllostathys dulcis* 别名：白竹、象牙竹

竹竿：竿高6～10m，粗4～6cm，幼竿逐渐被少量白粉，老竿灰绿色，常有淡黄色或橙红色的隐约细条纹和斑块；最长节间约为25cm，壁厚约5mm；竿环甚隆起，高于箨环。竹箨：箨鞘质薄，背面淡黄色或乳白色，箨耳卵状至镰形，绿色或绿带紫色，生长缝毛；箨舌拱形，淡紫褐色，边缘生短纤毛；箨片带状，皱曲，外翻，紫绿色，边缘淡绿黄色。竹叶：末级小枝具2或3叶；叶耳及缝毛易脱落；叶舌显著伸出；叶片长9～14cm，宽1.5～2.5cm，下表面被毛，基部之毛尤密。笋期：4月下旬。

白哺鸡竹竹笋产量略低于早竹，笋味鲜美，鲜食或制罐头，为优良笋用竹种。其枝叶翠绿，分枝下垂，株形姿态优美，也是一种良好的园林绿化竹种。主产浙江北部、江苏南部和上海市郊，江西引种栽培。

白哺鸡竹（右图由杨光耀提供）

2.2.1.15 红哺鸡竹

红哺鸡竹*Phyllostachys iridescens* 别名：红竹、红壳竹、红鸡竹

竹竿：竿高6～12m，径粗4～7cm，幼竿被白粉，一、二年生的竿逐渐出现黄绿色纵条纹，老竿则无条纹；中部节间长17～24cm，壁厚6～7mm；竿环与箨环中等发达。竹箨：箨鞘紫红色或淡红褐色，无箨耳及鞘口缝毛；箨舌宽，拱形或较隆起，紫褐色，边缘有紫红色长纤毛；箨片外翻，平直或略皱曲，带状，绿色，边缘红黄色。竹叶：末级小枝具3或4叶，无叶耳，鞘口缝毛脱落性，紫色；叶舌紫红色，中等发达；叶片长8～17cm，宽1.2～2.1cm，质较薄。花果：花期4～5月，花枝呈穗状，长（2.5）5～6（8.5）cm，基部托以3～5片逐渐增大的鳞片状苞片；佛焰苞5～7片，每片佛焰苞腋内具2或3（～4）枚假小穗。小穗长3～3.5cm，紫色，披针形，每小穗含小花1～3朵，常仅顶端1朵成熟；颖常仅1片或无，披针形；外稃长1.8～2.1cm，无毛，顶端延伸呈芒状；内稃长1.5～1.8cm，几无毛或仅顶端有疏生细毛，背部2脊明显或否；鳞被卵状披针形，长2.5～3mm；花药长约1cm；柱头3，羽毛状。笋期：4月中、下旬。

笋味鲜美可口，可鲜食或制罐头，竹材经晒不裂，但材质较脆，不宜篾用，可作棚架、晒衣杆、农具柄等用，为优良笋材两用竹种。分布于浙江、江苏、安徽，江西引种栽培。

红哺鸡竹（右图由杨光耀提供）

2.2.1.16 花哺鸡竹

花哺鸡竹*Phyllostachys glabrata* 别名：杠竹

竹竿：竿高达6～7m，直径3～4cm，幼时深绿色，无白粉，无毛，略粗糙，二、三年老竿灰绿色；中部节间长约19cm，壁厚5mm；竿环较平坦或稍隆起而与箨环同高。竹箨：箨鞘背面淡红褐色或淡黄带紫色，密布紫褐色小斑点，箨耳及鞘口缝毛俱缺；箨舌低而宽，截形至稍呈拱形；箨片狭三角形至带状，外翻，皱曲，紫绿色，边缘紫红色至橘黄色。竹叶：末级小枝2或3叶；叶耳绿色，耳缘生有密集的绿色或紫红色缝毛；叶舌突出，高约2mm；叶片披针形至矩圆状披针形，长8～11cm，宽1.2～2cm。花果：花期5月，花枝呈穗状，长4～7cm，基部生有3～6片逐渐增大的鳞片状苞片；佛焰苞4～7片，每片苞腋内仅有1枚假小穗。小穗狭披针形，长2～2.8cm，常含2小花；小穗轴节间具微毛；颖常缺；外稃长1.9～2.4cm，无毛，略粗糙；内稃长1.7～2.2cm，几无毛；鳞被质地较薄，长2.5～3mm；花药长8～12mm；柱头3，羽毛状。笋期：4月中、下旬。

花哺鸡竹

笋味甜而鲜美，为优良笋用竹种。秆一般整材使用。产浙江、福建，江西引种栽培。

花哺鸡竹（由杨光耀提供）

2.2.1.17　高节竹

高节竹*Phyllostachys prominens*

竹竿：竿高10m，粗7cm，幼竿深绿色，无白粉或被少量白粉，老竿灰暗黄绿色至灰白色；节间较短，除基部及顶部的节间外，均近于等长，最长达22cm，每节间的两端明显呈喇叭状膨大而形成强烈隆起的节，竿壁厚5～6mm；竿环强烈隆起，高于箨环；后者亦明显隆起。竹箨：箨鞘背面淡褐黄色，或略带红色或绿色，具大小不等的斑点；箨耳发达，镰形，紫色或带绿色，耳缘生长缝毛；箨舌紫褐色，箨片带状披针形，紫绿色至淡绿色，边缘橘黄或淡黄色，强烈皱曲，外翻。竹叶：末级小枝具2～4

高节竹

高节竹（上图、下图由曾庆南、彭九生提供）

叶；叶耳及鞘口緣毛发达，但易落，叶耳绿色，缝毛黄绿色至绿色；叶舌伸出，黄绿色；叶片长8.5～18cm，宽1.3～2.2cm，下表面仅基部有白色柔毛。花果：花期5月，花枝呈穗状，长5～6cm，基部托以3～5片逐渐增大的鳞片状苞片；佛焰苞4～6片，每片佛焰苞腋内有1或2枚假小穗。小穗披针形，长约2.5cm，通常含2朵小花，小穗轴具毛，顶端常有不孕之退化小花；颖无或仅1片；外稃长1.6～2cm，上部被短柔毛；内稃约等长于外稃，上部及脊上具短柔毛；鳞被披针形或椭圆形，长3.5～4mm；花药长10mm；柱头3，羽毛状。笋期：5月。

为高产优良笋用竹种，秆不易劈篾，多作柄材。笋可鲜食和制作笋干。其节间缢缩，节强烈隆起，亦为良好园林观赏竹种。主产浙江、江苏。江西引种栽培。

2.2.1.18 方竹

方竹*Chimonobambusa quadrangularis* 别名：箸竹、四季竹、四方竹、四角竹、方苦竹、标竹

竹竿：竿高3～8m，直立，粗1～4cm，节间长8～22cm，呈钝圆的四棱形，幼时密被向下的黄褐色小刺毛，毛落后仍留有疣基，故甚粗糙（尤以竿基部的节间明显），竿中部以下各节环列短而下弯的刺状气生根；竿环位于分枝各节者甚为隆起，不分枝的各节则较平坦；箨环初时有一圈金褐色绒毛环及小刺毛，以后渐变为无毛。竹箨：箨鞘纸质或厚纸质，箨耳及箨舌均不甚发达；箨片极小，锥形，长3～5mm，基部与箨鞘相连接处无关节。竹叶：末级小枝具2～5叶；叶鞘革质，叶舌低矮，截形，边缘生细纤毛，背面生有小刺毛；叶片薄纸质，长椭圆状披针形，长8～29cm，宽1～2.7cm，先端锐尖，基部收缩为一长约1.8mm的叶柄，叶片上表面无毛，下表面初被柔毛，后变为无毛，次脉4～7对，再次脉为5～7条。花果：花枝呈总状或圆锥状排列，末级花枝纤细无毛，基部宿存有数片逐渐增大的苞片，具稀疏排列的假小穗2～4枚，有时在花枝基部节上即具一假小穗，此时苞片较少；假小穗细长，长2～3cm，侧生假小穗仅有先出叶而无苞片；小穗含2～5朵小花，有时最下1或2朵花不孕，而仅具微小的内稃及小花的其他部分；小穗轴节间长4～6mm，平滑无毛；颖1～3片，披针形，长4～5mm；外稃纸质，绿色，披针形或卵状披针形，具5～7脉；内稃与外稃近等长；鳞被长卵形；花药长3.5～4mm；柱头2，羽毛状。笋期：9～10月。

方竹秆为方形，奇特，枝叶青翠，亦为优良观赏竹，可庭园栽培或制作盆景。江西南北均产。方竹既是一种优良的笋用竹种也是一种世界著名的观赏竹种，具有较高的经济和观赏价值。方竹笋期长，笋质好，营养丰富，竹笋肉丰味美，鲜脆可口，可鲜食或制作罐头、笋干等，是发展秋季笋用林的理想竹种。方竹竿壁厚，但材质较脆，不宜篾用，竹竿可制作手杖。方竹秆形奇特，竹秆下方上圆，枝叶青翠，极宜园林造景、庭院点缀和盆栽。除了观竿外，也是适宜观笋观姿的竹种。

方竹广布于我国华东和长江流域各地，江西南北均产。方竹叶薄而繁茂，蒸腾量大，容易失水，故多自然分布于荫湿凉爽、空气湿度大的环境中。方竹对土壤及水湿条件尤其对空气湿度要求较高，忌积水怕旱，宜选低山丘陵地区疏松、肥沃、排灌良好的砂质壤土栽植，江西各地均可推广栽培。

方竹（下图由曾庆南、彭九生提供）

2.2.1.19 麻竹

麻竹*Dendrocalamus latiflorus* 别名：甜竹、大头典竹、大头竹、甜竹、吊丝甜竹、青甜竹、大叶乌竹、马竹

竹竿：竿高20～25m，直径15～30cm，梢端常下垂或弧形弯曲；节间长45～60cm，幼时被白粉，但无毛，仅在节内具一圈棕色绒毛环；壁厚1～3cm；竿分枝习性高，每节分多枝，主枝常单一。竹箨：箨鞘易早落，厚革质，呈宽圆铲形，背面略被小刺毛，但易落去而变无毛，顶端的鞘口部分甚窄（宽约3cm）；箨耳小，长5mm，宽1mm；箨舌高仅1～3mm，边缘微齿裂；箨片外翻，卵形至披针形，长6～15cm，宽3～5cm，腹面被淡棕色小刺毛。竹叶：末级小枝具7～13叶，叶鞘长19cm，幼时黄棕色小刺毛，后变无毛；叶耳无；叶舌突起，高1～2mm，截平，边缘微齿裂；叶片长椭圆状披针形，长15～35（50）cm，宽2.5～7（13）cm，基部圆，先端渐尖而成小尖头，上表面无毛，下表面的中脉甚隆起并在其上被小锯齿，幼时在次脉上还生有细毛茸，次脉7～15对，小横脉尚明显；叶柄无毛，长5～8mm。花果：花枝大型，各节着生1～7枚乃至更多的假小穗，形成半轮生状态；小穗卵形，甚扁，长1.2～1.5cm，宽7～13mm，成熟时为红紫或暗紫色，含6～8朵小花，颖2片至数片，广卵形至广椭圆形，长约5mm，宽约4mm；外稃与颖类似，黄绿色，唯边缘之上半部呈紫色，长12～13mm，宽7～16mm，具多脉（29～33条）；内稃长圆状披针形，长7～11mm，宽3～4mm，鳞被不存在；花药黄绿色，成熟后能伸出小花外，长5～6mm；子房扁球形或宽卵形，长约7mm，花柱密被白色微毛。果实为囊果状，卵球形，长8～12mm，粗4～6mm，果皮薄，淡褐色，笋期：5～10月。

笋味甜美，可充作夏季蔬菜用，亦可作笋干、罐头等，是我国南方栽培最广的丛生笋材两用竹种。竹材纤维长1830～3580μm，竿大型，可供捕鱼筏、水管或建筑之用，破篾可用于编织，叶片大，作斗笠、船篷等防雨用具。竹丛外观雅致，可用作庭园绿化。

分布于广东、广西、贵州、云南、福建、台湾。江西引种栽培，但在赣中、赣北受冻严重，不宜发展。可在赣州地区南部几个县营造丛生型笋用竹林。

麻竹

2.2.1.20 绿竹

绿竹*Dendrocalamopsis oldhami* 别名：甜竹、吊丝竹、坭竹、石竹、毛绿竹、乌药竹、长枝竹、郊脚绿

竹竿：竿高6～12m，直径3～9cm，幼时被白粉，粉退后呈绿色或暗绿色；节间圆筒形，长20～35cm，通常邻近的节间稍作“之”字形曲折；竿壁厚4～12mm。竹箨：箨鞘脱落性，革质，箨耳近等大，椭圆形或近圆形，边缘生纤毛；箨舌高约1mm，近全缘或上缘呈波状；箨片直立，三角形或窄三角形，先端长渐尖，基部截形并向内收窄，其宽度约箨鞘顶宽之半。分枝习性较高，常在竿第七节以上始发枝，竿每节计有3主枝和若干较细小的枝条。竹叶：末级小枝具6～15叶；叶鞘长7～15cm，叶耳半圆形，叶舌矮，截平或圆拱起；叶片长圆状披针形，长15～30cm，宽3～6cm，先端长渐尖，基部钝圆或广楔形，上表面无毛，下表面被柔毛，边缘粗糙或有小刺毛，次脉9～14对，脉间的再次脉为9条，小横脉较明显；叶柄长2～6mm。

花果：花期多在夏季至秋季，花枝无叶；假小穗单生或丛生于花枝各节，长2.7～3cm，宽7～10mm，苞片3～5，上方1或2片腋内无芽；小穗含5～9朵小花；颖1片，卵形，长9～10mm，宽8mm，无毛，外稃与颖相似，卵形，长17mm，宽13mm；内稃长13mm，宽4mm；鳞被3，近同形，卵状披针形，长3.5mm，脉纹明显，边缘生纤毛；花药长8mm，顶端有小尖头，其上还生小刺毛；子房卵形，长2mm，被粗毛，花柱显著，较子房为长，顶端有3条长而纤细的羽毛状柱头。果实未见。笋期：5～11月。

绿竹笋质细嫩清脆，笋体肥大，俗称马蹄笋，味甘美，笋期长、笋质好、产量高，鲜笋产量每亩可达2000kg，为我国南方最著名的丛生型笋材两用竹种。竹材纤维长1480～2480μm，竿可作建筑用材、家具、农具或劈篾编制用具，亦为造纸原料，中层竹材刮取竹茹可入药，有解热之效。

绿竹主产福建、广东、浙江、广西、海南、台湾等地。江西在大余、南昌、铜鼓、靖安有引种栽培。绿竹耐寒能力比麻竹强，可在赣南地区低丘平地营造笋用林、纸浆林，赣中可选择小气候适宜地段栽植，赣北不宜发展。

绿竹（右图由曾庆南、彭九生提供）

2.2.2 主要材用竹类

2.2.2.1 桂竹

桂竹*Phyllostachys bambusoides* 别名：五月季竹、台竹、刚竹、光竹、石竹、麻竹

竹竿：竿高可达20m，粗达15cm，幼竿无毛，无白粉或被不易察觉的白粉，偶可在节下方具稍明显的白粉环；节间长达40cm，壁厚约5mm；竿环稍高于箨环。竹箨：箨鞘革质，背面黄褐色；箨耳小形或大形而呈镰状，紫褐色，缕毛通常生长良好；箨舌拱形，淡褐色或带绿色，边缘有纤毛；箨片带状，中间绿色，两侧紫色，边缘黄色，外翻。竹叶：末级小枝具2～4叶；叶耳半圆形，缝毛发达，常呈放射状；叶舌明显伸出，拱形或有时截形；叶片长5.5～15cm，宽1.5～2.5cm。花果：花枝呈穗状，长5～8cm，偶可长达10cm，基部有3～5片逐渐增大的鳞片状苞片；佛焰苞6～8片，每片佛焰苞腋内具1枚或有时2枚、稀可3枚的假小穗，唯基部1～3片的苞腋内无假小穗而苞早落。小穗披针形，长2.5～3cm，含1或2（～3）朵小花；外稃长2～2.5cm，被稀疏微毛，先端渐尖呈芒状；内稃稍短于其外稃，除2脊外，背部无毛或常于先端有微毛；鳞被菱状长椭圆形，长3.5～4mm，花药长11～14mm；花柱较长，柱头3，羽毛状。笋期：5月下旬。

桂竹

桂竹材质坚韧有弹性，篾性较好，纤维长1370～2500μm，可供建筑、竹器、竹编、棚架、撑篙、农具柄、扁担、旗杆等用，为重要材用竹种。笋味略淡涩，可食或制笋干。竹竿粗大，也是优良的绿化竹种。

桂竹分布广，产黄河流域及其以南各地。江西南北均产，据统计全省有桂竹林分面积0.5万hm^2以上。本种是一种材性良好的中型竹种，栽培历史长，各地房前屋后可见零星栽植，生长良好，园林中常用作观赏。

桂竹（由杨光耀提供）

2.2.2.2 刚竹

刚竹*Phyllostachys sulphurea* 'Viridis' 别名：浙江刚竹、柄竹、胖竹、焦皮竹

竹竿：竿高6～15m，直径4～10cm，幼时无毛，微被白粉，绿色，成长的竿呈绿色或黄绿色，中部节间长20～45cm，壁厚约5mm；竿环在较粗大的竿中于不分枝的各节上不明显；箨环微隆起。竹箨：箨鞘背面呈乳黄色或绿黄褐色又多少带灰色，有绿色脉纹，无毛，微被白粉，有淡褐色或褐色略呈圆形的斑点及斑块；箨耳及鞘口缝毛俱缺；箨舌绿黄色，拱形或截形，边缘生淡绿色或白色纤毛；箨片狭三角形至带状，外翻，微皱曲，绿色，但具橘黄色边缘。竹叶：末级小枝有2～5叶；叶鞘几无毛或仅上部有细柔毛；叶耳及鞘口缝毛均发达；叶片长圆状披针形或披针形，长5.6～13cm，宽1.1～2.2cm。花果：花枝未见。笋期：5月中旬。

刚竹广布于黄河、长江流域各地，生于低山坡。刚竹抗性强，适应性广，在酸性土至中性土、pH8.5左右的碱性土及含盐0.1%的轻盐土均能生长，能耐-18℃的低温。竹材坚韧，宜作小型建筑用材及各类竹柄材。笋味淡苦，水浸后可食，也可制笋干。江西南北均产，其中以奉新、万载、宜丰、永新、峡江等县资源较多。

刚竹（右图由曾庆南提供）

2.2.2.3 台湾桂竹

台湾桂竹*Phyllostachys makinoi* 别名：棉竹、篓竹、桂竹、桂竹仔

竹竿：竿高10～20m，直径3～8cm，幼时被薄层白粉；节间最长可达40cm，壁厚达10mm；竿环及箨环均明显隆起，两者同高或竿环稍高。竹箨：箨鞘背面呈乳黄色，有时带绿或褐色，微被白粉或无白粉，无毛，具较密的大小不等的斑点；箨耳及鞘口缝毛均不发达；箨舌深紫色，截形或微拱形，具紫红色长纤毛；箨片带状，外翻，中间绿色，两边橘黄或绿黄色。竹叶：末级小枝有2或3叶，叶耳有时存在，鞘口缝毛常发达；叶舌顶端拱形，常有缺刻，边缘生紫红色纤毛；叶片长8～14cm，宽1.5～2mm，幼时下表面有毛。笋期：6月上旬。

本种与刚竹相似，但本种分枝以下秆环明显或秆环与箨环同高，箨舌紫色，先端纤毛为紫红色。竹材坚韧细密，纤维长2500μm，供建筑、造纸、竹椅、竹帘、竹器、伞骨、笛等用。笋味好，可鲜食，或作笋干、罐头。江西产万载、德兴、泰和、瑞金等县（市）。

台湾桂竹（右图由曾庆南、彭九生提供）

2.2.2.4 茶秆竹

茶秆竹*Arundinaria amabilis* 别名：青篱竹、沙白竹、亚白竹、篱竹

竹竿：竿高5～13m，直立，粗2～6cm；节间长（25）30～40（50）cm，圆筒形，幼时疏被棕色小刺毛，老则变为光滑无毛，橄榄绿色，具一层薄灰色蜡粉，竿壁较厚，坚硬，有韧性；竿环平坦或微隆起；竿每节分1～3枝，其枝贴竿上举，主枝梢较粗，二级分枝通常为每节1枝。竹箨：箨鞘迟落性，暗棕色，革质、坚硬、质脆，中部和基部较厚，背面密被栗色刺毛，顶端截形，鞘口于箨片两边各有数条直而坚硬先端略弯曲的刚毛状缝毛，其长可达15mm；箨舌棕色、拱形，边缘不规则，具睫毛，背面具微毛；箨片狭长三角形，直立，暗棕色，先端锐尖或呈锥形，边缘粗糙，内卷，纵脉显著，具小横脉，质较箨鞘稍薄。竹叶：小枝顶端具2或3叶；叶鞘除边缘具纤毛外，质厚而脆，鞘口两边稍高；叶舌高1～2mm，边缘密生短睫毛；叶片厚而坚韧，长披针形，长16～35cm，宽16～35mm，次脉7～9对，有小横脉；叶柄长约5mm。花果：花期5～11月，花序生于叶枝下部的小枝上，为3～15枚小穗所组成的总状花序或圆锥花序；小穗含5～16朵小花，披针形，长2.5～5.5cm；颖2，第一颖披针形，长6～7mm，宽2～2.5mm，第二颖长圆状披针形，长9～11mm，宽4～5mm；外稃卵状披针形，长10～15mm，宽4～8mm；内稃广披针形，长5～9.5mm，脊间宽1～2.5mm；鳞被3，膜质；雄蕊3，花丝长约9mm，花药长6～7mm；子房细长、呈纺锤形，无毛，柱头3，长约5mm，劲直，疏生羽毛。颖果成熟后呈浅棕色，长5～6mm，直径约2mm，具腹沟。笋期：3月至5月下旬，

茶秆竹竿形通直，光滑，秆环平，壁厚，竹材纤维长2338μm，纤维含量53.2%。材质坚韧而富有弹性，久放不生虫、干裂，用砂磨去外表后洁白光滑，是作雕刻、装饰、编织、家具、滑雪杖、钓鱼竿、运动器材、围篱、花架等的上乘材料。笋味清苦，消炎解毒，是苦笋系列中之珍品，极具开发前景。其竿直，多分枝，枝叶浓密，也是优良的园林绿化竹种。

茶秆竹材质优良，是我国出口的特产竹种之一，为传统的出口商品，远销东南亚及欧美各国，出口历史已有百余年。茶秆竹适应性强，对土壤要求不严，喜酸性、肥沃和排水良好的砂壤土。江西南北都有分布，最北为婺源县，这也是目前已知的该种自然分布最北界。赣南的大余县原有大片的茶秆竹林，由于连年大量收购出口，导致掠夺式采伐，现几乎全成了荒山或灌木疏林，有茶秆竹散生其中，亟应恢复发展。

竹材与茶秆竹极似，且可代替其出口的还有托竹（*Arundinaria cantori*）和篱竹（*Arundinaria hindsii*），前者分布广东，江西仅见寻乌县，后者在江西南北均产。

茶秆竹（由杨光耀提供）

2.2.2.5 硬头黄竹

硬头黄竹*Bambusa rigida*

竹竿：竿高5～12m，直径2～6cm，尾梢略弯拱，下部劲直；节间长30～45cm，幼时薄被白色蜡粉，竿壁厚1～1.5cm；分枝常自竿基部第一或第二节开始，以数枝乃至多枝簇生，主枝显著较粗长，直径粗4～6mm。竹箨：箨鞘早落，硬革质；箨耳不相等，略有皱褶，深褐色，边缘被波曲状长约1cm的缝毛，大耳通常呈卵形，长2.5cm，宽1.5cm，小耳卵形或近圆形，其大小仅为大耳的2/3；箨舌高2.5～3mm，条裂，边缘具流苏状毛；箨片直立，易脱落，呈近于对称的卵状三角形至卵状披针形。竹叶：叶鞘背面无毛，纵肋隆起，仅外侧边缘被短纤毛；叶耳椭圆形，边缘具少数缝毛；叶舌高0.5mm；叶片线状披针形，长7.5～18cm，宽1～2cm，次脉4～9对。花果：假小穗单生或以数枚乃至多枚簇生于花枝各节，当多枚簇生成丛时其中多为不孕小穗，单生者则多为发育良好的孕性小穗，含小花3～7朵，基部托以数枚具芽苞片；小穗轴节间形扁，长2～4mm，顶端膨大呈杯状；颖椭圆形，长6～7mm，多脉，先端急尖；外稃长圆状披针形，长1～1.5cm，宽4～8mm，具多脉；内稃较其外稃稍短，具2脊，脊于上部被纤毛，脊间5脉；鳞被3，长1.5～3mm，上部边缘被长纤毛，前方2片半匙形，后方1片稍较长，倒卵状披针形；花药长4～6mm，顶端被画笔状毛，子房具3棱，卵球形，具柄，连柄长2～2.5mm，顶部被糙硬毛，花柱被毛，长1.5～2mm，柱头3，被短毛，长不及1mm。

硬头黄竹

硬头黄竹竿形通直，竹材坚厚强韧，纤维长2060～2230μm，篾性良好，供编织竹器、农具、生活用具、工艺品、撑篙、农具柄、棚架等用，也是优良造纸原料。其株形紧凑，秀雅翠绿，姿态潇洒，是园林绿化、庭园美化以及工业原料林的优良竹种。硬头黄竹笋苦，不宜食用。

硬头黄竹主要分布广东、广西、福建、四川、江西等地，是赣南广泛栽培的优良丛生竹种，有悠久的栽培历史。

2.2.2.6 青皮竹

青皮竹*Bambusa textilis* 别名：篾竹、山青竹、地青竹、黄竹、小青竹

竹竿：竿高8～10m，直径3～5cm，尾梢弯垂，下部挺直；节间长40～70cm，绿色，幼时被白蜡粉，并贴生或疏或密的淡棕色刺毛，以后变为无毛，竿壁薄（2～5mm）；节处平坦，无毛；分枝常自竿中下部第七节至第十一节开始，以数枝乃至多枝簇生，中央1枝略微较粗长。竹箨：箨鞘早落；革质，硬而脆，稍有光泽，箨耳较小，不相等，其末端不外延，边缘具细弱波曲状缝毛，大耳狭长圆形至披针形，稍微向下倾斜，长约1.5cm，宽4～5mm；箨舌高2mm，边缘齿裂，被短纤毛；箨片直立，易脱落，卵状狭三角形。竹叶：叶鞘无毛，背部具脊，纵肋隆起；叶耳发达，通常呈镰刀形，边缘具弯曲而呈放射状的缝毛；叶舌极低矮，边缘啮蚀状，无毛；叶片线状披针形至狭披针形，一般长9～17cm，宽1～2cm，上表面无毛，下表面密生短柔毛，先端渐尖具钻状细尖头，基部近圆形或楔形。花果：假小穗单生或数枚乃至多枚簇生于花枝各节，鲜时暗紫色，线状披针形，长3～4.5cm，宽5～8mm；小穗含小花5～8朵，顶生小花不孕；小穗轴节间为半圆柱形或扁形，长约4mm，顶端膨大；颖仅1片，宽卵形，长6mm，无毛，具21脉，先端急尖具短尖头；外稃椭圆形，内稃披针形，常稍长于其外稃；鳞被不相等；花丝细长，花药黄色，长5mm；子房宽卵球形，直径2mm，顶端增粗而被短硬毛，基部具子房柄，花柱长0.7mm，被短硬毛，柱头3，长6～7mm，羽毛状。

青皮竹具有纤维长、竹材韧性强、篾性好、发笋多、笋期长、产量高等优点。竹竿通直，节平而疏，材质柔韧，干后不易开裂。其纤维含量高达47.5%，纤维长2236～3040μm，纤维宽14.9μm，是编织工艺品、竹席和各种竹器的优质篾用材料与造纸等的上等原材料，整竿可用于建筑搭棚、围篱、支柱、家具等。其枝稠叶茂，株形紧凑，秀雅翠绿，姿态潇洒，是园林绿化和环境美化的优良竹种。青皮竹竹笋滋味鲜美，肉质脆嫩，可鲜食，或制笋干和笋罐头等。用青皮竹破篾后剩下的竹黄加工的息竹制成的香烛，燃完后其灰色白，也是我国出口产品之一。青皮竹是丛生型竹种中一种集篾用、纸浆材用和观赏等多种用途为一体的优良竹种。我省各地均可发展。

青皮竹主要分布广东、广西、福建和江西省赣南，广东省广宁县是其主要产地之一，现西南、华中、华东各地均有引种。青皮竹较耐寒，可在长江中下游及其以南地区大力发展，江西南北均可推广栽培，但青皮竹对土壤水肥条件稍严，宜丘陵、平原或四旁土壤深厚肥沃处种植。

青皮竹（下图由曾庆南、彭九生提供）

2.2.2.7 光竿青皮竹

光竿青皮竹*Bambusa textilis* var. *glabra* 别名：黄竹、硬头黄

青皮竹的变种，不同之处在于竿节间与秆箨无毛。

竹箨：箨鞘长的一半或稍过一半，且其基部略作圆形收窄。光竿青皮竹纤维长，材质坚厚强韧，篾性良好，用途同青皮竹。

产广东、广西、江西等地，栽培于低丘陵地、河边或村落附近。江西主产赣南，有悠久的栽培历史。

光竿青皮竹

光竿青皮竹

2.2.2.8 梁山慈竹

梁山慈竹*Dendrocalamus farinosus* 别名：大叶慈、钓竹、大叶慈竹、大叶竹、瓦灰竹、药竹、吊竹、乡帘竹

竹竿：竿高7～12m，直立，直径4～8cm，竿梢弯曲或略下垂；节间长20～45cm，幼时被白粉，光滑无毛，竿壁厚4～10mm。箨环附有箨鞘基部残留物；竿环微隆起，在两者的上下方幼时各生有一圈金色绒毛环，成长后则此绒毛环便消失；节内长3～5mm；分枝习性高，通常在竿第10节始有分枝，每节以多枝簇生，主枝明显，长1～2.5m，直径4～12mm。竹箨：箨鞘呈长圆的三角形，鲜时棕红色，以后渐变为淡褐色，厚纸质至革质，背面具长为1～2mm的棕色小刺毛，鞘顶端截平或微下凹；箨耳无；箨舌极发达，截形，边缘为不整齐的细裂成为缝毛，毛长7～10mm，其尖端甚柔弱；箨片较小，外翻，长披针形，4～12cm，宽5～12mm。竹叶：末级小枝具4～10（～12）叶，叶鞘光滑无毛，长4.5～8cm；叶耳与鞘口缝毛俱无；叶舌截形，高1～1.5mm；叶片披针形，质薄，大小有变化，一般长9～33cm，宽1.5～6cm；次

梁山慈竹（右图由曾庆南、彭九生提供）

脉5～11对，小横脉存在但不明显；叶柄长约2mm。花果：花期7月，花枝无叶，呈鞭状下垂，长30～40cm，节间长2.5～5cm，密被白粉及细毛，着生假小穗之一侧基部稍扁平，每节丛生7～20枚假小穗，小穗含3～5朵小花，长圆状倒卵形，长8～14mm，宽3～6mm，紫褐色；颖2至数片，长6～8mm，宽5～8mm，具16脉，先端尖；外稃宽卵形，长7～10mm，宽6～8mm；内稃长约7mm，较外稃甚宽，具2脊，脊上生纤毛，脊间宽1.5mm，其内具2或3脉，背面被细毛，先端钝圆；花丝长8～12mm，花药黄色，长3～5mm，药隔伸出成1针状小尖头；子房卵形，长约1.5mm，花柱长约1mm，柱头1～3，长2～3mm。果黄色，无毛而光滑，先端具喙。笋期：9月。

梁山慈竹竹秆通直，纤维长，竹材韧性好，竹竿作农具柄、棚架等材料，以及劈篾编织竹器。笋可食，竹丛紧凑，竹株秀美，姿态清秀，为非常好的庭园绿化材料，是一种优良的观赏、纸浆和材用竹种。

分布广西、广东、云南、四川等地，多见于村边宅旁、溪边及石灰岩山脚，江西引种栽培。梁山慈竹较耐寒，江西各地均可发展。

2.2.2.9 坭竹

坭竹*Bambusa gibba*　别名：水黄竹

竹竿：竿高7～10m，直径3.5～6cm，尾梢近直立，下部略呈“之”字形曲折；节间长30～40cm，近基部略为肿胀，幼时被白蜡粉，竿壁厚3～5mm；节处稍隆起，无毛；分枝常自竿基第一、二节就开始。每节常为3枝簇生，竿中上部各节则为数枝簇生，主枝较粗长。竹箨：箨鞘早落，背面无毛；箨耳显著不相等，大耳卵状披针形或狭长圆形，宽5～6mm，小耳卵形或椭圆形，宽2～3mm；箨舌拱形，高2～3mm；箨片直立，易脱落，狭三角形。竹叶：叶鞘被微毛或近无毛；叶耳卵形、卵状长圆形或近镰形，有时无叶耳；叶舌极矮，截形，边缘微齿裂或近全缘，被短纤毛或无毛；叶片线状披针形至狭披针形，长8.5～14.5cm，宽8～13mm，上表面无毛，下表面密生短柔毛，先端渐尖具钻状尖头，基部近圆形或楔形。花果：假小穗以数枚簇生花枝各节，线形，长2～3cm；具芽苞片4，圆卵形至卵形，长1.5～3.5mm，先端钝圆但具短尖头；小穗含小花4～8朵；小穗轴节间扁，被微毛，长约3.5mm，顶端膨大并在其边缘被短细纤毛；颖1片，卵状椭圆形，长6～6.5mm；具15脉，先端急尖而具短尖头；外稃卵状长圆形，内稃与其外稃近等长或稍短，具2脊，脊上无毛，脊间与脊外的两侧均各具3脉，先端钝而顶端具一簇白色柔毛；鳞被3，近等长，长约1.5mm，前方2片宽椭圆形，后方1片卵形；花药先端钝；子房卵形，长0.5mm，顶端被毛，基部具长柄，花柱长0.5mm，柱头3，羽毛状。

坭竹竹材纤维长，产量高，竹材坚厚强韧，是一种优良的纸浆、材用和风景竹种。

分布广东、广西、福建、江西等地，生于低丘陵地或村落附近。耐寒能力不及硬头黄竹，赣中以南地区低山丘陵、河滩溪岸、房前屋后可大力发展。

坭竹

2.2.2.10　撑绿竹

撑绿竹*Bambusa pervariabilis×Dondrocalamopsis daii*

撑绿竹是一种以撑篙竹*Bambusa pervariabilis*为母本、大绿竹*Dendrocalamopsis daii*为父本的杂交种。

竹竿：竿高10～15m，径粗4～10cm，节间长30～45cm，壁厚8～15mm，其平均径粗比撑篙竹大1.4倍，竿直立，出笋期长，产量高，年产竹材45000kg/hm^{2}以上，比撑篙竹高2.8倍。造纸性能、无性繁殖能力等也明显优于父母本，具有很高的经济效益和应用前景。笋期：5～11月。

撑绿竹性喜温暖湿润，不耐严寒干燥，适生于海拔300～600m，年均温15～18℃，1月份月均温3～4℃，年降雨量1200mm以上地区，喜肥沃深厚、疏松、有机矿物质营养含量较高，物理性质良好，呈酸性至中性反应，pH值为5～7的土壤，尤其在溪河沿岸的冲积土上生长最好。在丘陵低山或缓坡地，只要土层深厚疏松肥沃，也可栽植；干燥瘠薄、石砾太多或过于粗重的土壤不宜造林。江西赣南有大面积引种。

撑绿竹（由曾庆南、彭九生提供）

2.2.3　观赏竹类

2.2.3.1　罗汉竹

罗汉竹*Phyllostachys aurea*　别名：人面竹、寿星竹、算盘竹、鼓槌竹

竹竿：竿高5～12m，劲直，粗2～5cm，幼时被白粉，无毛，成长的竿呈绿色或黄绿色；中部节间长15～30cm，中、下部正常节间的上端也常明显膨大，竿壁厚4～8mm；竿环中度隆起与箨环同高或略高；箨环幼时生一圈白色易落的短毛。竹箨：箨鞘背面黄绿色或淡褐黄带红色，无白粉；箨耳及鞘口繸毛俱缺；箨舌很短，淡黄绿色，先端截形或微呈拱形，有淡绿色的细长纤毛；箨片狭三角形至带状，开展或外翻而下垂，下部者多皱曲，上部者常平直，绿色而具黄色边缘。竹叶：末级小枝有2或3叶；叶鞘无毛；叶耳及鞘口繸毛早落或无；叶舌极短；叶片狭长披针形或披针形，长6～12cm，宽1～1.8cm，仅下表面基部有毛或全部无毛。花果：花枝呈穗状，长3～8cm；佛焰苞5～7片，长15～18mm，每片佛焰苞内有假小穗1～3枚。小穗含1～4朵小花，上部者不孕；小穗轴节间无毛；颖0～2片；外稃与颖相类似但较长，长15～20mm，具多脉，沿边缘密生柔毛；内稃与外稃等长或较短，脊上具纤毛，脊间具2或3脉，脊外两侧各有2～5脉；鳞被长3.5～5mm，被微毛；花药长10～12mm；柱头2，羽毛状。颖果线状披针形，长10～14mm，直径1.5～2mm，顶端宿存花柱的基部。笋期：5月中旬。

罗汉竹秆基部数节缩短膨大秆形奇异常栽为观赏，竹秆亦可作钓竿、手杖。全省广泛分布。

竹竿劲直，下部节间畸形缩短，节间肿胀。节环互为歪斜，外形奇特，竿中部节间正常。竹姿奇异，竹秆畸形多姿，为著名园林观赏竹种，竿是制作竹工艺品、手杖、伞柄、钓鱼竿等优良材料。罗汉竹笋味鲜美，也是优良笋用竹种，但其材质较脆，不宜篾用。

黄河流域以南各地区均有罗汉竹分布或栽培，江西南北均产。性较耐寒，适生于温暖湿润、土层深厚的低山丘陵及平原地区。

罗汉竹（右图由杨光耀提供）

2.2.3.2 龟甲竹

龟甲竹*Phyllostachys edulis* f. *heterocycla* 别名：龙鳞竹、佛面竹、龟文竹、马汉竹

竹竿：竿高达20余m，粗者可达20余cm，幼竿密被细柔毛及厚白粉，箨环有毛，老竿无毛，并由绿色渐变为绿黄色；基部节间甚短而向上则逐节较长，中部节间长达40cm或更长，壁厚约1cm；竿环不明显，低于箨环或在细竿中隆起。竹箨：箨鞘背面黄褐色或紫褐色，具黑褐色斑点及密生棕色刺毛；箨耳微小，缝毛发达；箨舌宽短，强隆起乃至为尖拱形，边缘具粗长纤毛；箨片较短，长三角形至披针形，有波状弯曲，绿色，初时直立，以后外翻。竹叶：末级小枝具2～4叶；叶耳不明显，鞘口缝毛存在而为脱落性；叶舌隆起；叶片较小较薄，披针形，长4～11cm，宽0.5～1.2cm，下表面在沿中脉基部具柔毛，次脉3～6对，再次脉9条。花果：花期5～8月，花枝穗状，长5～7cm，基部托以4～6片逐渐稍较大的微小鳞片状苞片；佛焰苞通常在10片以上，每片孕性佛焰苞内具1～3枚假小穗。小穗仅有1朵小花；小穗轴延伸于最上方小花的内稃之背部，呈针状，节间具短柔毛；颖1片，长15～28mm，顶端常具锥状缩小叶有如佛焰苞，下部、上部以及边缘常生毛茸；外稃长22～24mm；内稃稍短于其外稃，中部以上生有毛茸；鳞被披针形，长约5mm，宽约1mm；花丝长4cm，花药长约12mm；柱头3，羽毛状。颖果长椭圆形，长4.5～6mm，直径1.5～1.8mm，顶端有宿存的花柱基部。笋期：4月。

龟甲竹

龟甲竹是毛竹的变型，竿高、径粗。笋期及生境与毛竹相同，区别在于其竿下部或中部以下节间连续极度缩短呈不规则的肿胀，节环交错斜列，斜面凸出呈龟甲状，面貌奇特，形态别致，观赏价值极高，为我国珍贵观赏竹种。竹材可以制作各种高级竹工艺品。

分布长江中下游，秦岭、淮河以南，南岭以北，零星见于毛竹林中。江西南北均有，其中上犹县发现有带型片状小面积分布。

龟甲竹（由曾庆南、彭九生提供）

2.2.3.3 方竿毛竹

方竿毛竹*Phyllostachys edulis* 'Quadranqulata'

竿为钝四棱形。此种钝四棱形并非因人工作用所成。毛竹的栽培变型，竿高、径粗、笋期及生境与毛竹相同，区别在于其竿方形或横切面似马蹄形。

产湖南洞庭湖君山及江西靖安县。

方竿毛竹（由曾庆南、彭九生提供）

2.2.3.4 中华大节竹

中华大节竹*Indosasa sinica*

竹竿：竿高达10m，直径约6cm，新竿绿色，密被白粉，老竿带褐色或深绿色；竿中部节间长35～50cm，竿壁甚厚，中空小；竿每节分3枝，枝近平展，枝环隆起。竹箨：箨鞘背面绿黄色，干后黄色，具隆起纵肋，并密被簇生的小刺毛，在下半部尤密；箨耳发达，较小，两面均生有小刺毛，缝毛卷曲，长1～1.5cm；箨舌高2～3mm，背部有小刺毛，先端微呈拱形，其上具纤毛；箨片绿色，三角状披针形，外翻，两面密被小刺毛，粗糙。竹叶：末级小枝具3～9叶；叶耳发达，或有时不明显，缝毛带紫色，长达8mm，早落；叶片通常为带状披针形，长12～22cm，宽1.5～3cm，位于叶枝顶端的叶片有时宽达5～6cm，两面绿色无毛，次脉5～6对，小横脉明显。花果：花期5月，假小穗以2或3枚集生或单生于具叶小枝的下部各节，形粗壮，长4.5～13cm，无柄；苞片数片，逐渐增大，最后与颖或外稃相似，无毛，基部1～3片腋内无芽；小穗含小花多数；小穗轴节间粗壮，有关节，中空，长约7mm，无毛；外稃近革质，内稃短于其外稃，长约1cm，先端钝，背部具2脊，近无毛，纵脉不明显；鳞被长圆状，上半部透明膜质，下半部肉质，白色；花药紫色，长达7mm，花丝白色；花柱1，柱头3裂。颖果褐色，卵状椭圆形，长8mm，宽2mm，基部圆形，先端有宿存的花柱基部。笋期：4月。

本种是大节竹属分布最广的一种。产于贵州南部、云南南部和东南部、广西。多生于低海拔地区，成片生长或散生。

中华大节竹（由杨光耀提供）

2.2.3.5 花毛竹

花毛竹*Phyllostachys edulis* 'Tao kiang' 别名：江氏孟宗竹、花竿毛竹、碧玉嵌黄金

毛竹的一种优良栽培变型，竿高、径粗、笋期及生境与毛竹相同，区别在于其竹竿具黄绿相间的纵条纹，部分叶片也具黄色条纹，集材用、笋用、观赏于一体，用途多，产量高，观赏价值大，又可加工竹器。

江西各毛竹产区均有零星分布，其中以井冈山、遂川、靖安、安福、庐山、寻乌等县（市）资源较多。尤其井冈山、遂川有小面积分布，可在全省各地推广栽培。

花毛竹（由杨光耀提供）

2.2.3.6 紫竹

紫竹*Phyllostachys nigra* 别名：乌竹、黑竹、水竹子

竹竿：竿高4～8m，稀可高达10m，直径可达5cm，幼竿绿色，密被细柔毛及白粉，箨环有毛，一年生以后的竿逐渐先出现紫斑，最后全部变为紫黑色，无毛；中部节间长25～30cm，壁厚约3mm；竿环与箨环均隆起，且竿环高于箨环或两环等高。竹箨：箨鞘背面红褐或更带绿色，无斑点或常具极微小不易观察的深褐色斑点；箨耳长圆形至镰形，紫黑色，边缘生有紫黑色繸毛；箨舌拱形至尖拱形，紫色，边缘生有长纤毛；箨片三角形至三角状披针形，绿色，但脉为紫色，舟状，直立或以后稍开展，微皱曲或波状。竹叶：末级小枝具2或3叶；叶耳不明显，有脱落性鞘口繸毛；叶舌稍伸出；叶片质薄，长7～10cm，宽约1.2cm。花果：花枝呈短穗状，长3.5～5cm，基部托以4～8片逐渐增大的鳞片状苞片；佛焰苞4～6片，每片佛焰苞腋内有1～3枚假小穗。小穗披针形，长

紫竹（下图由杨光耀提供）

1.5～2cm，具2或3朵小花，小穗轴具柔毛；颖1～3片，偶可无颖，背面上部多少具柔毛；外稃密生柔毛，长1.2～1.5cm；内稃短于外稃；花药长约8mm；柱头3，羽毛状。笋期：4月下旬。

紫竹新秆绿色，1年后渐变为紫黑色或棕黑色，叶青翠，甚美观，竹材较坚韧，宜作钓鱼竿、手杖等工艺品及箫、笛、胡琴等乐器制品，笋供食用，是著名的庭园观赏和工艺竹种。

黄河流域以南各地均有分布，耐寒性强，在-20℃低温下能安全越冬。江西南北均产，其中以遂川县资源较多。在海拔1000m以下山地、丘陵、平原均可发展栽培。

2.2.3.7 斑竹

斑竹*Phyllostachys bambusoides* f. *lacrima-deae*

桂竹*Phyllostachys bambusoides*的变型，竹竿有紫褐色或淡褐色斑块与斑点，分枝也有紫褐色斑点。为著名观赏竹种，竹竿可作工艺品。

产黄河流域及长江流域各地，江西主产泰和、兴国、瑞金等地，南昌引种栽培。

斑竹（由杨光耀提供）

2.2.3.8 绿皮黄筋竹

绿皮黄筋竹*Phyllostachys sulphurea* 'Houzeau' 别名：黄槽刚竹、槽里黄刚竹、碧玉间黄金竹

竹竿：竿高6～10m，径粗5～8cm。笋期：5月上中旬。

金竹*Phyllostachys sulphrea*的栽培变型。与金竹的区别在于其秆绿色，节间分枝一侧纵槽黄色，可供观赏。竹材坚实，篾性较好，供农具柄、棚架、编织生活用品等用。笋味略苦，煮浸后可食。

江西省林业科学院竹园及靖安、婺源等县引种栽培。

绿皮黄筋竹（由曾庆南、彭九生提供）

2.2.3.9 黄皮绿筋竹

黄皮绿筋竹*Phyllostachys sulphurea* 'Robert Young' 别名：黄皮刚竹

金竹*Phyllostachys sulphrea*的栽培变型。竿高、径粗、笋期、生境及用途与绿皮黄筋竹相同，区别在于其竹竿金黄色，节间有少数绿色纵条纹，节下常有绿色环节；叶片常出现淡黄色条纹，颇美观。

江西省林业科学院竹园及德兴市栽培。

黄皮绿筋竹（由曾庆南、彭九生提供）

2.2.3.10 金镶玉竹

金镶玉竹*Phyllostachys aureosulcata* f. *spectabilis*

黄槽竹*Phyllostachys aureosulcata*的变型。竹竿金黄色，节间沟槽绿色，为优良观赏竹种。

金镶玉竹（杨光耀提供）

竹竿：竿高4～6m，径粗4cm。

笋期：4月中旬～5月上旬。

分布江苏、浙江、北京等地，江西省林业科学院和江西农业大学竹园有引种栽培。

2.2.3.11 黄竿乌哺鸡竹

黄竿乌哺鸡竹*Phyllostachys vivax* 'Aureocaulis'

乌哺鸡竹的栽培变型。全竿均为硫磺色，并不规则间有绿色纵条纹，竹竿色彩鲜艳，不仅是优良笋用竹种，也是珍贵庭园观赏竹种。

特产河南永城，江西省林业科学院竹园引种栽培。黄竿乌哺鸡竹对气候条件适应范围较广，江西南北均可发展栽培。

黄竿乌哺鸡竹（杨光耀提供）

2.2.3.12 肿节少穗竹

肿节少穗竹*Oligostachyum oedogonatum* 别名：肿节竹、肿节苦竹

竹竿：竿高4～5m，径粗1～2.5cm。笋期：5月。

秆节肿胀而奇特，枝叶青翠，叶形优美，为优良观赏竹种，竹秆可作手杖，笋可食用。

分布江西、福建、浙江，主产于罗霄山脉、南岭山脉、武夷山脉。

肿节少穗竹（杨光耀提供）

2.2.3.13 佛肚竹

佛肚竹 *Bambusa ventricosa* 别名：小佛肚竹、佛竹

竹竿：竿高8～10m，径粗3～7cm。笋期：7～9月。

竿有二型。正常类竿型节间圆柱形，完全畸形者节间较短而密，呈扁球体或瓶状，中间类型节间呈棍棒状，普遍为庭园栽培，亦宜盆栽，是极美的观赏竹。正常竿可作农具柄、家具等用，畸形竿亦宜制工艺品。

分布广东、广西、福建等省区，江西各地有引种栽培。

佛肚竹（下图由杨光耀提供）

2.2.3.14 大佛肚竹

大佛肚竹*Bambusa vulgaris* 'Wamin'

竿畸形，高2～5m，竹竿及大多数枝条节间极度短缩鼓胀而呈佛肚状，竿形奇异，是著名的观赏竹种，竹竿可作台灯柱、笔筒等工艺美术品。

产华南及台湾，江西南部有引种，可露地栽培，但在赣北露地越冬易受冻害致死。

大佛肚竹（由曾庆南、彭九生提供）

2.2.3.15 黄秆京竹

黄秆京竹*Phyllostachys aureosulcata* f. *aureocaulis*

散生竹，秆高3～5m，径1～2cm。竹秆、枝全部为硫黄色。黄秆绿叶甚引人喜。

南、北园林绿化优质竹种。

黄秆京竹（由杨光耀提供）

黄秆京竹（由杨光耀提供）

2.2.3.16 小琴丝竹

小琴丝竹*Bambusa multiplex* 'Alphonse-Karr'

别名：花孝顺竹

竿高3～7m，径粗1～3cm，节长20～40cm，竹株紧凑，较矮小，密丛生，竿黄色并间有绿色条纹，新秆鲜黄色间有绿色或红色条纹，竿和分枝的色泽分明，犹如黄金间碧玉，丛态优雅，竿形秀丽，是一种优良的观赏竹种，宜作庭园观赏和盆栽。

小琴丝竹

产广东、四川、台湾等地，江西省林业科学院、江西农业大学、靖安县竹园有栽培。小琴丝竹笋期长，较耐寒，江西各地均可发展。

小琴丝竹

花竹（由曾庆南、彭九生提供）

2.2.3.17 花竹

花竹*Bambusa albo-lineata* 别名：绿篱竹、白条青皮竹、火管竹、火广竹、火吹竹

竿高4～10m，径粗2～5cm，节间长25～60cm。竿节间及箨鞘基部具白色条纹，可供庭园观赏或作绿篱用，也是优良的造纸原料。竹竿节间长，竹材柔韧，为编制各种竹器优良竹材。

分布浙江、江西、福建、广东和台湾等地，常栽培于低丘、平地及溪河边，江西主产赣南。

花竹（由曾庆南、彭九生提供）

2.2.3.18 黄金间碧竹

黄金间碧竹*Bambusa vulgaris* var. *vittata* 别名：黄挂绿竹、挂绿竹、青丝金竹

竹竿：竿高8～10m，径粗7～10cm，节间长可达45cm，竿鲜黄色间绿色纵条纹，杆色艳丽，光洁清秀，色彩美丽，为优美庭园观赏竹种。笋期：7～10月。

分布广西、广东、海南、云南、台湾等地，江西

黄金间碧竹

省林业科学院竹园、南昌、安义、泰和、宁都等地有引种栽培。其耐寒能力不及花孝顺竹，江西在南昌地区以南可发展，赣北地区栽植易受冻害。

黄金间碧竹

2.2.3.19 凤尾竹

凤尾竹*Bambusa multiplex* 'Fernleaf'

竹竿：竿高4～7m，径粗2～3cm。笋期：7～10月。

植株低矮，竹竿细长坚韧，密集丛生，叶常10多片排列于小枝上，形似羽状，柔软而下垂，十分优雅，是一种优良的观赏、材用竹种。较耐瘠薄，极耐修剪，宜庭园造景、绿篱和盆栽。

分布华东、华南、西南各省区，江西各地有引种栽培。

凤尾竹（由曾庆南、彭九生提供）

凤尾竹（由曾庆南、彭九生提供）

2.2.3.20 辣韭矢竹

辣韭矢竹*Pseudosasa japonica* 'Tsutsumiana Yanagita'

竹竿：竿高2～5m，粗0.5～1.5cm；节间长15～30cm，绿色，无毛；竿环较平坦；箨环有箨鞘基部宿存的附属物；节内不明显；竿的中部以上才开始分枝，每节具1分枝，近顶部可分3枝，枝先贴竿然后展开，越向竿顶端则分枝越紧贴竿，二级枝每节为1枝，通常无三级分级。竹箨：箨鞘宿存，草绿带黄色，背面常密生向下的刺毛，全缘；箨耳小或不明显，具少数条短刺毛；箨舌圆拱形；箨片线状披针形，无毛，全缘。竹叶：小枝具5～9叶；叶鞘在近枝顶部的无毛，枝下部的具密毛；叶耳不明显，具白色平滑而平行的鞘口缝毛数条；叶舌高1～3mm，革质，全缘，背面有微毛；叶片狭长披针形，长4～30cm，宽7～46mm，无毛，边缘之一边有锯齿状的小刺，先端长渐尖，基部楔形，上表面有光泽，下表面淡白色，次脉3～7对，小横脉呈方格子状。花果：圆锥花序位于叶枝的顶端；小穗线形，含5～10朵小花，长1.5～4.5cm，宽3～4mm；颖2，第一颖较小；外稃卵形，长11～15mm，先端具芒状小尖头，边缘自中部以上生微毛，具小横脉呈方格状；内稃长7～8mm，前面有纵沟且有毛，具小横脉亦呈方格状；鳞被3，长2.5～3.5mm，近于相等或其中一片较大，膜质透明，椭圆形，先端尖，上端有纤毛，脉纹平行；雄蕊3或4枚，花丝无毛，花药长5mm，黄色或带紫色；子房无毛，花柱短，柱头3，近于呈羽毛状。笋期：6月。

混生竹，秆节间膨胀成花瓶状，秆形奇特，四季浓绿，极富观赏价值。

我国江苏、上海、浙江、台湾等地的庭园均有引种栽培。

辣韭矢竹（由杨光耀提供）

仅具2或3节，不再分枝。竹箨：箨鞘宿存，革质，背部具向下的小刺毛，具小横脉，边缘生纤毛；箨舌高2～3mm，先端突出，无毛；箨耳微弱，边缘有放射状伸展的短縫毛，有时可无箨耳；箨片锥状，具纵脉，边缘有纤毛。竹叶：每小枝仅具1叶，偶可具2叶，因叶鞘与小枝愈合，顶生叶之叶柄似直接生在小枝的顶端，枝箨长，先端能超出小枝之上；叶片披针形，长12～17cm，宽12～22mm，先端急尖而延伸，基部渐尖或钝圆，收缩为长2mm之叶柄，叶缘一边光滑，另一边具细锯齿，上表面绿色，无毛，下表面粉绿色，除基部中脉两侧具细柔毛外，他处均无毛，次脉4或5对，小横脉明显。花果：大型圆锥花序长12～19cm，宽7～9cm，中下部分的花序分枝平展；小穗长5～7mm，淡绿色，具3～5朵小花；颖2，第一颖长2mm，先端渐尖，具3脉，第二颖长3mm，背脊隆起，具5脉，先端渐尖无毛；外稃长3mm，具5脉，中脉脊状隆起；内稃背部具2脊，无纵脉，较外稃为长；鳞被3，卵状，无脉纹；花药黄色，硕大而短，两端钝圆，花丝短；子房三角形至卵状，无毛；柱头2，羽毛状，通常可

2.2.3.21　井冈山寒竹

井冈山寒竹*Gelidocalamus stellatus*

竹竿：竿高达2m，粗8mm，幼竿绿色无毛，节下有白粉；节间长25～30cm，圆筒形，无沟槽；竿环隆起比箨环高。箨环略隆起，附有箨鞘基部残留物；节内长3～5mm；竿每节簇生7～12枝，枝纤细，

井冈山寒竹（由杨光耀提供）

联合为1枚，扁而细长。笋期：10～11月。

井冈山寒竹竹株矮小，株形秀丽，竿色青翠，枝叶潇洒，体态素雅，竹姿婀娜，供庭园观赏，尤宜盆栽。鲜笋可食，笋期长，是一种十分优良的观赏和笋用竹种，具有较高经济和开发利用价值。

产井冈山，自然分布于海拔300～1800m之间的林下或涧边。

2.2.4 叶用及地被竹类

2.2.4.1 阔叶箬竹

阔叶箬竹*Indocalamus latifolius* 别名：寮竹、箬竹、壳箬竹

竹竿：竿高可达2m，直径0.5～1.5cm；节间长5～22cm，被微毛，尤以节下方为甚；竿环略高，箨环平；竿每节1枝，唯竿上部稀可分2或3枝，枝直立或微上举。竹箨：箨鞘硬纸质或纸质，下部竿箨者紧抱竿，而上部者则较疏松抱竿，背部常具棕色疣基小刺毛或白色的细柔毛，以后毛易脱落，边缘具棕色纤毛；箨耳无或稀可不明显，疏生粗糙短缝毛；箨舌截形，高0.5～2mm，先端无毛或有时具短缝毛而呈流苏状；箨片直立，线形或狭披针形。竹叶：叶鞘无毛，先端稀具极小微毛，质厚，坚硬，边缘无纤毛；叶舌截形，高1～3mm，先端无毛或稀具缝毛；叶耳无；叶片长圆状披针形，先端渐尖，长10～45cm，宽2～9cm，下表面灰白色或灰白绿色，多少生有微毛，次脉6～13对，小横脉明显，形成近方格形，叶缘生有小刺毛。花果：圆锥花序长6～20cm，其基部为叶鞘所包裹，花序分枝上升或直立，一如花序主轴密生微毛；小穗常带紫色，几呈圆柱形，长2.5～7cm，含5～9朵小花；小穗轴节间长4～9mm，密被白色柔毛；颖通常质薄，具微毛或无毛，但上部和边缘生有绒毛，颖2，第一颖长5～10mm，具不明显的5～7脉，第二颖长8～13mm，具7～9脉；外稃先端渐尖呈芒状，具11～13脉，脉间小横脉明显，具微毛或近于无毛，第一外稃长13～15mm，基盘密生白色长约1mm之柔毛；内稃长5～10mm，脊间贴生小微毛，近顶端生有小纤毛；鳞被长2～3mm；花药紫色或黄带紫色，长4～6mm；柱头2，羽毛状。果实未见。笋期：4～5月。

竹竿可制笔杆、竹筷，叶片可包粽子，制笠帽、船篷等用品。耐阴，可做地被和绿篱。尤其以叶片大而出名，叶色翠绿，是盆栽的好材料。

产华东、华中等地，生于山坡、山谷、疏林下，江西南北均有分布。阔叶箬竹适应性强，较耐寒，喜湿耐旱，对土壤要求不严，在轻度盐碱土中也能正常生长。

阔叶箬竹

2.2.4.2 箬叶竹

箬叶竹*Indocalamus longianritus*

竹竿：竿高0.8～1m，直立，基部直径3.5～8mm；节间长（8）10～55cm，暗绿色有白毛，节下方有一圈淡棕带红色并贴竿而生的毛环，竿壁厚1.5～2mm；竿节较平坦；竿环较箨环略高；竿每节分1枝，唯上部则有时为1～3枝，枝上举。竹箨：箨鞘厚革质，绿色带紫，内缘贴竿，外缘松弛，基部具宿存木栓状隆起环，或具一圈棕色长硬毛，背部被褐色伏贴的疣基刺毛或无刺毛，有时有白色微毛；箨耳大，镰形，长3～55mm，宽1～6mm，绿色带紫，干时棕色，有放射状伸展的淡棕色长缝毛，其长约1cm；箨舌高0.5～1mm，截形，边缘有长为0.3～3mm的流苏状缝毛或无缝毛；箨片长三角形至卵状披针形，直立，绿色带紫，先端渐尖，基部收缩，近圆形。竹叶：叶鞘坚硬，无毛或幼时背部贴生棕色小刺毛，外缘生纤毛；叶耳镰形，边缘有棕色放射状伸展的缝毛；叶舌截形，高1～1.5mm，背部有微毛，边缘生粗硬缝毛；叶片大型，长10～35.5cm，宽1.5～6.5cm，先端长尖，基部楔形，下表面无毛或有微毛，次脉5～12对，小横脉形成长方格形，叶缘粗糙。花果：花期5～7月，圆锥花序细长，长8～15.5cm，花序轴密生白色毡毛；小穗长1.5～3.7cm，淡绿色或成熟时为枯草色，含4～6朵小花；小穗轴节间长6.8～7.2mm，呈扁棒状，有纵棱，密被白色绒毛，顶端截平；颖2，先端渐尖成芒状，第一颖长3～5mm，3～5脉，第二颖长6～8mm，7～9脉；外稃长圆形兼披针形，先端有芒状小尖头，第一外稃长10～14mm，11～13脉；第一内稃长7～10mm；脊上生有纤毛；花药长约5mm；柱头2，羽毛状。颖果长椭圆形。笋期：4～5月。

本竹种竿通直，可制笔杆、竹筷，叶片可制斗笠、船篷等防雨用品的衬垫材料，大型叶片可包粽子。

分布河南、江西、湖南、广东、福建、贵州、四川等地，生于山坡和路旁。

箬叶竹（上图由杨光耀提供）

2.2.4.3 鹅毛竹

鹅毛竹*Shibataea chinensis* 别名：倭竹、小竹、鸡毛竹、三叶竹

竹竿：竿高1m，直立，直径2～3mm，中空亦小，表面光滑无毛，淡绿色或稍带紫色；竿下部不分枝的节间为圆筒形，竿上部具分枝的节间在接近分枝的一侧具沟槽，因此略呈三棱形，竿中部之节间长7～15cm，直径2～3mm；竿环甚隆起；竿每节分3～5枝，枝淡绿色并略带紫色，全长0.5～5cm，计3～5节，顶芽萎缩，各枝与竿之腋间的先出叶膜质，迟落，长3～5cm，无毛，边缘生纤毛，分枝基部留有枝箨，后者脱落性或迟落。地下茎（竹鞭）呈棕黄色

鹅毛竹

鹅毛竹

或淡黄色；节间长仅1～2cm，粗5～8mm，中空极小或几为实心。竹箨：箨鞘纸质，早落，背部无毛，无斑点，边缘生短纤毛；箨舌发达，高可达4mm左右；箨耳及鞘口繸毛均无；箨片小，锥状。竹叶：每枝仅具1叶，偶有2叶；叶鞘厚纸质或近于薄革质，光滑无毛；叶耳及鞘口繸毛俱缺；叶舌膜质，长4～6mm或更长，披针形或三角形，一侧较厚并席卷为锥状，被微毛（如每枝具2叶时，下方的叶舌则短矮而不席卷）；外叶舌密被短毛；叶片纸质，幼时质薄，鲜绿色，老熟后变为厚纸质乃至稍呈革质，卵状披针形，长6～10cm，宽1～2.5cm，基部较宽且两侧不对称，先端渐尖，两面无毛，次脉5～8（9）对，再次脉10条小横脉明显，叶缘有小锯齿。花果：未见。笋期：5～6月。

鹅毛竹竿直立，纤细，中空小或近于实心，竹秆矮小密生，叶大而茂，可作地被植物、矮绿篱栽培，

鹅毛竹（上图、下图由曾庆南提供）

也宜盆栽观赏。

分布江苏、安徽、江西、浙江、福建等地。鹅毛竹喜温暖、湿润环境，稍耐阴。浅根性，在疏松、肥沃、排水良好的沙质壤土中生长良好。

JIANGXI ZHUZIYUAN YU
CHANPIN TUZHI
江西竹资源与产品图志

第二章 竹文化的起源与发展

ZHUWENHUA DE QIYUAN YU FAZHAN

大自然孕育了世间万物，创造了人类，人又发明了技术，创造了文化，创造了大量具有历史、艺术、科学研究功能和现代价值的文化财产、精神财产。著名史学家陈寅恪先生认为，中国文化是“竹的文化”。英国的李约瑟博士也认为，中国的文明是“竹子的文明”。在中国文明的产生与发展过程中，竹不仅仅是生产和生活各个方面不可或缺的一种重要工具或用具，而且渗透到宗教、艺术、伦理等各个领域，传导与表现着中华民族的宗教意识、审美情感和人格理想。

竹子是中国境内最为常见和广袤的植物资源，在中华民族数千年的历史长河中，其是物质文明建设的重要资源，并渗透和凝聚于社会精神文化之中，丰富了中国文化的独特色彩，从而形成了别具一格的中华竹文明，积淀成为源远流长的中华竹文化。

原始社会的先人们按照自己的需要和目的，逐渐学会了竹的栽培和竹材加工，制造出适合自身需求的各种生产、生活的工具，显示了竹在人类文明的进化发展史上具有重要的意义。据有关文献记载，春秋战国时期出现了远距离的竹子引种，汉代出现了“渭川千亩竹”的种竹专业户，皇家设有司竹监负责经营管理国家竹林。六朝时期民间出现种竹最适日的记载，成为中国传统种竹节的滥觞。唐宋时期出现种竹护城的种竹活动。明清时期随着商品经济的发展，大规模种竹造林活动开始兴起。几千年来，人们积累和创造了丰富的竹类种植经营技术，是中华竹文化宝贵的历史遗产。与此同时，竹作为中国文化传播积累的载体，对中国文化的积累和发展产生了重要的作用。从殷商时期出现至南朝为止，是在竹简上刻字或写字，从而使中国的以象形表意为特征的方块汉字固定下来，并形成了中国独特的书法艺术。汉代开始出现纸张，并逐步替代了竹简。但在六朝就发明了竹纸，竹仍作为中国文化传播积累的载体，至今仍发挥着巨大的作用。

即使在原始社会和奴隶社会时期的日常生活中，竹与人们的衣食住行用也有着极为密切的联系，对人类的生存和发展，做出了不可磨灭的贡献。在居住、食用、交通运行以及生活器具的使用等方面，人们开始逐步发掘竹的利用价值。由于竹具坚、韧、柔、直、抗压、抗拉、耐腐蚀等多方面的特性，是理想的建筑材料。距今约7000年的河姆渡居民就开始建造竹木结构的“干栏式”住宅；竹笋是中国人传统的山珍美味，自周代开始就是席上珍馔；竹制交通设施有竹单索桥（溜筒）、竹双索桥、竹多索桥和竹梁桥；竹制运行工具有竹筏、竹船、竹车、竹轿，竹筏还是交通史上最古老和使用历史最长的交通运行工具。早在旧石器时代的晚期和新石器时代的早期，中国古代先民就利用竹制作生活器具，浙江河姆渡文化遗址出土有竹席等竹制品，吴兴钱山漾良渚文化遗址（公元前3300年至前2600年）出土有200余件的竹器实物，到春秋战国时期，竹制生活器具已成为当时广大民众生活“养生送死”不可或缺的物品。

我们祖先创造的光辉灿烂的历史文化历经各个社会形态，各个朝代，延续至今。竹虽未能如石器、金属器那样成为一个划时代的标志，但它却深刻地影响了中国的文字、生产、文学、艺术、宗教、风俗以及日常生活，其影响的深度和广度毫不逊于石器、金属器，以至于形成了别具一格的竹文明，积淀成为源远流长、内涵丰富多彩的竹文化。

3.1　原始社会——自在之物，为我所用

在人类诞生之前，竹类植物便与整个自然界共同存在。人类诞生之后，不仅认知了世界、改造了世界，而且在人与自然之间建立起一种全新的关系，并在自然界深深地刻铸下人的印迹。

3.1.1　竹栽培利用历史

中国是公认的世界竹类植物的起源地和分布中心。我国的云南省是世界竹类的起源中心，且是唯一的起源中心。据记载，云南发现最早的竹化石，距今有50万年。在上古时期，中国的竹类分布范围比现代要广泛得多。《山海经》中记载的有英山、竹山、嶓冢之山、翠山、高山、泰头之山、轩辕之山、渠猪之山、师眉之山等山有竹的分布。当时记载的竹子种类主要有：箭竹、簜竹、桃枝竹、钩端竹和桂竹等。英山——“其阳多箭簜”，山南面还生长有很多箭竹和簜竹；竹山——“竹水出焉，北流注于渭，其阳多竹箭，多苍玉”，竹水从这座山发源，向北流入渭水，竹水的北岸有很多的小竹丛，还有许多青色的玉石；嶓冢之山——“其上多桃枝钩端”，山上到处是葱茏的桃枝竹和钩端竹；翠山——“其上多棕枬，其下多竹箭”，山上是茂密的棕树和楠木树，山下到处

是竹丛；高山——“其草多竹”，草大多是小竹丛；泰头之山——“其上多金玉，其下多竹箭”，山上有丰富的金属矿物和玉石，山下到处是小竹丛。轩辕之山——“其上多铜，其下多竹”，山上多出产铜，山下到处是竹子；渠猪之山——“其上多竹”，山上有茂盛的竹子；师眉之山——“其草多竹”，草大多是小竹丛；丙山——“多筀竹，多黄金铜铁，无木”，这座山上到处是桂竹。

另外还有关于斑竹的记载。远古时代有个瑰丽的神话：“尧之二女，舜之二妃，曰湘夫人，舜崩，二妃啼，以泪挥竹，竹尽斑”（《博物志》），说是4000多年前，舜帝南巡，死于苍梧山，他的两个爱妃娥皇、女英赶去，船被大风阻于洞庭山，她俩悲痛欲绝，泪洒竹子，遂成斑竹。毛泽东还有一句诗云：“斑竹一枝千滴泪”，说来也怪，在当年二妃哭夫之处，现已长成了一座“斑竹山”，如果山上的斑竹移往别处，竹子上就没有斑点了。

在湖北省长阳县旧石器时代遗址长阳人文化遗存中，发现与长阳人伴生的动物中有以嫩竹为食的竹鼠、大熊猫，说明当时这一地区有大片竹林。在距今约7000年前的浙江余姚河姆渡遗址内有竹之实物。在北方地区，公元前6080~前5600年的陕西西安半坡遗址出土的文物中同样也有竹鼠遗迹，而且还出土了可辨认出“竹”字符号的陶器。

这说明先人没有辜负大自然的馈赠，他们按照自己的需要和目的，开始采食竹笋，并逐渐学会加工竹材，制造出适合自身需要的各种生产工具和生活用具，从而使中国成为世界上开发利用竹类资源最早的国家之一。

3.1.2 竹文化发展特点

3.1.2.1 竹生活文化

竹与古代先民的生活息息相关，关乎到衣食住行等方面。在旧石器时代的晚期和新石器时代的早期，中国古代先民就利用竹制作生活器具，浙江河姆渡文化遗址出土有竹席等竹制品，吴兴钱山漾良渚文化遗址（公元前3300年至前2600年）出土有200余件的竹器实物。

距今约7000年的河姆渡居民就开始建造竹木结构的“干栏式”住宅，另外，在江苏吴县新石器时代晚期的草鞋山遗址中发现有用竹作建筑的材料。

3.1.2.2 竹生产文化

中国是世界上最早用竹也是最善于用竹的国家，最初以其实用功能为先民所重视，并逐步渗透于中华民族日常生活的各个层面。“后羿射日”神话说明远古时代人们用竹制弓箭。我国远古歌谣《弹歌》中有“断竹、续竹、飞土、逐肉”的句子，描述了狩猎者将竹制成箭矢用于狩猎的史实，表明竹曾是人类与大自然抗争以谋求生存的最早工具之一。据此可以断定，此前我们的祖先利用竹材已有相当长的历史；还可以推断，独龙族、佤族、景颇族、布朗族等少数民族至20世纪50年代仍使用的点种竹棍、竹锄、竹刀等制作技术简单的竹制农具，应该在旧石器时代就已经大量运用。这些竹制品尽管简单稚拙，但却是源远流长的中国竹文化长河最早的发端。而且考古资料证明，旧石器时代晚期和新石器时代早期，古代先民们就已开始用竹制造竹器。

3.1.2.3 竹艺术文化

人类在改造自然的过程中，在创造物质的同时，也创造了艺术和美。“食必常饱，然后求美。”当人类不再依赖采集经济和渔猎为主，开始进入农业种植经济和畜牧饲养阶段的时候，定居农业生活成为主导人类的生存方式，极大地改变了整个世界。这个时候人们已经能够“因天之时，分地之力”，比较有把握地控制和扩大食物来源，满足其生存需要。他们种植可食用的植物并驯养野生动物，能够获得可靠的食物供给，从而改变过去那种朝不保夕、勉强糊口、饥则求食、饱则弃余的生活状况。有能力的人，或者说掌握了技术的人，垦荒种植，抚育了家庭，不断繁衍子孙后代，其生产技术代代相传，食物也有了剩余，既可供交换其他需要的东西，也可养育后代，并有机会追求感官上的愉悦和精神上的享受，于是便分出专门的人力来从事原始手工艺品的制作。这时，手工业开始发挥空前显著的作用，带来了一系列的社会和文化变化，其地位仅次于农业。从旧石器时代到新石器时代，远古人类不仅掌握了与日常生活和生产紧密联系的石器、陶器、编织、木器等的生产技术，具备了简单的造型技能，同时也掌握了一些高档的、技术要求很高，但并非日常生活所必需的手工业品，诸如玉器、漆器、丝绸等的制造技术。

（1）竹编织

1976年在浙江余姚河姆渡新石器时代遗址发掘

出了竹席等竹制品。在陕西西安半坡新石器时代遗址中，出土的许多陶器的底部都留下竹编织物的印迹，从中可以看出当时的编织方法有斜纹编织法和缠结编织法。而且在陶器的制作中人们已经将竹运用其中。公元前2800~前2300年的山东历城龙山文化遗址中，有竹炭和形似竹节的陶器出土。远古时期编织的材料主要是竹，从而丰富了竹文化的内涵。浙江吴兴钱山漾新石器时代遗址直接出土了200多种竹编织物，其中有篓、箩、篮、簸箕、席子、刀篰、谷箩等农业和日常生活用具，还有捕鱼的"倒梢"（即"筌"）。这些编织品绝大多数是用刮光的篾条制成，采用了十字形、人字形、菱形方格和梅花眼等多种编织方法，经纬疏密得当，造型美观。以上说明当时的竹编技术已达到一定水平。

（2）竹乐器

在远古时代，竹不仅进入手工工艺领域，成为竹编织品的材料，满足着中华民族食用与视觉审美相结合的需要，而且迈进音乐的殿堂，成为中国乐器的一种相当重要的制造材料，满足着中华民族的听觉审美需要，演奏出极富中华底蕴和审美风格特色的乐曲。竹与中国的音乐文化有着重要的联系，竹是制作乐器的重要材料，中国传统的吹奏乐器和弹拨乐器基本上是用竹制造的。竹子，对中国音律的起源产生了重要的影响。

远古时期，竹源丰富，分布范围广。竹的秆茎端正通直，一般型圆而中空有节，质地坚实，富有韧性。竹子秆茎本身的自然造型、构造和质地已经具备了吹乐器的基本形制要求，只需略施加工即成吹乐器，制造工艺简单，这是竹子成为人们制造乐器尤其是吹乐器的主要原因。竹制乐器易腐朽，难以长久保存，故其远古形迹茫然难寻。但是，若从已出土的文物并参之文献典籍进行推测，竹在新石器时代即被中华民族的祖先用以制造乐器之说是可信的。浙江余姚河姆渡遗址出土了一件被考古工作者命名为"骨哨"的器物，长6~10cm不等，中空，器身略有弧度，在凸弧一侧穿有1~3个圆或椭圆孔，有的在一侧两端各穿一圆孔，表面磨平。器物用鸟禽类的肢骨中段制成，时间为距今约7000年，属新石器时代早期遗物。该类器物虽然是"骨哨"而非"竹哨"，但从其形制上看，用竹制作要比用骨头制作容易方便得多，而其时黄河流域和长江流域遍布竹林，其出土地浙江更是从古至今的竹林分布中心区之一，以竹制作此类"哨"的可能性是很大的。《吕氏春秋》记载有"黄帝命伶轮伐昆仑之竹为笛"，说明在黄帝时期已经有竹笛。根据史籍记载，在上古时期就有几种用竹编织而成的乐器——"籥"、"箫"。传说舜虞时代，即有"箾韵"乐舞，"箾"即箫。《尚书·益稷》云："箫韶九成，凤凰来仪。"《韶》为舜时乐曲，用排箫演奏，到春秋战国后期尚有齐国乐师会演奏。

这些都表明远古先民对竹子的利用已经达到一定水平，开创了中国竹文化的源头。

3.2　夏、商、周——冲出藩篱，崭露头角

良渚文化揭开了中国礼制社会的序幕，中国社会出现了文明的曙光。中国古代社会由原始的、毫无定性的原始游牧生活方式，率先进入一种进步的犁更稻作时代。固定的农业生活方式的改变，必然促进艺术和技术的发展，这也是自然的、不可避免的发展趋势。人类文明的进步和文化的发展离不开技术的创新和发明。人类生活方式的改变、技术系统的进步是驱动竹的文化内涵扩展和深化的原动力。青铜冶铸技术的产生和青铜器的使用，人工种植竹林的兴起，为竹文化的发展提供了坚实的物质基础和技术条件。

夏商周是中国历史上的奴隶社会时期，随着社会的发展，竹子的利用和竹器的制造逐渐越出简单直接的实用性功利目的的藩篱，制作工艺日益精美，运用领域趋于广阔，文化内涵不断丰富，中国竹文化的基本内容和艺术特征，在这个阶段得以初步形成和确定。

夏代是中国历史发展进程中的一个重要的转折点，是中国历史上第一个王朝。主要表现为中国历史上出现了第一个组织大规模公共活动的王朝，跨进了文明社会的门槛，并进入了青铜时代，成为手工工艺革新的标志，完成了一次历史性的飞跃。

商代是中国古代社会大发展时期，社会渐渐富有。这是一个明显的加速走向放肆，追求感官满足的时代。从商代遗留给后代的众多雕着精巧纹饰、艺术完美、工艺复杂的铜、铅合金铸件，很容易看出当时社会已趋向一种不断增长的、更奢侈的生活方式，体现着时人特定精神生活的内容和已取得的、高度进步的工艺技术水平。青铜铸造业的迅速兴起，使青铜生产工具成为当时最先进的生产工具，代表着当时社会生产力发展的杰出成就。

周代是奴隶社会的全盛时期，出现了管理各种专

门技艺工匠的——“百工”。陶器、漆器、青铜器等工艺有了突飞猛进的发展。

竹文化在这三个时期得到相对全面的应用，竹文化也在这三个时期得以更好的发展与传承。

3.2.1 竹栽培利用历史

我国是一个出产竹子的大国，在诸多记载中都体现出了奴隶社会时期竹子的分布。

中国最早的诗歌集《诗经》多处提到竹林。如《卫·淇奥》载：“瞻彼淇奥，绿竹猗猗。瞻彼淇奥，绿竹青青……瞻彼淇奥，绿竹如赘。”《卫·竹竿》载：“籊籊竹竿，以钓于淇。”《小雅·鸿雁之什·斯干》载：“秩秩斯干，幽幽南山，如竹苞矣，如松茂矣。”反映西周和春秋战国时淇水（今河南省境内）流域和终南山（今陕西省境内）竹林是相当茂盛的。

3.2.2 竹文化发展特点

3.2.2.1 竹生活文化

（1）食用

古代中国人就开始注重饮食之精细，而且讲求餐具之精美雅洁。在琳琅满目的食具世界中，古老的竹制饮食器具占据显著的一席。这些竹制食器主要有：竹簋、竹簠、箪、笾、豋等。

簋和簠是商周时代祭祀和宴飨不可或缺的食器，有陶制、青铜制及竹木制多种，其中竹制者称竹簋、竹簠。一般的簋呈圆形，而竹簋则是方形，容量为1斗2升。竹簠状如簋而方。竹簋、竹簠均为盛枣栗的礼器，诸侯王后用以犒劳卿大夫。《仪礼·聘礼》云：“夫人使下大夫劳，以二竹簋方。”释为“王后法有玉案，并有竹簋，以盛枣栗。……此诸侯夫人劳卿大夫，故无案，直有竹簋以盛枣栗。”

箪是竹条编制的圆形食具，常用以盛饭，箪的制作较为粗糙，是下层人民常用的食具。《论语·雍也》载：“贤哉回也，一箪食，一瓢饮。”用箪食瓢饮描写他“在陋巷，人不堪其忧，回也不改其乐”的清淡自适的生活。春秋时齐宣王征燕，燕国人民“箪食壶浆以迎王师”，亦说明箪在民间已广为使用。

笾是周边祭祀宴飨时盛食物的竹器，形制似一高足盘，上有一如圆帽样的盖子，容4升，与斗（一种木制食器）同列并陈。周代，在天官冢宰下设有笾人，专门负责备办王室宴飨或祭祀时笾中必须盛放的各种食品。笾中食品视场合不同而各殊。“朝事之笾”，盛鲍、鲱等；“馈食之笾”，盛枣、桃、榛实等；“加笾”，盛菱、芡、脯等；“羞笾”，盛糗饵、粉等，总称“四笾之实”。而祭祀时，笾中则盛枣栗，称为“笾祭”。

豋是宗庙中盛肉的竹器。《周礼·地官·牛人》载：“凡祭祀，共其牛牲之互，与其盆豋，以待事。”盆用以盛血，豋用以盛肉。

3.2.2.2 竹生产文化

到春秋战国时代，竹器制作已成为当时社会的一个重要生产部门——竹器手工业。竹器制品已在当时广大民众生活中，成为“养生送死”不可缺少的物品。

另外，从人类的生活环境看，竹子也发挥了其特殊的作用，古代先民很早就发现了竹子的特殊防护作用，注重发挥竹子防护城池和住宅安全的屏障作用。种竹护城是古代先民们留给我们的宝贵遗产，值得予以弘扬和继承。以竹护城既具城防林的功能，同时又有美化城市的功能，形成特殊的竹林景观。湖南零陵地区决定把永州市和冷水滩市连接，以竹绿城，以竹护城，把元月十五日定为种竹节，以竹体现永州的特色，象征着永州人的生活日上节节拔高。

近期，浙江湖州毗山遗址考古发掘出土了距今3500（商朝）多年的一条保存较为完整的竹篱笆，这在中国同期考古发掘中尚属首次。这条竹篱笆长11m，是考古人员在清理马桥时期人工河沟时发现的，竹篱笆上半部已损毁，残高60多厘米，编制手法相当精致。

3.2.2.3 竹艺术文化

（1）竹编

竹是工艺美术品的重要材料，数千年来，中国先人们用竹子编织和雕刻各种赏心悦目的工艺美术作品，丰富了竹文化的内涵。商周时期就已形成了雕刻工艺。1979年在湖北大冶铜绿山东周铜矿遗址中，发掘出了防止岩石塌落的竹编织物和装矿石的竹筐、竹篓。春秋时期，竹器名目繁多，当时的编织业已相当发达，能够制作精美的竹席，如吴兴钱山漾就出土200余件春秋时期竹编和芦席。

（2）音乐

竹与中国的音乐文化有着重要的联系，竹是制作乐器的重要材料，中国传统的吹奏乐器和弹拨乐器基本上都是用竹制造的。竹子，对中国音律的起源产生了重要的影响，1978年在湖北随县发掘的战国时曾侯乙墓中有笙、笛、排箫等多种竹制乐器。《周礼·春官·笙师》说，笙师的职责是教授吹竽和笙，说明当时竽、笙等竹制乐器已很盛行了。《诗经》中提到了笙、箫、篪等竹制乐器。

（3）园林

竹子是我国古典风格园林中不可缺少的组成部分，我国的造园史从公元前11世纪周文王筑灵台、灵沼、灵囿开始，这些园林可以说是最早的皇家园林。据《尚书·禹贡》载："东南之美会稽之竹箭"，说明古人懂得欣赏秀丽的竹林风光更早。秦始皇统一六国后大兴土木，为建"上林苑"从山西云冈引种竹子到咸阳（见《拾遗记》"始皇起虚明台，穷四方之珍，得云冈素竹"），这是竹子用于造园的最早记载。当时的种竹、建竹园大多只限于营建狩猎场和战略物资基地，竹子造园还处于萌芽状态。到了魏晋、南北朝，中国园林从萌芽期进入了发展期。

3.2.2.4 竹文学文化

《山海经》有云其草多竹，故谓之冬生草。当时人们把竹解释为"冬生草"，因为竹生于冬季，并且四季枝叶不凋。所以，人们便注意到竹子不畏严寒的特性，并且，后代文人墨客也喜爱歌颂这种坚韧的品质。

文化载体——竹简

甲骨文是中国已发现的古代文字中时代最早、体系较为完整的文字。甲骨文主要指殷墟甲骨文，又称为"殷墟文字"、"殷契"，是殷商时代刻在龟甲兽骨上的文字。19世纪末年，在殷代都城遗址（今河南安阳小屯）被发现。甲骨文继承了陶文的造字方法，是中国商代后期（前14～前11世纪）王室用于占卜记事而刻（或写）在龟甲和兽骨上的文字。殷商灭亡周朝兴起之后，甲骨文还延绵使用了一段时期。

随着经济社会的发展，效率低下镌刻甲骨远远不能适应日益增长的文化传承和文化交流的需要。所以直至殷商时期，掌握文字的仍只有上层社会的百余人，这极大地限制了文化和思想的传播。商代时期，人类就已经知道了竹子的各种用途，加工与书写相对便利的竹（木）简应运而生，并成为重要的文化保存与传播媒体。

据考证，殷商时期已经出现了竹简，即把字写在竹片（有时用木片）上，再把它们用绳子串在一起就成了"书"，竹子从此进入文化领域成为文明传播的工具。从殷商至春秋时期都是主要的书写材料。直至南朝时期，竹简才被纸所完全取代。竹简和木简为我们保存了东汉以前的大批珍贵文献，如《尚书》、《礼记》和《论语》等都是写在竹简和木简上的。

3.3 春秋战国时期——文明传承，古韵留香

春秋战国时期就开始进入了铁器时代。春秋战国时期最突出的成就是冶铁技术的进步，它在人类社会发展史上具有划时代的意义。铁制工具作为一种新的生产力因素，不但使更大面积的农田耕作、开垦广阔的森林地区栽培竹子成为可能，也为竹子的加工制作提供了一种坚固和锐利、为石头或当时所知道的其他金属所不能抵挡的工具。同时，春秋战国时期，诸子蜂起，百花齐放，百家争鸣，熔铸成了一个综合性的体系，孕育着一个新文明的生机，塑造了一个支配中华文明千年的意识形态，引导社会思潮，改变着时代风范，推动社会进步，积淀了为后代中国智慧发展的永恒基础和源泉。在竹文化上，在这一时期也得以更好的表现、发扬和传承。

3.3.1 竹栽培利用历史

《卫·竹竿》载："籊籊竹竿，以钓于淇。"《小雅·鸿雁之什·斯干》载："秩秩斯干，幽幽南山，如竹苞矣，如松茂矣。"反映西周和春秋战国时淇水（今河南省境内）流域和终南山（今陕西省境内）竹林是相当茂盛的。《尚书·禹贡》载："扬州厥责篠荡，荆州厥贡淮菌屯箱、偌"。表明战国时扬州（今江淮一带）和荆州（今湖北省境内）产竹。

3.3.2 竹文化发展特点

3.3.2.1 竹生活文化

竹子生长快，适应性强，同时又具有广泛的用途。竹子与人民生活息息相关，竹子的利用涉及衣、食、住、行、用各方面。竹对中国人的衣饰起源和发展起着重要作用。但是在秦汉时期才出现用竹制布，取竹制冠，用竹做防雨用品的竹鞋、竹斗笠、竹伞，一直沿用至今。竹布在唐代曾是岭南地区一些州县的重要贡品之一，竹还是古代人装饰的材料，说明竹对

人类服饰文化的贡献。

民以食为天。“食必常饱，然后求美。”在食用方面，竹笋和竹荪是极受人们喜爱的美味山珍，竹实是历代救荒的重要作物原料。先秦文献中记载，3000多年前的竹笋就是席上珍馔。竹笋的食用方法多种多样，可烹饪数千种美味佳食。竹还具有特别的医用价值，在中国最早的医书典籍中，就有用竹治病的历史记载。竹的全身都是宝，叶、实、根及茎秆加工制成的竹茹、竹沥，都是疗疾效果显著的药用材料，竹黄、竹荪也是治病的良药。根据《诗经》、《禹贡》等文献记载，竹笋至迟在西周时期已成为佐餐佳肴，此后相沿不衰。

《尔雅》明白无误地指出：“笋，竹萌也，可以为菜肴。”《史记·货殖列传》记载：“渭川千亩竹……此其人皆与千户侯等。”这千亩竹林的经济效益，应包括竹笋的售卖。赞宁《笋谱》称之为“渭川笋”，并推断说：“举其本而不言笋。笋利人，厥富可侪等王侯也”。

竹在中国人的日常生活领域中作出了极为重要的贡献，展示了竹文明的风采。因此，竹与人类生活的关系，正如苏东坡所述：“食者竹笋，居者竹瓦，载者竹筏，炊者竹薪，衣者竹皮，书者竹纸，履者竹鞋，真可谓不可一日无此君也。”

3.3.2.2 竹生产文化

《弹歌》中也有“断竹，续竹，飞土，逐肉”的诗句，谈到了劳动工具，可见我国劳动人民对竹子审美意趣之悠长。

《初学记》卷4引晋周处《风土记》说端午节“进筒粽”，注引《续齐谐记》曰：屈原五月五日自投汨罗而死，楚人哀之，每至此日，以竹筒贮米，投水祭之。这说明这个时期已经开始制作竹筒。

3.3.2.3 竹艺术文化

古人对音色的重视自先秦时期就已经存在，即以“八音”作为乐器的分类，这个分类是通过制成乐器的不同材质发出的不同音色来区分的，古人对竹制乐器的音色所产生的联想也做过详细的描述：“竹声滥，滥以立会，会以聚众，君子听竽笙箫管之声则思畜聚之臣。”郑玄注：“滥之意犹擥聚也，会犹聚也。”竽笙箫管之声滥滥，滥即揽，有积聚的意思。因此，君子一般听到竽笙箫管之声则思会聚贤能之臣，笙本是以匏为体，却视为竹乐器。孔颖达在《礼记注疏》中解释到：“笙以匏为之而在竹声之中者，但笙以匏为体，插竹于匏，匏竹兼有，故笙文在竹也。”

3.3.2.4 竹文学文化

此外，《诗经》、《楚辞》都曾以竹为构筑意境的辅助意象引入诗歌之中，《礼记》用竹来象征人格人品，开了咏竹诗和以竹喻人之先河。

（1）竹与《诗经》

从《诗经》时代开始，历代皆有咏竹赋竹的诗文佳作，创作了难以计数的文学作品，形成了中国独特的竹文学，在中国文学中独树一帜，异彩缤纷。成千上万的竹子神话、诗歌、书画，形成了中国竹文化的一个重要组成部分。《诗经》是我国第一部诗歌总集，其中就有大量竹诗，直接提及的有5首，出现7次；间接提及的有几十首之多。《诗经》编成于春秋时期，此后各朝代各种典籍中都有竹诗画记载。

由于竹子四季常青，有直而有节，且中间多空，因此常常用来比况人的品德修养。《诗经》中的诗人不仅喜欢竹子，而且常常用以比德。如《小雅·斯干》：“秩秩斯干，幽幽南山。如竹苞矣，如松茂矣。”《斯干》相传是周宣王建造宫室时所唱的诗，“竹苞”、“松茂”，是说松竹茂盛，用以比喻家族兴盛。后世常常用作新屋落成时的称美赞颂之辞。诗人在这里由眼前的涧水缓缓流动，到抬头远看南山是那么幽深，好像绿竹成丛，又如同青松茂盛。南山有那么多的景致，诗人为什么偏偏看到的是竹和松呢？因为在诗人的心中，松竹是常青的，又是耐寒的，无论春夏秋冬常年青青，不畏严寒而凋谢，不为霜雪压弯腰。所以诗人特别欣赏南山的松和竹。这里已经有了以松竹暗喻人的品性的深刻含义了。

《卫风·竹竿》则是以竹喻自己的品节，“籊籊竹竿，以钓于淇。岂不尔思？远莫致之。”“籊籊”，竹长而锐。关于这首诗，朱熹解释为：“卫女嫁于诸侯，思归宁而不可得，故作此诗，言思以竹竿钓于淇水，远而不可致也。”诗人喜欢竹子的有节，感慨自己远嫁他国，竹竿虽然长又尖，但是拿却不能拿它垂钓在淇水边，因为路途遥远难以回转，表达了诗人对祖国的思念之情。以竹竿起兴，暗喻着自己的品节如同竹子，无论贫贱富贵风霜雨雪，自己永远都不会忘记祖国。

《卫风·淇奥》直接将人比竹，予以赞美。

瞻彼淇奥，绿竹猗猗。有匪君子，如切如磋，如琢如磨，瑟兮僩兮，赫兮咺兮。有匪君子，终不可谖兮。

瞻彼淇奥，绿竹青青。有匪君子，充耳琇莹，会弁如星。瑟兮僩兮。赫兮咺兮，有匪君子，终不可谖兮。

瞻彼淇奥，绿竹如箦。有匪君子，如金如锡，如圭如璧。宽兮绰兮，猗重较兮。善戏谑兮，不为虐兮。

这首诗是赞美卫武公“夙夜不怠，思闻训道”，有才德的著名篇子，它之所以著名，主要是诗歌以竹子来比喻人的品德，有节而高雅。朱熹在《诗经》解中说：“淇上多竹，汉世犹然。所谓淇院之竹是也。‘猗猗’，始生柔弱而美盛也……治骨角者，既切以刀斧，而复磋以鑢锡。治玉石者，既琢以槌，凿而复磨以沙石，言其德之修饬有进而无已也……卫人美武公之德，而以绿竹始生之美，盛兴起学问自修之进益也。大学传曰：‘如切如磋者，道学也；如琢如磨者，自修也；瑟兮僩兮者，恂栗也；赫兮喧兮者，威仪也；有斐君子，终不可喧兮者，道盛德至善，民之不能忘也。”朱熹引用《大学》章句来解释《诗经》中“如切如磋，如琢如磨。”并把它和治学修身联系起来，解释的是很到位的，其中虽有理学道统教训之过，但也颇为平稳敦厚，见出育人用心之良苦。

（2）竹简

竹简只是作为一种文字的记载工具，但随着社会的发展，竹简的内容和形式也逐渐多样化。

这个时期竹简的字体可以分为四类，第一类常见于楚国简帛，字形结构是楚国文字的本色，书法体势则带有“蝌蚪文”的特征，可以说是楚国简帛的标准字体；第二类出自齐、鲁儒家经典抄本，但已经被楚国所“驯化”，带有“鸟虫书”笔势所形成的“丰中首尾锐”的特征，为两汉以下《魏三体石经》、《汉简》、《古文四声韵》所载“古文”之所本；第三类用笔类似小篆，与“古文篆书”比较接近，应当就是战国时代齐、鲁儒家经典文字的原始面貌；第四类与齐国文字的特征最为吻合，保留较多齐国文字的形体结构与书法风格。竹简书法俊朗，疏密得宜，对研究中国书法史有很重要价值。

再者就是逐渐装订成简册，“惟殷先人，有册有典”。西周和春秋时期有竹木简上记事的方式，战国时期的竹简发现很多。战国中晚期的竹简，内容为遣册、古书和卜筮记录。秦木牍和秦简上的隶书字形正方、长方、扁方不拘，笔画肥、瘦、刚、柔，极尽变化。点面有明显的起伏和波势，用笔有轻、重、疾、徐的区别，是考证隶书发展极为珍贵的资料。

战国的竹简是手写。这些字的笔画具有弹性，起止处较尖锐，中间或偏前的竹简部分略粗，充分表现了毛笔书写的特色。这与金文随形轻重和因接搭凝结的笔画形态不同，已由迟重变为流美，笔画和体式也较篆文更为简略。可见早在秦始皇推行小篆之前已有初期的隶书在流行。“简书”是近年在中国书法界兴起的一支流派（又称“竹简书法”）。这是一种仿效秦汉竹简和帛书的“古隶”体式，即效仿先秦、两汉时代在竹片、木片和丝织物上的古文字的书法，即以独特的国画颜料配制古朴赭黄色，以板刷在生宣纸上刷出类似竹简书竖条，字体就写在这赭色“竹简”条上，别有一番古雅特色，适应了现代审美装饰情趣。对色彩变化瞬息之间的精确把握，使书法获得了“随类赋彩”之妙。这种书法呈现出活泼、具有生机的形象。“简书”这一书法艺术于图与文的抽象共性中彼此和谐。使我们在欣赏书法艺术的同时，又驰骋在色彩和图案带给我们无限想象的空间里。

在商周时期，竹简与甲骨文并存，竹简在春秋时期已经开始取代钟鼎和甲骨，在造纸术发明之前以及用纸普及之前为主要的书写工具。据史载，孔子所整理的“六经”就是写在竹简上的。魏国编年体史书《竹书纪年》，因其书于竹简而得名。山东临沂银雀山汉墓出土的《孙子兵法》、《孙膑兵法》、《六韬》、《尉缭子》等著名兵书和湖北云梦睡虎地秦墓出土的《南郡守腾文书》、《大事记》、《为吏之道》、《律文三种》等均书写于竹简之上。

毛笔是中国特有的书写工具，毛笔的笔杆绝大部分由竹制成。1954年，在长沙左家公山一座战国时期的木椁墓中，发掘出1枚完好的毛笔，笔管为实心的竹杆，长18.5cm，直径为0.4cm，笔头由兔箭毫制成，用丝线缠缚于竹杆一端的四周。这是迄今出土的最古老的毛笔。

3.3.2.5 竹宗教文化

生儿育女以求种族繁衍、驱病避祸以求生命长存等是远古人类最基本的欲望，而生育的神秘和随机、人生的短暂和无常，致使其结局仅靠经验知识和实际操作能力无法控制与左右，难以预料的不虞之变给人以焦虑忧惧、茫然压抑的情绪。为了控制生活中不可预测和实际操作能力的事物，人们创造了超凡神秘的巫术和宗教。

巫术和宗教事实与常规日常事实的根本区别性特征是神圣性和非凡性。巫术和宗教超越于世俗经验的适应性行为的天地，赋予某些自然物和人以超自然的力量和性质。在自然物和人的神圣化和非凡化过程中，神话和传说是一个极为重要的动因。

竹在中国文化中神圣化和非凡化的重要环节是《庄子·秋水》中的一则寓言：“夫鹓鹑（chú），发于南海而飞于北海，非梧桐不止，非练实不食，非醴泉不饮……” “练实”，即竹实。此外，有关“神化”竹的故事层出不穷。《吴越春秋》卷5载：“处女将北见于王，道修一翁，自称曰袁公，问于处女：‘吾闻子善剑，愿一见之。’女曰：‘妾不敢有所隐，惟公试之。’于是袁公即杖箖箊竹，竹枝上颉桥，末堕地，女即捷末。袁公则飞上树，变成白猿。”如果说此故事中的竹仅只是奇异事件中的一个附着物或“道具”，那么《史记·赵世家》一则历史故事中竹本身即已为神奇、超凡之物，成为离奇事件中的“主角”，故事说：“……知伯怒，遂率韩、魏攻赵。赵襄子惧，乃奔保晋阳。原过从，后至于王泽，见三人，自带以上可见，自带以下不可见。与原过竹二节，莫通。曰：‘为我以是遗赵毋恤！’原过既至，以告襄子。襄子齐（斋）三日，亲自剖竹，有朱书曰：‘赵毋恤，余霍泰山。山阳侯天使也。三月丙戌，余将使女反灭知氏。女亦立我百邑，余将赐女林胡之地。至于后世……’襄子再拜，受三神之令。三国攻晋阳，岁余，引汾水灌其城，城不浸者三版。城中悬釜而炊，易子而食。群臣皆有外心，礼益慢，唯高共不敢失礼。襄子惧，乃夜使相张孟同私于韩、魏，韩、魏与合谋，以三月丙戌，三国反灭知氏，共分其地……于是赵北有代，南并知氏，强于韩、魏。遂祠三神于百邑，使原过主霍泰山祠祀。”此时的竹与指示未来相关联了。

中华文化在战国时期开始把竹神圣化和非凡化，对其加以崇拜，把竹视为具有送子和延寿神秘力量的“灵草”，人们常崇拜竹以祈求得子或求子健康成长，并驱病延寿。

3.4 秦汉——名垂青史，源远流长

到秦汉时期随着人们对竹子有了更深层次的掌握，使得竹子栽培和使用领域都得到一个初步的发展，并且，竹文化也逐步进入了萌芽时期。

3.4.1 竹栽培利用历史

秦汉时期人们对竹的记载多偏重于对竹的种类、产地、栽培方面，但也不缺乏文学作品的记载，例如：关于竹子的专述，儒家十三经之一的《尔雅》、东汉许慎的《说文解字》，他们将竹作为草的一个种类。在栽培方面，毛高喜的《中国园林竹种》有记载，秦始皇已把竹子引种于咸阳的宫廷园林中栽植，汉代的宫廷苑园中设有修竹园、竹宥。

对于竹子的分布，西汉史学家司马迁在《史记·货殖劣传说》：“山西（即太行山以西）饶财、竹、谷、旄、玉石。”东汉班固编撰的《汉书·地理志》更记载说：“故秦地有鄠杜竹林、南山檀柘，好曰陆海”。另外《史记》、《汉书》还记载了汉武帝时，黄河决口，武帝命令砍伐淇园的竹子来堵塞。竹子的广泛分布，给秦汉人们认识和利用竹子提供了条件。

3.4.2 竹文化发展特点

秦汉时期，秦始皇统一天下、汉文帝文景之治……在相对安定的社会环境下，竹文化在当时物质生活、经济、军事、文学、建筑等方面都向高层次的方向延伸，并且，实现它的实用价值。

3.4.2.1 竹生活文化

（1）食用

竹笋 笋在西汉已成为当时的重要菜肴，马王堆出土的食物中已证实了竹笋的存在，可见。战国时魏国人禹在《尚书·禹贡》曰：“淮、海惟扬州……厥篚织贝，厥包桔柚，锡贡。”“桔柚”是何物？原书无解，但这里把“桔柚”包起来作贡品。宋李昉、李穆、徐铉等学者奉敕编纂《太平御览》卷963《竹部二》注引《东观汉记》曰：“马援至荔浦，见冬筍，名苞筍，上言禹贡‘厥苞橘柚’疑谓是也，其味美于春夏筍。”由此，我们可以知道，在汉代，荔浦的冬笋已成为食中上品。东汉张衡在《南都赋》中也有关于“春卵夏筍，秋韭冬菁”的记载，描述了光武帝在南阳时的饮食生活。并且，当时竹笋的烹饪技术有了一定的提高，可与菜、肉一起烹出美味佳肴。而且，西汉辞赋家枚乘在《七发》中罗列出他所认为是“天下之至美”的九道饭菜，其中一道便是雏牛之腴，菜以笋蒲，他们已经将竹笋当做配菜使用。

自原始社会以来，竹子和饮食文化也息息相关，至秦汉时期，竹子也常被用来制作饮食用具：竹勺、竹筷等等。

竹勺 马王堆1号墓中出土的两件竹胎漆勺已证实了勺子在汉朝作为常用饮食用具利用。它们被保存完好，而且雕刻精美。它们是斗与柄榫接并以竹钉结合，其中，斗作筒形，用竹节作底，柄则使用长竹条雕制。作为当时酒器和食器中舀酒或捞取食物的工具。

竹筷 筷子是汉代常用的饮食用具。例如，司马迁在《史记·留侯世家》曾记载张良借用箸为刘邦出谋划策。马王堆1号墓出土一双竹筷，并且旁边放置了盛有食物的5件小漆盘，更能证实汉代对竹筷的利用。

（2）服饰

秦汉时期，竹子也还制成竹冠、竹制装饰品等，它们不仅用于穿戴，更是一种身份的象征。

竹冠 在服饰方面，竹是常用来做冠等一些饰品必不可少的材料。刘邦曾佩戴过竹皮冠，司马迁在《史记·高祖本纪》中记载："高祖为亭长，乃以竹皮为冠，令求盗之薛治之，时时冠之，及贵常冠，所谓"刘氏冠"乃是也。"东汉著作《集解》引应劭曰："以竹始生皮作冠，今鹊尾冠是也。"随着刘邦佩戴后，这样一顶普通的帽子，也变得尊贵之至，并被作为一种祭服使用，称之为"斋冠"，以表尊崇，所以，有了"爵非公乘以上毋得冠刘氏冠"的法定要求。

竹装饰品 竹子还可用来做笄、篦等装饰品。世界上出土发现时代最早的软体女尸而震惊世界的马王堆汉墓，其女尸的发髻上就插有竹笄，估计应为长19.5~24cm，梳具11~20齿，稍弯曲。这种梳形笄被当作是后世南方妇女以梳篦髻上的先导。竹篦在马王堆2号墓和3号墓中均有出土，竹篦从梳分离开来，篦齿细密，梳齿粗疏。

（3）建筑

早在汉代，就有用竹子修建宫殿的记载。据东汉时期的历史学家班固编撰《汉书·礼乐志》中记载："以正月上辛用事甘泉圆丘……夜常有神光如流星止集于词坛，天子自竹宫而望拜。"这里所说的竹宫就是汉武帝时期的甘泉祠宫，其遗址在陕西淳化县的甘泉山。

（4）交通

秦汉时期，已出现了用竹木制成轿子、竹船等等，并且沿用至今。

竹轿 竹轿是中国特有的交通工具。南方山道崎岖，所以汉代乘坐竹轿者居多。如班固编撰的《汉书·严助传》中有舆轿而隃领的记载："今竹舆车也，江表作竹舆以行是也。"

（5）娱乐

博戏 竹子可以用来做游戏，即博戏。在各种棋类游戏中，博戏出现最早，两汉时期已极为流行。马王堆3号墓出土了最具代表性的整套投骰博具，放置在漆盒内，由局、棋、箸、骰等组成，其中有长箸12支、短竹箸30支。

竹马 竹子还可以用来做儿童游戏的用具，如竹马，这是儿童游戏时当马骑的竹竿。历史文献上对"竹马"风俗的最早记载，便出自南朝宋范晔编撰《后汉书·郭伋列传》中有记载："始至行部，到西河美稷，有童儿数百，各骑竹马，道次迎拜。伋问：'儿曹何自远来。'对曰：'闻使君到，喜，故来奉迎。伋辞谢之。'"这里说的是欢迎郭使君的"竹马"队伍，说明汉代"竹马"风俗的盛行。后来"竹马"被赋予了多重意蕴，比如常用儿童骑竹马迎郭伋表示勉励或称颂地方官吏，"竹马"还象征着稚气、童年，比喻儿时纯洁真挚的情谊。

3.4.2.2 竹生产文化

（1）竹编

自秦汉时期，竹子在生产方面，除了对原始社会的农业生产工具进行改良外，也在生活起居上展示着自己举足轻重的地位，如竹席，竹扇等，不仅用于消暑、防晒，更体现着显示地位的用品。

竹席 中国很早就发明了席，可卧可坐。竹编席为凉席，东汉许慎的《说文解字》记载："簟，竹席也"，所以凉席称簟。"席为冬设，簟为夏施"。据说汉武帝，"以象牙为簟，赐李夫人"。

在马王堆考古发掘中，挖掘出西汉青色的膏泥和木炭后，首先见到的即是竹席。如1号墓覆盖的竹席由26张组成，每张长2m、宽1m，共分四排平铺，每张竹席的角上都明显地写有一个"家"字。包裹奴婢尸体用的竹席，每根竹篾宽0.4cm左右，厚0.1cm，用人字形编法，质地与现代竹席无异。被考古工作者认为：似为仿照当时贵族第宅而筑的咸阳杨家湾汉墓墓室顶部至二层台间有一层护臂土，其中以直立的圆木作为骨干，下部外表有人字纹竹席印迹，圆木之间用较细的树枝或竹竿作衬筋，然后用草泥土涂抹。

竹扇 以竹编扇，汉代即有。汉代士大夫，一般多用竹扇乘凉，并在外出时也常用竹扇遮面，故此种扇亦被称为“便面”、“障面”。汉代扬雄《方言》中记载：“扇，自关而东谓之箑，自关而西谓之扇。”称扇为箑，除方言差异外，应与扇子竹制有关。汉班固有《竹扇诗》：“供时有度量，异好有团方。来风堪避暑，静夜致清凉”。所谓团方，当指竹扇为圆形、方形。在马王堆1号墓也出土了竹制大扇、小扇各一件。

（2）军事

军事方面，竹子也得到有效地利用，例如用来制作令符、弓矢、弓箭等。令符是古代朝廷用以传达命令，调兵遣将的凭证；弓箭是车战的必备主要武器。为秦汉朝作出了重要的贡献。

竹使符 “竹使符”是汉代朝廷给予郡国守相的信符，右留京师，左以郡国。司马迁在《史记·孝文帝本纪》记载：“孝文帝前元二年九月初与郡国守相为铜虎符、竹使符。”《史记·索隐》载《汉旧仪》曰：“竹使符出征发。”由此可见，“竹使符”在汉代军事活动中扮演了重要的角色。东汉著作《集解》引应劭曰：“竹使符皆以竹箭五枚，长五寸，镌刻篆书，第一至第五。”

弓箭 直至秦汉，弓箭便随身携带，使用更为广泛。当时，从南到北，以竹制弓箭就十分普遍，文献与出土实物可充分证实此点。例如，马王堆3号墓中出土的兵器有38件，其中有竹弓2件，长约140cm，比战国时期的弩弓厚。同时出土的还有两件弩，弩臂是用木制髹漆，弩上用的弓和箭大都是竹制的。又如，淇园之竹可制造弓箭。据西汉淮南王刘安主持撰写的《淮南子》之《原道》、《兵略》提到说，用淇园之竹做成的箭是上乘品，称“美箭”。东汉初年，寇恂就曾“伐淇园之竹，为矢百余万……转以给军”保障了光武帝北征燕代的军事行动。如此重要的竹制武器若被反叛者所利用，对国家来说将是一种可怕的情形。

南朝宋范晔的《后汉书·西羌列传》就记载了东汉安帝时羌人暴动以竹子作为兵器之事：“先零别种滇零与钟羌诸种大为寇掠。断陇道。时羌归附既久，无复器甲，或持竹竿木枝，以代戈矛。或负板案以为楯，或执铜镜以象兵，郡县畏懦不能制。”这从一个侧面证实了竹制武器在国家军事生活中重要作用。

3.4.2.3 竹艺术文化

（1）音乐

对于竹乐器的定义，东汉郑玄在《礼记注疏》中记载：“滥之意犹擥聚也，会犹聚也。”竽笙箫管之声滥滥，滥即揽，有积聚的意思。因此，君子一般听到竽笙箫管之声则思会聚贤能之臣，笙本是以匏为体，却视为竹乐器。

在秦汉时期常用的乐器是“金石丝竹”，其用处也有明显的分类。东汉的张超在《章华台赋》中：“金石类聚，丝竹群分”，“金石”常用于盛大的场合，而“丝竹”，则常是在游宴时听的音乐。因此，在文人墨客中，很少看到“金石”这类乐器，却离不开丝竹之声。

笛子也是当时很普遍的乐器，并且用云梦竹制的笛子，是相当得出名。魏国曹植《与吴季重书》中谈到了大丈夫的志与乐，其慷慨激昂地说：“当斯之时，愿举泰山以为肉，倾东海以为酒，伐云梦之竹以为笛，斩泗滨之梓以为筝。食若填巨壑，饮若灌漏卮。其乐固难量，岂非大丈夫之乐哉?”将曹植极强的幻想力、曹植的好客和豪迈狂诞的性格表现得淋漓尽致。而提到“伐云梦之竹以为笛”，这应该是最早关于“云梦竹”的记载。云梦竹即云梦泽边生长的竹子，战国时魏国大禹在《尚书·禹贡》中记载：“（荆州）惟菌、簵、桔、三邦底贡厥名。”菌露为美竹，可为矢，似乎并未提到可为笛，所以也不知曹植所依是何竹。

（2）园林

随着古典园林的发展，秦汉的皇家园林中已有竹造园的活动：秦始皇统一六国后大兴土木，为建“上林苑”从山西云冈引种至咸阳（见东晋王嘉在《拾遗记》中有：“始皇起虚明台，穷四方之珍，得云冈素竹”），这是用竹子造园的最早记载。秦代的历史神话典籍之一《穆天子传》也有记载：“天子西征，至于玄池，及树之竹，是曰竹林。”并且，近年在咸阳第3号宫殿建筑遗址出土的宫廷壁画废块中，有一幅竹画，竹叶片披针形，类似于现今的紫竹。说明秦代的竹子已经开始有意识地在建筑庭院中栽培种植，美化环境。不过当时的种竹、建竹园大多只限于营建狩猎场、战略物资基地和生产基地，竹子造园还处于萌芽状态。

三国时，曹操在邺城西北建元武苑，苑中建有竹园。汉代皇家甘泉宫设有竹宫，长安附近的上林苑中也有大片竹子栽植。寇恂伐湛园竹子做箭万余，足见当时湛园竹林规模之大。东汉班固在《汉书·东方朔传》中提到长安城东南有楸树及竹林可供游玩。北魏时郦道元在《水经注·渭水注》记载西汉在今的周至县特设竹圃。汉时皇家竹林及苑圃，皆设有专官管理竹林，名司竹长丞。可见汉代竹子在皇家禁苑和私家圃的应用上已有初步规模。

3.4.2.4 竹文学文化

（1）诗

秦汉时期，古人对竹子诗情画意的感悟，大都以竹为构筑意境的辅助意象引入诗歌之中，并未成为中心意象，但能够清晰地看到后世将竹与人的坚贞忠诚建构成一固定关系的过渡因子。如竹在《诗经》、《楚辞》、《汉乐府》、《古诗十九首》等，虽然还没有摆脱比兴的羁绊而自成一格，但多用竹显人物风雅的风气已经显现无遗。

其次，竹子在后世所具有的某些特殊含义，司马迁在《史记·孝武本纪·正义注引·汉武故事》云：“文成诛月余，有使者藉货关东还，逢之于漕亭，还见言之，上乃疑，发其棺，无所见，唯有竹筒一枚，捕验间无踪迹也。”

不但如此，其感悟还表现在为其取名，东汉许慎在《说文解字·竹部》记载：“竹，冬生草也。”当时人们把竹解释为“冬生草”，因为竹生于冬季，并且四季枝叶不凋。所以，人们便注意到竹子不畏严寒的特性，并且，后代文人墨客也喜爱歌颂这种坚韧的品质。

（2）文化载体

竹简 秦汉时期，竹简一直都是作为纸普及之前最主要的书写工具。取其原因，它有以下优点：①取材方便，加工容易；②表面光滑，纹路清晰，不易破损；③便于书写，适于长期保存，并且是当时一种先进的书写材料。④秦始皇大统一，小篆作为标准字体通行全国，其线条粗细一致，笔画圆转流畅，纵向取势，布局匀称，也为竹简在当时普及作了铺垫，并为中国的文化留下了辉煌的一页。

在秦朝，其法律、财务、事务的处理等都是在竹简上记录的，其中湖北云梦睡虎地秦简是对秦国关于政治、经济、军事、农业、手工业等方面法律制度制度的汇编。

在秦汉时期，特别是汉代，都是在竹简上刻字或写字，从而使中国以象形表现为特征的方块汉字固定下来，并形成了中国独特的书法艺术。

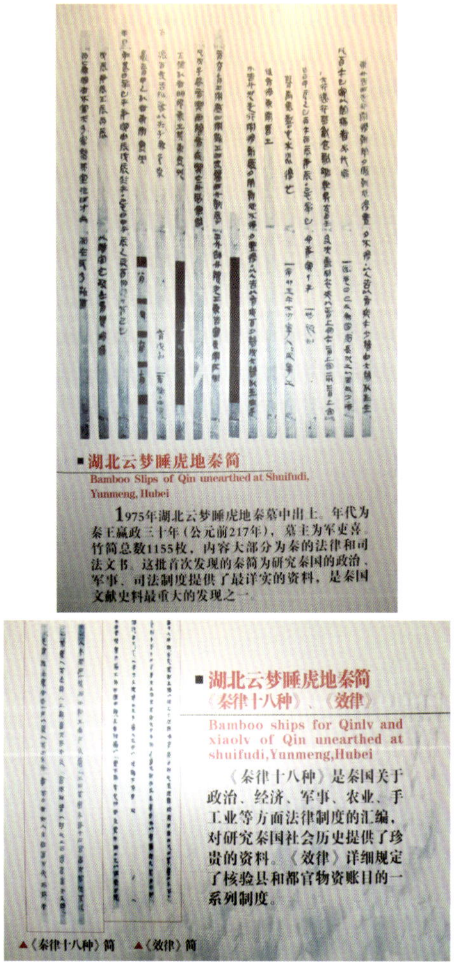

秦朝竹简

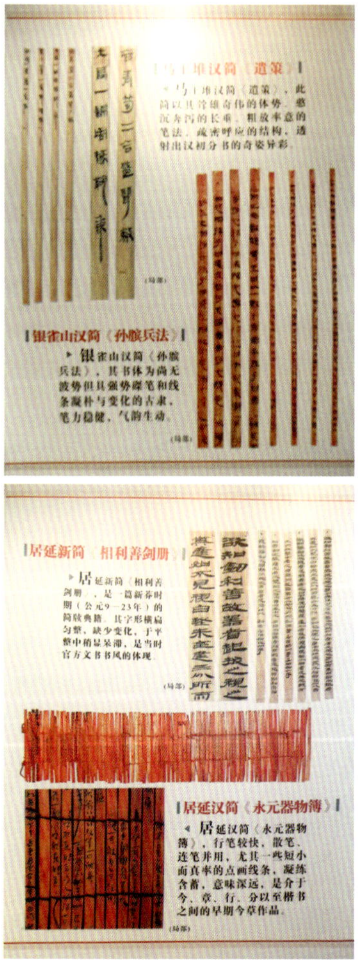

汉代竹简

然而竹简也有一定的缺点，操作起来，不甚方便。据传秦始皇每天批写在竹简上的文书，重达60多公斤。东方朔给汉武帝写了一篇文章，用了3000片竹简，由两个武士抬进宫里，汉武帝用了两个月的时间才看完。但由此可见，历史上的功过善恶、科学技术、文化艺术等都是通过竹简流传于后世的，竹子在传播和保存我们中华民族的古老文化上确实是立下了汗马功劳。

到南朝为止，竹简一共流行了2000多年。随着竹简大量地不断出土，给考古工作带来了前所未有的机遇。通过竹简可以全面了解历史，继承中华文化的优秀成果，真实地再现中华文化的辉煌。

竹笔 秦汉时期，毛笔仍以竹为笔杆者居多，但对笔头的安装方法进行了改进，即变缠缚动物毛于笔杆一端为将笔头装于镂空的笔杆一端。湖北云梦睡虎地秦墓出土的3 枝毛笔、湖北江陵凤凰山西汉墓出土的2枝毛笔、甘肃武威磨咀子东汉墓出土的2枝毛笔，笔杆均为竹质。

3.4.2.5 竹宗教文化

东汉时期，竹被进一步神异化和非凡化，并且成为原始宗教巫术的崇拜物。南朝宋范晔的《后汉书・费长房传》写到：长房遂欲求道，而顾家人为忧，翁乃断一青竹，度与长房身齐，使悬之舍后。家人见之，即长房形也，以为缢死，大小惊号，遂殡葬之。长房立其傍，而莫之见也。于是遂随从入深山……长房辞归，翁与一竹杖，曰："骑此任所之，则自至也。既至，可以杖投葛陂中也。"又为作一符，曰："以此主地上鬼神。"长房乘杖，须臾来归。自谓去适经旬日，而已十余年矣。既以杖投葛陂，顾视则龙也。家人谓其久死，不信之。长房曰："往日所葬，但竹杖耳！"乃发冢剖棺，杖犹存焉。遂能医疗众病，鞭笞百鬼。

此中竹的神异化程度大为提高，能幻化成费长房的形象悬于后房梁上，并顶替费长房入棺下冢，迷惑住凡人之眼，竹还有载人飞行之功能，它在须臾之间即把长房从迢迢的神仙之境载回人间。不仅如此，竹还具有与龙相似的功能，可降雨解旱，人们有所求时以酒祭之。竹以成为崇拜的自然物。其实，道教最主要的思想来源是老庄以及渊源于古代巫术和秦汉时的神仙方术，这里所说的费长房即为《后汉书・方术传》列入"神仙家"之列，所以有"长房曰：我神仙之人"。

秦汉时期，是我国竹文化发展史上承前启后的时期，其竹产物在各个领域都给秦汉人民提供了生活的便利和享受，其竹简作为文化载体的应用，为中国开创了一个巨大历史文化记载的鼎盛时期，留下了辉煌的文献资料，成为我国文物宝库中极为珍贵的宝库，为中国博大精深的文化做出了巨大的贡献。

3.5 魏晋南北朝——菡萏初开，含露娇辉

3.5.1 竹栽培利用历史

在魏晋南北朝时期，对竹子比较系统的论述及栽培的书，有东晋戴凯之的《竹谱》、北魏贾思勰的《齐民要术》。

我国竹类生产，在东晋戴凯之的《竹谱》中有记载，"凡竹最初种者，曰'竹祖'"。这说明在那时竹的种植是采用移栽母竹的方法，此方法一直沿用至今。在此书中叙述的采伐写道："䓝必六十，必六年。注云：竹六十年易一根，易根辄结实而枯死。其实落土复生，六年遂成町。"在北魏贾思勰的《齐民要术》中有竹子的种植记载："正月、二月中，劚取西南引根并茎，芟去叶，于园内东北角种之。令坑深二尺许，覆土厚五寸。竹性爱向西南引，故于园东北角种之，数岁之后自当满园。谚语云：东家种竹，西家治地，为滋蔓而来生也。稻麦糠粪之，二糠各自堪粪，不令和杂，不用浇水，浇粪则淹死。勿令六畜入园。"关于竹子种植地的选择，书中写道："竹宜高平之地，近山阜尤是所宜。下田得水则死。黄白软土为良，竹宜高平山坡，沙白软土"。关于挖笋，书中写道："二月食淡竹笋，四月五月十苦竹笋"。竹子的采伐更新，书中提出："竹欲作器者，经年乃堪杀。未经年者，软未成也。"这里说明如果选用做器材的竹应砍老竹，勿砍嫩竹。

南北朝刘宋期间学者刘道荟的《晋起居注》记载："惠帝二年巴西郡竹生紫色花，结实如麦，皮青，中米白，味甜。"可以看出，栽植的竹子的花为紫色，并不鲜艳，竹的果实像麦子一样，味道甘甜。

3.5.2 竹文化发展特点

3.5.2.1 竹生活文化

至魏晋南北朝，竹制品在经济生活上已使用得相

当普遍，给生活上带来了极大的方便和舒适。

（1）食用

据传稽康曾游宦蜀中，在郫县倡导当地人酿造"竹筒酒"，竹子也用指酿造事业。至今郫县竹筒酒，名噪一时，被誉为蜀中佳酿，相沿至今，经久不衰。

（2）建筑

南朝任昉在《静思堂秋竹赋》中描述甘泉祠宫时曰："竹宫丰丽于甘泉之右，竹殿弘敞于神嘉之傍。"由此可证此宫的建筑群以竹构营造者甚众，以至后来便以"竹宫"作坛祠的泛称。

竹子在当时也被当作建筑材料使用。戴凯之《竹谱》有记载："簹与由衙，厥体俱洪，围或累尺，簹实衙空，南越之居，梁柱是供。"这里说：簹竹和由衙竹，两者体积都很庞大，可达数尺，簹竹实心，由衙竹空心，两者均出自南越之地，当地居民将其作为梁柱之材。晋代古书《南中八郡志》："岭南有大竹，数围，实中，任屋梁柱，覆用之则当瓦。"晋代嵇含《南方草木状》："由梧竹，吏民家种之，长三四丈，围一尺八九寸，作屋柱，出交趾。"魏晋南北朝繁盛的古书《异物志》有记载："有竹曰簹，其大数围，节间相去局促，中实满，坚强以为屋椽，断截便以为栋梁，不复加斤斧也。"

（3）交通

竹杖 竹子在魏晋南北朝时期已经被用于制作竹杖，戴凯之《竹谱》有记载："竹之堪杖，莫尚于笻。骒诃不凡，状若人功。岂必蜀壤，亦产余邦。一曰扶老，名实悬同。"特别是笻竹、方竹，应用最为广泛。其中，属笻竹最为著名。戴凯之解释到："笼竹高节实中，状若人刻，为杖之最。"

晋代，笻竹杖为手杖中的极品，备受文人的吹捧。东晋学者郭璞注曰："笻竹也。高节，实中，中杖也。名之扶老竹。"东晋诗人陶渊明《归去来兮辞》中的"策扶老以憩息"是否指笻竹杖已不可考，但诗文中仍有许多对竹杖的赞美，表现了文人的隐逸情怀。东晋道教方士王嘉的《拾遗录》记载了自上古泡牺氏、神农氏至东晋各代的历史异闻："老子当周之末，居山，与世人绝迹，惟有黄发友五人，手杖青筑之杖，出入室中，与老子谈。"这里说：在周世之末，老子隐居山林，不爱与世人交往。只有五位黄发的老人，经常手持笻竹杖，入老子室中，与老子畅谈。东晋苏彦在《邓竹杖铭》也对竹杖进行了赞扬："安不忘危，任在所杖，秀矣云竹，劲直筱簜。节高质贞，霜雪弥亮。圆以应物，直以居当。妙巧无功，奇不待匠。君子是扶，逍遥神王。"

竹船 竹船的出现也是较早的，中国古代的各地人民利用竹材编扎覆舆竹筏，架设滑索，窄桥，以竹材作撑篙、轿杠、马鞭，还取竹材作柱杖，甚至人们还利用它作船。在戴凯之《竹谱》有记载："猫竹，一作茅竹，又作毛竹，干大而厚，异于众竹，人取以为舟；员丘帝竹，一节为船，巨细已闻，形名未传。"

东晋时，南方竹船制造是发展得比较迅速。南朝时，还以竹制成战舰，南朝历史学家李大师的《南史·吕僧珍传》中有记载："取檀溪材竹，装为船舰，葺之以茅，并立办。"这说明以竹造船效益是很高的。自然而然，这些记载中有明显夸大之处，动辄如高百丈、千丈，但以竹为船的史实，则不能遽断其无。但史籍中有关于以竹为船的记载，一般都是出自南方，而南方又是中国世界竹类分布中心，那里分布有不少巨型竹，所以，在原始自然生态条件下，应该是可以找到做船的竹材的。

3.5.2.2 竹生产文化

（1）竹编

至魏晋南北朝，竹席和竹扇的改良，使得它们在式样和用途上得到了一定的完善，并且越来越受皇家贵族的重视。

竹席 西晋左思《吴都赋》中有记载："桃笙象簟"。笙，吴人称簟之名。桃笙，据说产于四川，也是竹类，"暑卧无汗"。象簟，"折象牙以为簟"。自然珍贵，为皇家贵族享用。南朝梁江淹《别赋》中也有记载："夏簟清兮昼不暮"，梁刘孝仪在《谢始兴王赐花纨簟启》中说："丽兼桃象，周洽昏明，便觉夏室已寒，冬裘可袭，虽九日煎沙，香粉犹弃，三旬沸海，团扇可捐"。

竹扇 晋代，扇子可以制作成不同的样式，太子初立及纳妃，还要供不同的竹扇：皇太子初拜，供漆要扇、青竹扇、黄竹扇，纳妃同心扇三十，单竹扇二十。

（2）军事

为了满足战争的需要，魏晋人们利用更多的竹品种制作军事用具，使之得到了一定的改善。

弓箭 晋代江统的《弧矢铭》就记载用淇园之竹制作弓箭称："幽都筋脚，会稽竹矢，率土名珍，东南之美。"竹也是制作弓的材料，晋代沈怀远《南越志》中记载："宋昌县有棘竹，昌十寻，里人取以为弓。"晋戴凯之在《竹谱》记载："棘竹生交州诸郡，丛初有数十茎，大者二尺围，肉至厚，实中，夷人破以为弓。"西晋时的法律《晋令》中有记载；"弓弩士习弓射者，给竹弓，角弓，皆二人一张，"可见，以竹作弓，在当时是很普遍的。

弩弦 竹还用于做矛，作弩弦。戴凯之《竹谱》说："筋竹长二丈许，围数寸，至坚利，南土以为矛；其笋未成竹时，堪为弩弦。"

剑袋 另外，竹子还用于编制装剑矢的袋子，晋代沈怀远《南越志》记载："受矢之器，以皮曰箙，柔服之义也，织竹曰箠相迫箠之名也。"筵，明言以竹编织而成；又说："阑，用以盛弓矢，"可知还有一种用来装弓和箭的东西叫"阑"，除了以上这些，战车上还用竹编的席子遮盖，做蔽御和装饰用，等等。

3.5.2.3 竹艺术文化

（1）音乐

在魏晋南北朝时期，"琴瑟笙箫"成为了士人生活不可缺少的一部分。魏文帝曹王《又与吴质书》追忆当年与建安七子游宴赋诗快乐时光："昔日游处，行则连典，止则接席，何曾须臾相失！每至筋酌流行，丝竹并奏，酒酣耳热，仰而赋诗。"丝竹可助酒兴亦可助诗兴。晋带王羲之《兰亭集序》中记载："此地有崇山峻岭，茂林修竹，又有清流激湍，映带左右，引以为流筋曲水，列坐其次。虽无丝竹管弦之盛，一筋一咏，亦足以畅叙幽情。"若有丝竹管弦之盛则更能畅叙幽情。在中国历史长河中，丝竹与文人的生活紧紧的联系在一起，而追求艺术化人生的魏晋文人，对丝竹更是一往情深。

云梦之南有柯亭，亭下之竹堪为笛，世称"柯亭竹"。东晋戴凯之《竹谱》："云梦竹，甘泽謡云许云封言：云梦之南鉴在柯亭之下，其竹可为笛。以今年七月望前生，明年七月望前伐。过期不伐则其音塞，未期而伐则其音浮。初秋生笋。"关于柯亭竹还流传着几个传说。东汉蔡邕不仅是文学家、书法家，还是音乐家，擅长音律。晋伏滔《长笛赋序》记载："余同僚担子野有长苗传之，者老云蔡岂所制也。初岂避乱江南，宿于柯亭之馆。馆中以竹为椽，仰而盼之。曰：'良竹也。'取以为笛。奇声独绝，历代传之。"此笛又称"蔡邕笛。"《晋书·桓伊传》："（桓伊，即桓子野）善音乐，尽一时之妙，为江左第一。有蔡邕柯亭笛，常自吹之'王徽之赴召京师，泊舟青溪侧'素不与徽之相识，伊于岸上过，船中客称伊小字，曰此桓野王也。徽之便令人谓伊曰：'闻君善吹笛，试为我一奏。'伊是时已贵显，素闻徽之名，便下车，踞胡床，为作三调。弄毕便上车去，客主不交一言。"桓伊、王徽之都是当时魏晋名流，他们客主不交一言，但通过音乐的交流中却可心领神会，尽显魏晋风流。

（2）园林

到了魏晋、南北朝，中国园林从萌芽进入发展期。当时的文人、士大夫受政治动乱和宗教出世思想影响，崇尚玄谈，寄情于山水，游访名山大川成了一时之风尚，讴歌自然景物和田园风光的诗文及刚萌芽的山水画，刺激了园林，产生了有别于皇宫宫苑的"自然山水园"，竹子随即融入了造园之中。当时的皇家园林和官宦私家园林中的竹子造景也相应得到发展。北魏时郦道元在《水经注》中介绍北魏著名御苑"华林园"："竹柏荫于层石，秀薄丛于全侧。"北魏杨炫之在《洛阳伽蓝记》记录了洛阳显宦贵族私园"莫不桃李夏绿、竹柏冬青。"《晋书·会稽文孝王·道子传》曰："牙为道子开东第，筑山穿池，列树竹木，功用巨万。"可见，这段时期的竹子应用广泛，并且竹子造园也从文人隐士和寺观园林中发展开来。

3.5.2.4 竹文学文化

（1）诗

在魏晋南北朝时期，竹子，不仅成为了物质生活上不可缺少的部分，而且更重要的是为唐宋时期的精神文明领域奠定了一定的基础。

竹子的文学拓展是中国历史上最为复杂的时期之一，政权林立，统治中心多元化，民族关系交错，战争频繁，人口流动剧烈，传统的政治、经济中心区域中原地区遭受严重破坏并走向衰落，江南及边远地区开始开发，江南成为汉族的统治中心。由此推动了中国传统文化新的整合与演进，也使中国竹文化呈现出了空前的创造性。

竹文化在魏晋南北朝时期的重大发展，不仅表现在对竹的加工深度和利用广度大为提高，而且表现在竹在象征、传导、表达中国传统文化的心理、观念、理想等方面更为细化、专化与完整。面对着江南秀丽的山川和丛丛修竹，南朝的文人学士们赏竹、赞竹、咏竹之风日盛一日，继晋朝玄学家郭璞的《山海经图赞·桃枝》之后，出现了晋王羲之的《笻竹杖帖》、东晋戴逵的《松竹赞》等一批描写竹之特性的辞赋。

在魏晋时期，中国竹文化在得到较大发展，最为突出的是东晋戴凯之写出了专门研究竹子的理论专著《竹谱》。《竹谱》的出现，说明竹在人们生活中的地位和作用已相当重要，人们对于竹已有较为全面而深入的认识与研究。

南朝时期，伴随着山水诗的出现，开始了咏竹诗和以竹喻人之先，以竹为中心意象的咏竹文学诞生了，并具有较高的艺术品位和审美价值，其代表作有南齐谢眺的《竹秋曲》和《咏竹诗》。开创了咏竹诗这一中国古典诗歌中特有的门类。

在"观物取象"、"比德"思维方式的作用下，竹从春秋时代开始就被当做某种人格的象征，至魏晋时期则比较固定地被赋予理想人格的象征意义或符号指述意义。《晋书·王徽之传》载："徽之性卓荦不羁，时吴中一士大夫家有好竹，欲观之，便出坐舆造竹下，讽啸良久。主人洒扫请坐，徽之不顾。将出，主人乃闭门，徽之便以此赏之，尽欢而去。尝寄居空宅中，便令种竹，或问其故，徽之但啸咏，指竹曰：'何可一日无此君邪！'"。嵇康、阮籍等魏晋时期一群个性鲜明对现实抱有不满情绪的名流经常优游与清谈于竹林，人称"竹林七贤"。他们之所以醉心于竹，是因为竹子终年常绿、简劲素雅、挺直有节，与魏晋时期崇尚的豁达洒脱、皈依自然、刚正耿直的人生态度和价值取向相吻合。

（2）文化载体

竹纸 随着经济技术的发展，竹纸应运而生。然而，关于竹纸的起源，学术界主要是说源于晋，根据宋代赵希鹄在《洞天清禄集》有"若二王真迹，多是会稽竖纹竹纸"的记载（二王是东晋时书法家王羲之和王献之）。还有以下依据，①晋代造纸技术水平较高，也出现了大量的藤纸，并且，嫩竹的纤维与藤皮纤维相比较木质化程度无太大的差异；②汉代广人（岭南人）用竹制布，已达到较高的水平，这说明广人已掌握了对嫩竹纤维进行初步分离的技术，取嫩竹造纸应成为可能；③南方地区丰富的竹子资源，取之不尽，用之不绝，并且嫩竹比藤易取；④秦汉时期就已发明用笋箨（笋壳）制冠，笋箨的纤维较藤皮纤维更易分离，更不能排除用笋箨来制造竹纸；⑤晋代文献《广志》（公元270年）中提及到："广人……嫩竹可造纸"。综上所述，竹纸的起源时期应该是在晋代，是广人（岭南人）的发明，并且伴随着岭南人制造竹布一起发明的，只是晋代竹纸的质量差、产量少，不符合书写的要求，没有普及到任意地区，所以在当时是不能得到人们的足够重视。

然而，竹纸的真正发展是在北宋以后，桓玄下令废竹简，而以誉纸代之，到了南北朝，竹纸取代了竹简的地位，成为中华文化发展的第三大基石。由于竹纸的普及，木板印书业也相应盛行起来，这对晋以后文化事业的发展起了重要作用。

竹笔 竹管笔仅只是毛笔的一类，但却深得文人学士们的钟爱。东汉著名书法家蔡邕在《笔赋》中叙述毛笔的制作时说："削文竹以为管，加漆丝之缠束。"

3.5.2.5 竹宗教文化

人们对竹的喜爱甚至由审美角度延伸到了宗教的信仰与崇拜。竹，具有了送子与延寿的幻化力量。

从北魏时开始，在今浙江、山东等省的部分山区开始盛行"夏种树，冬种竹"的诞辰礼俗；南北朝时，黄河、长江中下游地区及珠江流域有了"竹迷日"（又称"竹醉日"），这是栽竹生产习俗的重大节日，其内容包括对龙的崇拜和以竹求子等方面。这是民间由"如竹苞矣"的旺盛、顽强的生命力引发的对竹崇拜。早期道教天师道也把竹作为一种崇拜对象，陈寅恪先生指出："天师道对于竹之为物，极称赏其功用。"在西南少数民族地区，竹更被视为本民族源出的植物，并加以祭祀。晋人常璩所撰《华阳国志·南中志》云："有一女子浣于水滨，有三节大竹流入女子足间，推之不肯去，闻有儿声，取持归，破之，得一男儿。长养有才武，遂雄夷狄，氏以竹为姓。捐所破竹于野，成竹林，今竹王祠竹林是也。"这里竹是与本民族有"血缘"关系，寓示着一种"图腾"。

魏晋南北朝时期，是中国政治上最混乱、社会上最为痛苦的时期，但是精神却是极自由、极解放、最富有智慧、最浓于热情的一个时期。所以说，它又是一个艺术精神的时代。玄学的空灵思辨，佛教的深沉智慧，促成了人的个性的充分舒展，也激励了艺术的高度自觉，所以产生了"竹林七贤"等一批感慨人士。同时，随着对竹子利用的不断提高，也制成了竹纸，对后代的纸张的普及和发展都具有一定的现实意义，成为中国历史上重要的转折点。

3.6 隋唐——春风化雨，文笋怒发

隋唐，尤其是唐代，竹文化泛及的领域大为拓展，竹文化内涵大为深化，从而奠定了中国竹文化的

基本范式。竹文化渗透到唐代文化的各个层面，上至皇宫贵族的雅苑、园林以及文人雅士诗、画作品，下至寻常百姓的日常生活用具，处处可见竹的踪影。隋唐时期，正值中国文化发展的盛世，不同文化相互融合，齐头并进。竹也逐渐从当时的实物技术层面进入社会的精神文化领域。

隋唐是中国竹文化发展史上最具创造性和开拓性的时期。兴盛的唐代竹文化奠定了中国竹文化的基本范式。隋唐竹文化兴盛的原因是多方面的，总结起来主要有以下几个方面：

其一，经济、文化重心的南移，使竹文化的“进化潜势”得以迸发。南方竹资源丰富，是滋生中国竹文化的沃壤。东晋南北朝时，尽管南方经济文化有了长足发展，但总体而言，南方“土旷人稀”、“饭稻羹鱼”的寥落境况未得根本改观，文化进化程度不如北方，即文化“专化”程度较低。唐代，尤其是安史之乱后，经济、文化重心逐步南移，使竹资源所蕴藏的巨大经济价值和文化价值得以迸发出来。

其二，大一统历史环境下各种文化的交融使竹文化体系不断“噬取”更多的文化能量。新文化进化论者认为：“在特定的历史环境条件下，一种文化就是一种与自然界和其他文化发生相互联系的开放系统。它的地域特征会影响它的技术成分，并通过技术成分再影响到它的社会成分和观念成分。而它周围各种文化受此影响的关系也会影响一种文化中社会政治的和观念的子系统。”在唐代大一统的历史环境中，齐鲁文化、关中文化、吴越文化、巴蜀文化、荆楚文化等区域文化和儒、道、释等思想文化互渗、互融、互补，为中国竹文化的发展提供了丰厚的文化能量。唐代竹文化的进化正呈现这种态势：一方面，文化能量的大量集聚使竹文化迅速进化；另一方面，进化程度更高、结构更复杂的竹文化体系又能更有效地摄取更多的文化能量，这两方面如一枚硬币的两面，使竹文化进化产生一种“雪球效应”，呈现良性互动。

其三，竹文化适应了唐代文化的总体需求。“一般来说，文化特质是被接受或排斥，完全取决于它在接受文化里的效用、适宜性和意义。”

竹在唐代文化中正具有良好的效用、适宜性和深邃的意义。

3.6.1 竹栽培利用历史

《唐六典》：“魏晋河内淇园竹，各置司守之官。”司竹园有大有小，大的绵延数十里。南北朝时荷健曾在司竹园建都。《旧唐书·代宗纪》：“唐代宗广德元年（公元763年），吐蕃犯京哉，寇周至等县，自司竹园渡渭，循南山而东。”隋唐时期竹子种植、加工、采伐的兴盛，竹及竹制品商品化程度的提高适应了隋唐时期以小农经济为主体的社会经济结构及商品经济发展的需求。竹在个体小农家庭中具有无比广泛的用途。竹是小农家庭制作各种生活用具、生产工具及建盖房屋、桥梁的理想原材料。竹制品加工具有不与农民争人手、争工具、争节令的特点，在生活之余暇或农闲期，一个小农只需借助简单的工具（如篾刀）便能制造出本家庭所需的几乎所有竹制品。种竹业又具有不与农民争土地、争肥料的特点，房前屋后、闲田抛地、丘陵山地均能植出丛丛翠竹。凡此种种，使竹成为最能契合小农经济自给自足特性的重要资源。唐前期，统治者采取推行均田令，禁止掠卖良人为奴等政策，促成小农经济的繁荣。与之相适应，竹子的种植、加工、采伐便空前兴盛起来。唐代，商品经济“从伊壁鸿鲁的神的缝隙中苏醒过来”。并逐步走向其发展的第二个高峰期。与之相适应，竹及竹制品商品化程度大大提高了。

3.6.2 竹文化发展特点

3.6.2.1 竹生活文化

（1）食用

《唐书·百官志》：“司竹监掌竹苇，岁以笋供尚食”。

唐人《食笋诗》有以“稚子脱锦绷，骈头玉香滑”句来描绘竹笋的形态和美味。诗圣杜甫曾写过“青青竹笋迎船出，白白江鱼入馔来”的诗句，道出他对竹笋风味的喜爱。人们经常拿竹笋与猪肉相提并论，在于它们是最佳的荤素搭档。李渔说竹笋：“以之伴荤，则牛羊鸡鸭等物，皆非所宜，独宜于豕，又独宜于肥。肥非欲其腻也，肉之肥者能甘，甘味入笋，则不见其甘而但觉其鲜之至也。”在这一搭配中，笋是唱主角的，肉纯粹为他人作嫁衣裳。“比蔬食中第一品，肥羊嫩豕何足比肩。但“将笋肉齐烹，盒盛簋，人止食笋而遗肉，则肉为鱼而笋为熊掌可知矣。”早在唐代，白居易的《食笋》诗就表明态度：“每日逢加餐，经时不思肉。”笋能使嗜好者忘掉肉的，或三月不知肉味。在无肉的情况下，将笋单独白煮（略蘸酱油而食），或素炒，也能品尝到其真趣。“从来至美之物，皆利于孤行，此类是也。”（李渔语）看来笋与肉的关系，也能分能合。竹笋菜，照样耐人寻味。李渔认为笋之所以“能居肉食之上”，其至美之所在，仅仅是一个“鲜”字。有经验的厨师，连煲笋之汤都舍不得倒掉，每做别的菜，就兑一点进去，相当于味精了：“食者但知他物之鲜，而不知有所以鲜之者在也。”笋之调味，快达到魔法的境地了。连残汤剩汁都能画龙点睛，把一道新菜全“盘活”了。至于这种奇妙的笋汤（又叫笋油）的提炼办法，袁枚在《随园食单》里详细记载：“笋十斤，蒸一日一夜，穿通其节，铺板上，如做豆腐法，上加一枚压而榨之，使汁水流出，加炒盐一两，便是笋油。其笋晒干，仍可作脯。”

（2）建筑

中国竹宗教建筑是中华文化的特色景观，是宗教建筑中耀眼注目的神奇建筑。江西的佛教建筑采纳了中国传统建筑“院”的形式，建成佛寺、寺院，禅房多以竹营造者称之为“竹房”。佛殿是供奉佛像之所，以竹构建之则为“竹段”。道教是中国本土产生的宗教，它与竹的关系更为密切，不仅许多建筑以竹构造，而且以竹为崇拜物之一，江西道教的竹建筑有竹观、竹殿等。竹观为道教的庙宇。竹殿是供奉太上老君和神仙之所。竹殿高大巍峨，气势宏大，有“盘空镊翠到山巅，竹殿云楼势逼天”之称。道教的法坛也是竹子建的，唐代诗人称竹坛为“竹坛秋月冷，山殿夜钟清”。

唐代诗人白居易在右山建草堂，全部用竹木材料建成，不仅具有自然简约、典雅秀丽、清新质朴的美感，而且充分发挥了竹材挺拔灵秀、竹质纹理坚韧的长处。以灵活的巧手，运用斗、拼、镶、嵌等工艺，克服竹材节多、壁薄、难以打孔的短处，建起一座座朴素高雅、意境幽远的景观建筑，大有一种自然天成之感，工艺妙不可言。

3.6.2.2 竹生产文化

农业、制盐业、茶业、渔业、丝织业等生产领域中的竹制生产工具种类繁多，难以俱述。许多竹制生产工具均具有难以替代的独特功用，如竹制引水管道——竹览，水轮（宋代始称筒车、竹车）上的兜水工具竹筒，园艺业、蚕桑业中的竹刀等。

量器 顾炎武说三代以来斗秤至隋而大变。他所说的‘大变’除秤衡外便是指隋初曾“以古斗三升为一升州，或者说，“于古，三而为一”。纵观隋唐以前的历代量器大体可以看出一种规律性的现象，即它们的容积呈逐渐增大的趋向。这种趋向，至隋初和唐初而有更大程度的发展。隋唐时期的量器，实际上是截然不同的两套体制。隋代前期和后期各行一套，至唐初则大小两套并用，而以大量为主。中唐以后，大量又略有变化。隋唐宋元量器、量制的主要特点，是容积持续性扩大。此外，则是类型的多样化发展一包括足量之外的各种加量与省量。著名的五斗解及解石改制，便是在这种特点下出现的。《唐六典》、《唐会要》等书叙及“诸量” 时指出“以柜黍中者一千二百为禽，二禽为合，十合为升，十升为斗，三斗为大斗，十斗为解。”

唐代竹器加工技术跃上一个新台阶。竹编工艺趋于精湛，一大批实用美观相结合的竹编工艺品大量涌现，这些竹编工艺品不仅编织技法十分高超，而且造型优美、装饰典雅、色彩明快，具有很高的审美价值。如饮誉唐代的薪军“碾玉连心润，编牙小片珍”（元镇《酬乐天寄薪州革》），以纤细的竹篾精心编成，可以“卷作筒中信，舒为席上珍”（白居易《寄薪州革与元九因六韵》），任意折叠，竹席表面“滑如铺蓬叶”，光滑无比，其纹如“龙鳞”（白居易《寄薪州革与元九因六韵》），金光灿灿；衡阳的竹夹膝“圆于玉柱滑于龙”（皮日休《香望以竹夹膝见寄因次酬谢》），尤值一提的是唐代竹雕刻工艺有了长足进展。

3.6.2.3 竹艺术文化

工艺美术是生活与美学相结合、科学与艺术相结合的产物，竹作为其重要材料，数千年来，多以寄寓着福、禄、寿、喜、财、顺、吉等吉祥内容的图案出现，被广泛应用于雕刻、织绣、印染、陶瓷、编织、剪纸等各种工艺品的创作之中。先民们用竹子编织和雕刻各种赏心悦目的工艺美术作品，丰富了竹文化的内涵。

（1）绘画

画竹在我国传统绘画艺术中是一个重要门类。自唐宋以来，很多文人士大夫醉心于画竹和收藏竹画，其意义同以文学形式吟颂竹子和在园中栽竹养竹一样，是为了托物寄志，抒发胸臆。与其说是画竹，不如说是塑人。画竹始于何时，说法不一，有人说关羽初画竹，有人说王维是画竹的始祖，难以定论。不过中晚唐时期，竹已成为专门的绘画题材，并涌现了一批画竹名家。五代以后，画竹渐成风气，名家辈出，对画竹技法和理论的发展与完善做出了重要贡献。

（2）音乐

唐代把演奏乐器的艺人称为“竹人”。可见竹是我国音乐文化中不可替代的重要物质载体。

说起隋唐的竹制乐器就不得不提起尺八——隋代和唐，宫廷中的主要乐器。《新唐书·吕才传》：“贞观（627—649）时，祖孝孙增损乐律，与音家王长通、白明达更质难，不能决。太宗诏侍臣举善音者……侍中王珪、魏徵盛称才制尺八，凡十二枚，长短不同，与律谐契”。唐朝赠送日本的一支尺八，现藏于正仓院，直接在竹子青皮上雕刻，借助皮和肉的青、白、黄三种自然色差，雕刻出人物花鸟诸像。唐德州刺史王倚所藏一笔管，“刻《从军行》一铺，人马毛发，亭台远水，无不精绝。每一事刻《从军行》诗两句。其画迹若粉描，向明方可辨之。”在日本奈良东大寺的正仓院里，还保存着我国唐代传去的8支唐式尺八。其中一只竹制刻雕尺八，长43.7cm，管上端开口，管身前面五孔后面一孔。每一按音孔边缘有圆形花纹。制作十分精美，通体雕花纹和仕女像。第一孔上刻有二女，一者俯而摘花，一者立其后作张袖状。后面一孔下有一女立而手执扇，另一女坐弹琵琶。其余部分均饰以花鸟纹。

隋朝，中国竹笛在制作种类与称谓方面得到了更进一步的发展，如“大横吹”、“小横吹”以及“排箫”等名称的出现，便可证明中国竹笛类乐器在当时制作上已达到空前的繁盛。唐代，中国竹笛的音色发生了巨大变革。“唐代的刘系，制作了七星管，蒙膜助声”。所谓“蒙膜助声”即在竹笛的吹孔与指音孔之间开一个孔（谓之“膜孔”），使竹笛发出的音色清脆、明亮，并且使声音的力度也得以增强。中国竹笛“蒙膜助声”的发音方式直延续至今，并且在世界笛类乐器中独一无二。

（3）园林

随着社会经济和文化的进一步发展，山水田园诗画艺术大行其道，文人把诗情、画趣赋予园林景物，以诗入景、以画成园日渐成为时尚。王维、白居易、杜甫等诗人都曾参与园林的设计和建造，便是为将来退隐林下独善其身打算的。当时文人的园林观可以概括为“以泉石竹树养心，借诗酒琴书怡性”，凭借他们对大自然风景的深刻理解和对自然美的高度鉴赏能力来进行园林的规划，同时也把他们对人生哲理的体验、宦海浮沉的感怀融注于造园艺术中，比较有代表性的如庐山草堂、浣花溪草堂、辋川别业等。竹子景观占据相当重要的地位，白居易的《池上篇》颇能道出这个营园主旨：“十亩之宅，五亩之园；有水一池，有竹千竿勿谓土狭，勿谓地偏；足以容膝，足以息肩。有堂有庭，有桥有船；有书有酒，有歌有弦”，“灵鹤怪石，紫菱白莲；皆吾所好，尽在吾前。”辋川别业是唐代著名诗人王维在陕西终南山麓修建的名园，据王维和裴迪唱和的《辋川集》描写，其中以竹为名、以竹景为主的景区有两个，即“竹里馆”和“斤竹岭”。“独坐幽篁里，弹琴复长啸。深林人不知，明月来相照。”（王维《竹里馆》）“檀栾映空曲，青翠漾涟漪。暗入商山路，樵人不可知。”（王维《斤竹岭》）“来过竹里馆，日与道相亲。出入唯山鸟，幽深无世人。”（裴迪《竹里馆》）“明流纡且直，绿筱密复深。一径通山路，行歌望旧岑。”（裴迪《斤竹岭》）这个时期，文人造园、竹子造景进入了一个成熟时期。

3.6.2.4 竹文学文化

唐代大诗人李白与孔巢父等六人于竹溪结盟，史称“竹溪六逸”；他们是继魏晋时期以阮籍、嵇康为代表的“竹林七贤”之后，又一批向往闲云野鹤般生活的文人名士。王维厌恶尘世，纵情山水，与大自然融为一体，与同时代诗人孟浩然一起形成了唐代的山水诗派。有书载：“王维别墅在辋川，地奇胜，有竹里馆。必可见王维也是个竹林隐士。“晋人遁竹林，所以避世乱；唐士隐竹溪，可以养高致”。

唐代咏竹诗在继承南朝咏竹诗比兴寄托传统的基础上，出现不少托竹言志的佳作。如唐太宗《赋得临池竹》、卢照邻《临阶竹》、李白《慈姥竹》、杜甫《严郑公宅同咏竹得香字》等。南朝咏竹诗的探索，为唐代咏竹诗的繁荣奠定了基础。唐代，迎来了中国古代诗歌的鼎盛时期，竹，以其独特的品性，成为重要的审美对象之一，上至帝王、权臣，下至士人、民众，都歌咏竹。随着律诗体制的完备，咏竹诗的创作也渐成风尚。初唐，卢照邻、李峤、陈子昂、宋之问等创作了一定数量的咏竹诗；盛唐，王维、李白、杜甫等创作了一批优秀的咏竹诗；大历时期，士人心态转变，竹，作为大历诗歌意象重要的类型，咏竹诗的数量空前，咏竹诗的审美趣味也明显提高；中唐诗坛，韩孟诗派和元白诗派在其诗歌理论的推动下，使咏竹诗更趋向于寄托、传情，由于中唐政治的影响，大批文人被贬官外地，更促进了这一时期咏湘妃竹诗歌的繁荣，其中以刘长卿、刘禹锡、柳宗元等人的咏湘妃竹诗尤为突出；晚唐，随着改革的失败，士人普遍带有的怀古伤今情绪，此时的诗人明显地从盛唐的开阔视野中转变过来，走入了闺阁庭院的狭小氛围中，诗人的情思更加细腻，多托物咏怀之作，创作咏竹诗成为当时诗人的必修课，几乎可以说诗人们不约而同地都将竹纳入了自己诗歌的创作的范畴，甚至出现了多达11首的咏竹组诗——陈陶《竹》。

唐代诗人中，有咏竹诗传世者达100余人，其中白居易创作咏竹诗20余首，成为唐代创作咏竹诗数量最多的诗人，另有杜甫、元稹、李贺、刘禹锡、刘长卿、王维、李白、韩愈等诗人各创作咏竹诗10来首。唐代的咏竹诗不仅数量较多，而且质量相当高，产生了一批咏竹名篇，比如白居易《洗竹》、《新栽竹》，杜甫《苦竹》、《严郑公宅同咏竹得香字》，元稹《新竹》，李贺《昌谷北园新笋四首》，刘禹锡《庭竹》，刘长卿《斑竹》，王维《竹里馆》，李白《慈姥竹》，韩愈《新竹》等。

文人志士对竹有深厚感情，因此，常常有不少歌咏竹的诗篇。唐诗的两座高峰——李白与杜甫，两位大诗人的咏竹诗可谓各有千秋。首先，李白咏竹诗犹如绘画之有泼墨画，力求神似。李白的《慈姥竹》诗表现手法与其为人有很大的相似之处。李白性格豪爽、狂诞不羁，其咏竹诗注重略貌取神，不屑精雕细刻，寥寥数笔，慈姥竹就神形毕现，韵味全出。以此为例：

《慈姥竹》 李白

野竹攒石生，含烟映江岛。翠色落波深，虚声带寒早。

龙吟曾未听，凤曲吹应好。不觉蒲柳凋，贞心常自保。

诗中，诗人描绘慈姥竹的生长环境，从竹之声色神韵自然的过渡到慈姥竹的这一特质，用“龙吟”（笛声）、“凤曲”（箫声）等雅称，暗寓裁慈姥竹为箫笛定为上上之选，最后，以蒲柳的望秋而凋，反衬慈姥竹岁寒不凋、贞心自持。同时值得注意的是李白这首咏竹诗首开先例，将竹与蒲柳等具体植物作比较，凸显竹四季常青的特性，较此前诗人笼统地将竹与草木作比更有针对性、更进一步。

杜甫咏竹诗恰似绘画中之工笔画，远观亦可，近赏犹佳。杜甫咏竹诗5首，数量上为盛唐咏竹诗之冠，质量上堪称上乘之作。题材上将苦竹、绵竹等引入诗歌创作中，形式上绝句、律诗皆有所成。杜甫爱竹，曾言：“平生憩息地，必种数竿竹。”（杜甫《客堂））杜甫的《营屋》诗，就真实地描绘了竹林绕杜舍的景象：“我有阴江竹，能令朱夏寒。阴通积水内，高入浮云端。甚疑鬼物凭，不愿剪伐残。东偏若面势，户牖永可安。爱惜已六载，兹晨去千竿。萧萧见白日，汹汹开奔湍。度堂匪华丽，养拙异考盘。草茅虽摧葺，衰疾方少宽。洗然顺所适，此足代加餐。寂无斧斤响，庶遂憩息欢。”杜甫是伟大的爱国诗人，他的《苦竹》诗感慨遥深，身世之感，君国之忧，深深渗透在咏竹诗中。沈祥龙曾说：“咏物之作，在借物以寓性情，凡身世之感，君国之忧，隐然蕴于其内，斯寄托遥深，非沾沾焉咏一物矣。”

杜甫的《苦竹》诗云：“青冥亦自守，软弱强扶持。味苦夏虫避，丛卑春鸟疑。轩挥曾不重，剪伐欲无辞。幸近幽人屋，霜根结在兹。”此诗是诗人客居秦州时所作，当时诗人被唐肃宗疏远，流落边地，生活无着，陷入困境，故而以苦竹自比。“味苦夏虫避，从卑春鸟疑。轩墀曾不重，剪伐欲无辞。”不仅写出了苦竹“味苦”、“丛卑”等特性，而且生动地将自己的身世和秦州的生活隐于其中；然而苦竹虽生在“青冥”（山岭），却依然节操“自守”，形体虽“软弱”，却依然自我“扶持”，这其实就是诗人自己高尚的操守和坚忍的品质的写照。

安史之乱后，唐代社会开始走下坡路，而咏竹诗却迎来了它的繁盛期。中唐共创作了109首咏竹诗，为盛唐咏竹诗的7.3倍。中唐咏竹诗创作盛况空前，这与竹意象自身所具有的特性密切相关。竹意象的人格象征意蕴丰富，由竹之外形引发人们联想，以竹心空，喻人虚心，以竹节直，喻人正直，以竹色恒，喻人忠贞等都成为中唐诗人咏竹的契机，在社会动荡，外族入侵的年代，诗人以竹之坚贞自期，成为咏竹诗创作的主要内容：由竹林所营造的静谧气氛成为神仙栖息地展开去，经由“竹林七贤”、王子献等魏晋名士的飘逸行为为竹林作形象注解，竹又成为文人归隐山林、啸咏静坐、弹琴对酒的最佳伴侣，面对抱负落空、时光流逝，文人因此而企求“独善”的思想渐居上峰，因而诗人以竹林具有自由、静谧，修道、养心皆可等独特之处，诗中常以竹林作为归隐的象征。

中唐时期咏竹诗的繁荣，主要是因为伦理道德意识渐趋高涨，对文学产生了重大的影响。

中唐的古文运动，使儒家的道统渗透到文学领域。随着诗人审美认识的深化，逐渐将关注的焦点从草木的自然属性上升到草木的品格意趣。竹子四季常青、凌寒不凋，被诗人视为坚贞不移的高洁品格象征，受到文人的普遍推崇。如韩愈《新竹》：“高标陵秋严，贞色夺春媚。”

又如刘禹锡《令狐相公见示赠竹二十韵仍命继和》：“高人必爱竹，寄兴良有以。峻节可戎，虚心宜待士。众芳信妍媚，威凤难栖止。……坚贞贯四候，标格殊百卉。岁晚当自知，繁华岂云比。古诗无赠竹，高唱从此始。一听清瑶音，峥然长在耳。”

中晚唐统治者大多庸懦无能，政治一片腐败。面对内外交困的时局，当时一大批有识知识分子已失却盛唐时“白发三千丈”的豪情，而陷入深深的苦闷与彷徨中。出于“以天下为己任”的历史使命感和“士志于道”的价值取向，他们表现出积极的“入世”精神；但当其政治抱负一一化为泡影后，他们在无可奈何中“出世”，皈依山水田园寻找一份心灵慰藉。竹能兼喻这两种人生取向。入世为官时，咏其正直挺拔、经冬不凋，自勉为政清廉、刚正不阿；出世独处时，咏其静幽淡雅、不争桃李，自况超凡脱俗、与世无争。

3.6.2.5 竹宗教文化

在我国源远流长的文化史上，竹要么与松、梅被并誉为“岁寒三友”，要么与梅、兰、菊被并称为“四君子”，可见它在人民心目中占有重要地位，当人们闲情逸致漫步于青青翠竹之下时，一种无限舒适和惬意之感便油然而生。因此，公园里、村寨旁，一丛丛一片片翠竹不仅美化了人们的生活，而且陶冶和升华了人们的高尚情操，处处展现出耐人寻味的竹精神。

禅诗里的竹有很多，涉及禅理、禅境和禅趣三大类，正所谓“诗思禅心共竹闲，任他流水向人间”（唐·李嘉祐）。唐·柳宗元《晨诣超师院读禅经》诗中的“道人庭宇静，苔色连深竹”；唐·施肩吾《幽居乐》中的“无妨数茎竹，时有萧萧声”“竹径通幽处，禅房花木深”（唐·常建），“修篁半庭影，清磬几僧邻”（唐·姚合）……禅诗里，竹与禅高度融合。在佛典里，“青青翠竹，总是法身”。佛教始祖释迦牟尼有“竹林精舍”，大慈大悲的观音菩萨有“紫竹林”，竹的文化，竹的文明，同样也与中国佛教结下了不解之缘。

隋唐竹文化的实物、制度、观念三个层面互渗、互补、互动，使竹文化的内涵大为深化。许多竹制品不仅具有实用功能，而且具有鲜明的文化性特征，蕴含着中华民族特有的审美情趣、人格理想、生活旨趣、情感方式与思维模式。例如，竹簪本为一种头饰，但在某些群体中却成为一种人格符号。张九龄《答陈拾遗赠竹簪》诗云：“此君尝此志，因物复知心。遗我龙钟节，非无玳帽簪。幽素宜相重，雕华岂所任。为君安首饰，怀此代兼金。”竹簪是“龙钟节”，而且“幽素”、质朴无华，可以暗喻作者富有气节、为政清廉、俭朴自律的品格。戴竹帽不只为了遮阳挡雨，还蕴含着高蹈物外、洁身自好的观念。白居易《赠张处士山人》：“萝襟蕙带竹皮巾，虽到尘中不染尘。”韩愈《郑群赠簟州军》中“明珠青玉不足报，赠子相好无时衰”之句，则以竹席自喻不慕荣华富贵的淡泊心境。竹杖具有坚劲挺直，节节相扣的形质，因而被唐人赋予多重文化意蕴。

3.7 五代、宋——光彩溢目，珠璧联辉

五代十国，是“五代”与“十国”的合称，有时也称为“五代”，一般认为是公元907年自唐朝灭亡开始，至宋朝统一中国为止。五代时期虽然是中国历史上的一个政治纷乱期，却也是不同民族和文化的相互交融、彼此渗透的黄金时期；竹文化在这一时期也得以迅速传播与发展。到宋朝，竹的利用更加普遍，制作工艺也更加成熟；在竹园林、竹绘画方面达到鼎盛时期。

3.7.1 竹栽培利用历史

北宋《营造法式》“竹作”篇详细论述竹子在建筑上的作用、范围、施工技术规范。据宋代司竹园之记载，如苏东坡在嘉祐七年到周至时作诗自注：“十八日循终南山而西，县尉以甲卒具送，云‘近官竹园往有虎’”。民间有“竹子过墙不过路”的说法，就是说只要土壤疏松，散生竹即可通过竹鞭的延伸而使竹林扩展。根据这一特点，在散生竹造林中，用人工扫除生长障碍，使其向四方蔓延扩展，扩大竹林面积。我国人民采用此法繁殖竹林已有1400多年的历史。在贾思勰著《齐民要术》及赞宁著《笋谱》中，均曾引当时谚语：“东家有竹，西家治地”，意即东家种竹时，西家可疏松土壤，竹鞭即可由邻居伸长过来。这其实就是今天竹鞭法植竹的雏形，具体操作：“清除林缘杂草灌木；将土地翻耕并将青草、树叶、嫩枝埋入其中；有时还可在松土的同时将林缘健壮竹鞭向林外牵引，覆以肥土。也可间种农作物，借以覆盖地面，

代替除草。”

此外，竹用于军事作战甚早。在相当长的历史时期里，竹子是制作箭矢、弓弩的主要材料之一。在岭南地区，古人不仅以竹作箭，而且还以竹制刀、矛等。宋代高宗绍兴二年（1132年）陈规发明用大竹制成枪筒以喷射火焰的火枪，是世界上第一次出现的原始管型火器。

3.7.2 竹文化发展特点

3.7.2.1 竹生活文化

（1）食用

在博大精深的中华饮食文化中，竹笋可谓中国食品一绝。食笋也使我国历代文人墨客与竹结下了不解之缘，留下了很多吃笋的故事，写下了很多咏竹、赞竹之诗。他们对竹笋表现出一种特殊的爱好，常食不辍；有一种特殊的情感，作诗不断。

宋朝大诗人苏轼视竹笋如命，到了“饱食不嫌溪笋瘦”的地步。他是一位美食家兼烹饪家，品尝的佳肴数不胜数，其中竹笋是备受青睐的一种；他亲自做的名菜“东坡肉”，流传至今。久居北方的东坡，把竹笋作为朝思暮想的佳肴。他到长沙时，作《谢惠猫儿头笋》诗一首来称赞长沙的猫儿头竹笋：“长沙一日煨笾笋，鹦鹉洲前人未知。”苏东坡把食笋升华为一种精神审美活动。 苏东坡的妹夫，黄庭坚，也有诗：“南园苦笋味胜肉” 。假如让他从二者中取舍，结果是不言自明的。林洪的《山家清供》，给鲜笋起了个外号，叫“傍林鲜”：“夏初竹笋盛时，扫叶就竹边煨熟，其味甚鲜，名傍林鲜。”根据他的讲授，鲜笋最好现摘现吃，一分钟都别耽误，就在竹林边，用芳香的竹叶为燃料，当场煨烤；可见环境或氛围也能激活、增添新笋那天然的鲜美。这绝对是最正宗的“绿色食品”了，不仅就餐环境是一片绿林，烹饪方法也是返璞归真的。不知竹林七贤之类古老的隐士，就地取材，是否使用这种“叫化鸡”式的吃法?鲜笋之可口，堪称“植物鸡”（前面提到的笋汤，也堪称“植物鸡汤”）。另一本书，《四时幽尝录》，也大加赞美：“每于春中笋抽正肥，就彼竹下，扫叶煨笋至熟，刀戳剥食。竹林清味，鲜美无比。人世俗物，岂容此真味。”想来只有超凡脱俗的人，譬如隐于山林者，才能体会到竹笋至真的味道。而所谓的“真味”，其实于平淡中见神奇。有一颗淡泊的心，才能遭遇这种潜伏的神奇。

吃笋更是精益求精，精心搭配，精心烹饪，做成各式各样的美味佳肴。可以肉、鱼、鸡、鸭、菇等为佐料，可炒、可烧、可煮、可煨、可炖、可卤，制成美味食品。还可以泡制成酸辣笋、酒糟笋、酱笋、腌笋、笋脯；与糯米粉相拌制成笋饼和笋糕。在古代，竹笋加工主要是做成笋丝和笋脯两种，以备贮藏之用。制作原理是把鲜笋去皮水煮烤干或晒干，即予贮藏，随时供加工烹饪成可口的食品。

（2）建筑

北宋时，黄冈地区人善用竹建造竹楼，遂引出了王禹偁的名篇《黄冈竹楼记》；所谓“夏宜急雨，有瀑布声；冬宜密雪，有碎玉声。宜鼓琴，琴调虚畅；宜咏诗，诗韵清绝；宜围棋，子声丁丁然；宜投壶，矢声铮铮然；皆竹楼之所助也。”可见，得居于竹楼，应是人生一大妙事。至如今，竹建筑在南方随处可见，竹建筑类型也日趋丰富，有厅、廊、楼、阁等。一般来说，竹建筑的柱、梁、檐都用竹子榫接而成，瓦片也有用竹或将竹劈成两半作长瓦，或将竹筒排列成瓦垄的。人们巧妙地运用竹及竹节的弧度，经过斗、拼、镶、嵌等工艺，制成各种图案，自成妙趣。

3.7.2.2 竹生产文化

唐宋时期，快速发展的经济、繁荣昌盛的文化为竹工艺文化的发展提供了沃土，竹器使用渗透到唐宋生活的各个方面。唐诗中多有记载， “头戴笠子日卓午” 、 “笋皮笠子荷叶衣”，“昨来补卫士，唯用筒竹布”，“家家竹楼临广陌，下有连樯多沽客” 。伊时，竹工艺技术亦获得重大发展。竹编工艺日趋精湛，“一大批用美结合的竹编工艺品大量涌现，这些竹编工艺品不仅编织技法十分高超，而且造型优美、装饰典雅、色彩明快，具有很高的审美价值。”竹雕工艺中，线刻技法出现，并采用“留青” 技术。宋时，竹器加工规模日益庞大，同时期的《金史·食货志》曾记载：“司竹监岁采入破竹五十万竿。”竹器的使用日益广泛，东坡先生一言蔽之：“食者竹笋、庇者竹瓦、载者竹筏、炊者竹薪、衣者竹皮、书者竹纸、履者竹鞋，真可谓不可一日无此君也。”文艺领域，墨竹画技开始风靡画坛。

3.7.2.3 竹艺术文化

（1）绘画

唐代画竹盛行，宋代画竹更有成就，画竹名家层出不穷。诗书画“三绝”的苏轼，他爱竹已达到

“宁可食无肉，不可居无竹”的境地。传统绘画创作所遵循他的墨竹多仰枝垂叶，笔势雄健，墨气深厚，他的那幅被称为奇作的《墨竹图》，能得“富潇洒之姿，逼檀栾之秀，疑风可动，不笋而成”的绰约风姿。他的著名文章《文与可画筼筜谷偃竹记》是一篇传颂千古的佳作，文章说：“画竹必先得成竹于胸中”，这种关于“胸有成竹”的绘画理论，成为以后千古墨竹画家的风向标，他的传世佳作《枯木竹石图》作枯木一株，树干倔顽孤傲，枝梢凌空舒展，树根处作一特大怪石，占据了画面的重心，此图融其枯树、怪石、翠竹三景为一体，不仅显示出委曲寻生的活力，而且给枯木和怪石注入了新的生命。

历代的丹青妙手也很少不画竹的。如宋代的苏轼、文同、郑所南，清代的郑板桥、陈古白、石涛等，都是画竹的高手。郑板桥尤爱画竹。为了掌握竹子的形态、特点，他在自己的两间茅屋南面，种了许多竹子，每日仔细观赏体味，因此，他所画之竹特别传神。

（2）音乐

宋代，是中国竹笛广泛运用与普及的发展时期。此时期，中国竹笛的形制已趋于稳定，并且已开始大量广泛运用于曲艺、戏曲与民间音乐等各种艺术表演形式的主奏和伴奏中。如，宋代流传的“鼓笛曲”艺术表演形式中，中国竹笛担任主奏乐器。

此时期，由于中国竹笛大量广泛运用于曲艺、戏曲与民间音乐等各种艺术表演形式的主奏和伴奏中，因此，“多个调性”的产生与运用为其发展的主要特征。所谓中国竹笛的“多个调性”含义，即由于中国竹笛大量广泛运用于各种艺术表演形式的主奏和伴奏，因此，所使用的各种长、短不一的竹笛，必定造成其“多个调性”的产生（每支竹笛均具有一个调性，第三孔作“do”）。中国竹笛此时期在调性上扩增这一大特征，大大丰富、提高了其音乐艺术的表现力，使中国竹笛音乐艺术迈进了新的历史发展时期。

尺八发展到宋代形成五孔尺八，并经由当时日本的遣唐僧东传日本，保留至今，其技巧复杂，音色独特而有古味。沈括《梦溪笔谈》载：“后汉马融所赋长笛，空洞无底，剡其上孔，五孔，一孔出其背，正似今之尺八”。但是到了南宋时期，尺八在宫廷乐器的地位基本已被笛、箫所取代。

（3）园林

唐宋时期，中国园林在魏晋、南北朝“自然山水园”的基础上有了很大的发展，通过植物规划和园林景观强调了竹子婵娟挺秀、飘逸萧洒的风姿；虚心高洁、傲雪凌霜的神韵。唐朝文人王维规划的“辋川别业”中就有“斤竹林”、“竹里馆”等竹景。北宋皇帝宋徽宗赵佶亲自规划的“寿山艮岳”是北宋山水宫苑以竹造园的典型。北宋李格非《洛阳名园记》及南宋周密《吴兴园林记》中可了解到竹子造园在唐宋两代已相当广泛，达到“园园有竹”的鼎盛时期。明清园林继承了唐宋传统，且形成了地方风格。其中以宅园为代表的江南园林是中国封建社会后期园林发展的一个高峰。竹子与山石、水体、建筑等结合及其组成的竹林景观，是江南园林、岭南园林的最大特色之一。这时期的竹子园林发展进入成熟阶段。计成的《园冶》、文震亨的《长物志》等都对竹子造园作了详尽精辟的论述。沧浪亭、狮子林等苏州六大名园及扬州个园、惠州逍遥堂等在竹子造园上技艺相当精湛，成为典范。

宋代是一个国势羸弱的朝代，一方面是城乡经济的高度繁荣，另一方面则受国破家亡的忧患困扰。而经济发达与国势羸弱的矛盾状况滋长了宫廷和社会生活奢糜和病态的繁华。因此，园林的大量修建，其数量之多，分布之广，较之唐时期有过之而无不及。宋代是中国历史上最以绘画艺术为重的朝代，尤其是山水画受到社会上的重视已达到了最高水平，因而对于园林的发展产生了重大影响，在园林中融入诗画意趣比之唐代就更为自觉，同时也开始重视园林意境的创造。北宋赵佶的寿山艮岳是宋代写意山水园的代表，园中以竹子景观为特色的景点有“斑竹麓”和“胜筠庵”。另外还有沈括的“梦溪园”、叶梦得的“叶氏园”及辛弃疾的“带湖新居”等等。洛阳名园处处，绝大多数都有竹子景观，所谓“三分水、二分竹、一分屋”（宋·李格非《洛阳名园记》）。南宋定都临安后，皇家宫苑，私家园林鼎盛之际，南宋周密《吴兴园林记》写吴兴的宅园是“园园有竹”。园林意境与诗意、画意融为一体，写意山水园发展到了顶峰。

3.7.2.4 竹文学文化

（1）诗

竹子挺拔、修长、匀称、青翠，处处彰显出美的价值。历代文学家从竹形、竹影、竹声、竹色等，勾画出竹的神韵。

竹修长而不弯曲，诗人大为称道，宋代大文学苏轼作诗一首：

谁言使君贫，已用谷量竹。

盈谷万万竿，何曾一竿曲。

竹色的变化丰富多彩，令诗人无限感叹。梅尧臣为此作诗：

西南产修竹，色异东筠绿。

裁箫映檀唇，引枝宜凤宿。

移从几千里，不改生幽谷。

文学家不仅对静态之竹进行了各形各色的描绘，对动态之竹的千姿百态，亦作了感人的诗篇。宋代诗人晏殊（江西临川人）在《紫竹花》中对竹的神韵，是这样描绘的：

长夏幽居景不穷，花开芳砌翠成丛。

窗南高卧追凉际，时有微香逗晚风。

竹诗之情深似海洋，情融于竹，言有尽而意无穷。江西竹诗情之深，是竹文化的一大景观。写竹即写情，写情必寓于竹。既要描绘竹的叶形、动态之美，又要表现其高洁、清幽的情趣；既要写竹的特性，更要表现人的品格。竹高节、气节是竹的标识，有“抱节君”的美名。所以苏轼有“寄语庵前抱节君，与君到处合相亲”之语。

（2）文化载体

宋代是古代科学技术最为发达的时期，这时期竹纸制造业得到了很大发展。北宋初年苏易简（文房四谱·纸谱）中说：“蜀人以麻，闽人以嫩竹……浙人以稻草……楚人以楮为纸。”并述竹纸始用于书写，“如作密书，无人敢拆发之，盖随手便裂，不复粘也”，表明北宋初年书写竹纸的质量并不高，不能密写。经过100多年的迅猛发展，到南宋时竹纸已成为可与稻草纸、楮皮纸相抗衡的主要纸种之一。在各种竹纸中，以“越之竹纸，甲于他处。”而越之享誉久远的剡溪藤纸已被竹纸取而代之，“今独竹纸名天下”，不仅质地好，而且品种多样，当时竹纸上品有“姚黄”、“学士”、“邵公”3种，为“工书者喜之”。还有一种名“春膏纸”的优良竹纸，制法考究：“吴人取越竹，以梅天水淋，晾令干，反复捶之，使浮茸去尽，筋骨莹澈，是谓春膏，其色如蜡，若以佳墨作字，其光可鉴。故吴笺近出，而遂与蜀产抗衡。”竹纸的广泛使用，推动了造纸业的发展。《三山记》载宋代福建出产竹纸的县：“竹纸出古田、宁德、罗源村落间。”仅古田县青田乡安乐里便有西寮、盖竹、杉洋、徐畈、皮寮等7个村庄产竹纸。洪迈《夷坚志》记载南宋湖南湘潭境内昌山：“环而居者千室，寻常于竹取给焉，或捣以为纸，或售其骨……其品不一，不留意耕稼。”江西鄱阳有人取竹“作纸入城贩鬻”，说明宋时竹纸制造业已有专门的手工生产作坊。

3.7.2.5 竹宗教文化

道教是中国土生土长的宗教，起源于生产力低下的社会阶段，民俗与宗教融合在一起。人们总是把幸福和大自然的生物紧密联系起来，视大自然的某一生物为精神寄托物，故道教视竹如神而加以崇拜。史学家陈寅恪对此评说：“天师道对于竹之为物，极称赏其功用”。把竹子视为求子、延寿和驱邪避鬼的象征，开展了一系列宗教行为，作为一种宗教文化流传下来，影响人的心理和行为，成为道教文化的一大特色。

宋代文人中也有许多精通禅学之人，他们常以竹来喻释佛理。宋僧赞宁写过竹子专著《笋谱》，清竹禅和尚画出了传世的墨竹。宋·道潜《灯花偶书》中的“竹窗催梦雨，兰室对禅灯”；宋·王安石《钟山即事》中的“涧水无声绕竹流，竹石花木弄春柔”；黄庭坚的一首《题竹尊者轩》更是以竹喻禅的佳品。竹尊者轩，为僧人广慧道场。诗人为之题诗，取“竹”字义，用佛教之典，很切合题旨。“平生脊骨硬如铁，听风听雨随宜说。百尺竿头放步行，更向脚跟参一节”。全诗句句离不开竹，可是，句句又暗喻竹尊者其人，将竹子完全人格化了。展现在面前的是一个有着铮铮傲骨、自由洒脱、刻苦修行、善于创新的艺术形象。

隋唐宋时期，爱竹之风盛于此前任何一个时代，人们赋予竹的文化意义之丰富、意识之深邃、情感之强烈是前无古人的。白居易、杜牧、王安石、苏轼、黄庭坚等一大批知名文人学士不仅咏竹画竹，留下大量脍炙人口的诗文墨迹，而且在竹笋、竹几、竹席等日常生活用具上都注入了炽热的感情和理性的思索，留下传播久远的爱竹隽句和佳话。这对于在更为广泛的社会群体中培育与确立竹文化意识无疑起到示范的作用，并使竹与其所象征、表现的文化意识之间的关系得以明确化和固化。无论是竹子的加工利用还是竹文化意识的普及深入，无论是继承前人成果还是创出新成就，中国竹文化的发展都可以称得上是中国古代史上一个“前无古人，后无来者”的高峰期。

3.8 元朝——蒙汉交融，竹韵长存

元朝为蒙古族建立，是中国历史上第一个少数民族建立的大一统帝国，也是中国历史上面积最大的王朝。宋朝时期的竹文化已是光彩溢目，民间也普遍种植，改朝换代到元朝，少数民族气息愈加浓厚，统治阶级的更换并没有延缓民间竹文化的流传发展，反而使当时的竹文化在两个大族之间寻求交流和平衡。元朝稳定政局统一全国之后，大力发展农林业，竹文化经过两个民族文化的洗礼，也备受推广。

3.8.1 竹栽培利用历史

元代农业生产技术的提高与发展，首先集中表现在农业科学技术的推广方面。至元年间由官府编辑、刊刻《农桑辑要》一书，以先进的生产技术指导农业生产。该书卷六竹木药草卷中对于竹的栽培有较为详细和科学的指导方法。民间文化的交融，加之政府的重视和先进技术的指导，元朝的竹种植面积有增无减，竹与人们的日常生活息息相关，在饮食、建筑、园林、艺术、曲艺等方面都有着稳步的发展和提升。

元代著名的农业科学著作，还有王祯编著的《农书》和鲁明善的《农桑衣食撮要》等，它们对元朝全国农业生产技术的提高和推广发挥了极为重要的作用，同时也记录和促进了整个大元朝竹类的栽培利用历史。元朝中期的竹栽培在唐宋的基础上有所推广，但主要还是分布在南方地区，如永丰（江西省）、旌德（安徽省）、湖南、八桂（广西壮族自治区）、八闽（福建省）等地，北方地区对于竹栽培有一些引种，但分布特征不明显。

3.8.2 竹文化发展特点

3.8.2.1 竹生活文化

（1）食用

元朝融合汉蒙文化，民间食笋之风承接唐宋的普及程度，依旧盛行，且日渐强盛，广为两族人民所接受。

竹笋既高居于庙堂之上，又遍及田宇之间，竹笋是许多农家生计所赖的常食菜种。元代吉安地区流传着一个“插簪生笋”的传说：“吉安城有魏夫人坛，在城南十里，夫人炼丹时，有村妪屡以茶献，夫人感其意，遂拔簪插于篱下，曰：‘年年四月尽，当生笋，可供汝家之食馔。’次年，其地笋生，味甘而无根苗，乡人名曰‘填补笋’，至今有之。”说竹笋能供一家之食馔，倒也未必，但它的确是农家生活中的重要补充食物，故名之“填补笋”。一些地区的竹笋因其香脆细嫩而成为一方之特产，饮誉遐迩。售笋亦可获厚利。玉版笋在元代享誉不衰，元人方回在《二月十五晚吴江二亲携酒》中就赞道：“鲜笋紫泥开玉版，嘉鱼碧柳贯金鳞。”可见，在元朝，食竹文化已经带动了商业的发展。

（2）建筑

元朝蒙古族人素来以帐篷为主要住宿用具，汉蒙文化相接触后，蒙古人也逐渐认识和接受了汉文化里的竹建筑方式。巢居形式逐步演化成干栏式建筑，其材质以竹木为主。竹建筑发展变化到元朝，这种干栏式建筑在南方少数民族地区依然使用广泛。元人李京《云南志略》载：“金齿百夷风土下湿上热，多起竹楼。”当然，在元朝农业科学技术的推广下，大部分地区的竹建筑都是以竹屋的形式出现，这在当时的南方非常常见，加上元朝中期，越来越多的蒙古人南下经商等，促进了汉蒙之间的文化交流。这种交融的文化，在各地的竹屋建筑中也得到了体现。

（3）交通

元朝疆域广阔，完全统一中原后，致力于农业技术的发展，同时交通设施建设也加倍受到重视。竹制交通设施和工具对当时的经济文化交流和发展起了重要作用。

自然条件的差异决定了交通方式的不同。元朝一统之后，对于江南水乡格外重视，竹桥建设极为普遍。西南地区河流湍急，山势陡峭，不宜架石桥，当时的技术亦不可设铁链桥一类的，唯有竹索桥及藤索桥是实用的选择。这样的竹桥成为了许多偏僻地区对外交往的唯一通道。史上最著名的多索平铺吊桥莫过于四川的安澜桥，此桥元朝时仍保存。

竹筏的历史源远流长，是最早的水上交通工具。竹筏造价便宜，方法简洁，成为当时江南各地极为普遍的水运交通景观。一首《捕鱼叹》就生动地描绘了百筏同行的场面：

捕鱼不用舱与舫，编竹作筏何坚牢。
一头贴水青拖梢，一头缚急轩然高。
厥长三丈阔逾尺，两脚以外飞波涛。

波涛漱石白齿齿，撇漩更比桂帆驶。
狂呼拍手下前滩，乌鬼惊飞冷烟里。
一人筏巡百匝转，百筏百人围忽合。
……
日暮人声水声杂，噬哉竭泽古所诃。
今人巧取术转多，鱼兮鱼兮可奈何。
何不舍此东入海，出没万里之洪波。

到了元朝，竹船制造工艺也日渐成熟，在唐代，岭南就多以竹制船。而元朝大肆讨伐，竹船在战争中的运用也不少。

3.8.2.2 竹生产文化

竹制日常用具是中国竹文化的重要组成部分。日常生活用具在历代民间传承中，不断的发展改进，其材料的择取、制作的工艺程序、形状和大小都体现了创造者和使用者的情感、观念、思维和价值。到了元朝，民间的竹制生活用具运用广泛，样式各异，竹材被大量用来制作成各种各样的日常器物。如竹簋、革、箧等商周时期祭祀和宴飨的食器依然沿用；竹甑、蒸笼、捞滤、簸箕、竹釜等饮具技术更加成熟，用具质量更好；竹盘、竹碗、竹桶、竹筥、竹筒等盛具亦是家家必备；竹筷、竹勺等餐具，箩、合、筥、茶匙、竹荚、竹茶具、竹炉等竹制茶具都是日常中不可或缺的。所以，无论是简单的用具，还是复杂的用具，在元朝都已经普遍运用和发展了。

虽然元朝早期皆以游牧业为主，但统治阶层，没有忽视南方水乡的发达农业。南方水田技术得到发展，竹子也在农业中广为运用，如竹制水车用于农田灌溉，竹也是犁具中不可或缺的材质之一，用于开垦收割等方面。

3.8.2.3 竹艺术文化

竹编是我国的传统手工艺，历史悠久、技艺精湛，其历史可追溯到奴隶社会初期，这从出土陶器上的竹编纹可得到证明。它代代相传、又代代发展，元代已从传统的篮、箩、盘、罐、盒发展到屏风、窗帘装饰等十几大类，美化着各朝各代人们的生活。

宋代初期，元宵节的龙灯、花灯已十分盛行，在浙、闽、蜀、粤一带的达官显贵们，往往雇请艺人用竹子编制出十分精细的龙头、龙身和花类，陈列在闹市街口。到了元朝，蒙古族的达官贵人依然对竹编织用具爱不释手，元末明初，竹编艺术有了进一步发展，从事竹编技艺的人不断增多，浙、苏、闽、蜀一带的民间日用品，特别是传统的民间工艺竹篮，编织精雅，竹篮柄上施以雕艺，古朴典雅，欣赏和实用兼备。福建竹编，粗中有细，粗细并茂，色泽古朴庄重，图案粗犷典雅，丰富多彩，具有浓郁的地方色彩。在宋朝竹编技术的基础上，元朝江南水乡的竹编技术和样式也得到了一定的提升。

3.8.2.4 竹文学文化

竹子在传统文化中地位特殊，其文化形象生动，精神内涵深远。戏曲，尤其是元朝的戏曲，作为传统文化的一个重要组成部分，竹所代表的文化象征在其中得到了充分体现。

元曲是中华民族灿烂文化宝库中的一朵奇葩，它在思想内容和艺术成就上都体现了独有的特色，曲有严密的格律定式，每一曲牌的句式、字数、平仄等都有固定的格式要求。但它也并不是死板的，允许在定格中加衬字，部分曲牌还可增句，押韵上允许平仄通押。竹子与元曲的渊源颇深，竹的精神衬托出元曲的旋律和内涵，其中，不乏写竹的佳曲。如：

[双调]水仙子 · 咏竹
贞姿不受雪霜侵，直节亭亭易见心。
渭川风雨清吟枕，花开时有凤寻。
文湖州是个知音。
春日临风醉，秋宵对月吟。
舞闲阶碎影筛金。

这是一首咏竹的佳作。文中第一二句写竹子的精神，竹子不因风霜的侵凌而变色，仍保持其亭亭直节，比喻人因世俗苦难的折磨而不改变其高风亮节。竹之“节”即人之“气节”。接下来几句写竹的盛产之地、花开引凤、画家文湖州等，继续丰富竹的形象意蕴，最后写到竹的洒脱风姿，表明作者心中所追求的人格标准。作者将竹的品格与人的坚贞和刚直的性格，相融相汇。作者不在竹的形貌上多作描述，却凸现竹的神韵。

在古代传说中，人们常将龙跟竹联系起来谈，这种联系甚至在当今的一些少数民族中还作为一种民族文化加以保存和流传着。竹龙合一，竹化为龙的神圣在戏曲剧本中也比比皆是，如“你无有化龙栖凤的心，今日要生枝上接头。”这一句唱词来自元杂剧《老庄周一枕蝴蝶梦》，作者史九敬先。剧中跟竹有关的诗词与唱词，首先是第二折竹仙女的上场诗：“千里好风清戛玉，一轮明月冷节金。坚刚不屈中臣节，骨鲠还同列女心。”我们可以看到，在竹仙女的这首上场诗中，作者就提到了竹子的这一优点，坚贞的气节“坚刚不屈中臣节”，当然还有飘逸的风韵“千里好风清戛玉”，不仅风姿优美，而且风吹过，声音清脆悦耳。另一个有关竹文化的元杂剧是《花间四友东坡梦》，此剧说的是苏东坡与他的朋友佛印和尚斗智的故事，话苏东坡带去名妓白牡丹想迷惑佛印，叫他还俗帮助自己与王安石斗法。本剧的第二折有东坡酒醉，佛印叫梅、柳、桃、竹四仙女迷惑东坡的故事情节。剧中的苏东坡写竹的诗句：“万玉丛中汝最魁，亭亭高节肯低回”。简单的两句诗，说明了传统文化对竹的定位：竹，代表的是君子之德。所以，竹与元曲始终是相辅相成的，竹之精神深化了元曲的曲意，元曲彰显出竹的气节。

3.8.2.5 竹宗教文化

元初，元政府设总制院以掌浮图氏之教，至元二十五年改称宣政院。蒙古统治者最先接受的是佛教，亦似中原汉地的禅宗。元代设有帝师一职，领宣政院事，既是吐蕃地区的政、教首领，也是全国佛教的最高统领。虽为不同的民族，但在宗教文化上，元朝并没有排外和阻碍宗教的发展。

元朝继承了唐宋时期佛教盛行的风气，竹文化在宗教上也得以体现。禅诗里的竹有很多，涉及禅理、禅境和禅趣三大类，如元·萨都剌《赠白云》中的“时从修竹里，相伴一僧还”；元·王沂《贵浑法轮寺阻雨四首》中的“野衲穷年静爱山，白云一坞竹千竿”等。可见，竹意、竹境、竹趣在禅诗及禅理中都是有内涵的存在。谢灵运曾参与改译过《大般涅槃经》，他把佛理与山水相结合，开一代诗风，在中国诗歌史和佛教史上都有着深远的影响，这种影响到了元朝依旧深远，而且是在更换了统治阶级的朝代里。与禅诗中的竹相比，禅画中的竹可能没那么明显，但，就对于竹文化而言，这部分也是不容忽视的。竹境通于禅境是中国寺庙常用的以竹造景的主要原因，竹子在寺庙中非常常见，江西省平陆县的古八景中，有一个“竹林晓钟”，竹林就是竹林寺。现存的一块元代碑文上还刻有“竹林胜境，天下具闻”，可见当年竹林寺香火之盛。

3.9 明清 ——百花齐放，五彩纷呈

农民起义重夺汉族江山，经历了元朝蒙古族近百年的统治，汉蒙文化交相辉映，已无民族之间的隔阂。在艺术的领域，民间的竹文化正是一片欣欣向荣的景观。可以说，明王朝是中国封建社会繁荣昌盛的最好体现。在这样的社会环境下，明朝的竹文化沉淀着汉蒙之间的融合，同时又向着新的起点发展。百姓的日常生活对于竹的利用更加依赖，文艺、医药、工艺等方面达到了新的高度，呈百花齐放的态势。竹食用上，逐渐地形成了规模化的竹交易市场，竹制品的商品化趋于成熟；明清的竹刻竹雕艺术蓬勃发展，开创了诸多体系，留下了许多传世作品，是中国艺术史上的瑰宝。

3.9.1 竹栽培利用历史

明朝统一全国后，在元朝重视农业生产技术的基础上，开拓求新，推出了一系列农业发展措施，竹的栽培利用发展依然受当朝者的极大重视。诸多农林人才著述竹的文化及栽种等。公元1621年，王象晋著的《群芳谱》有载：“竹园的选择需根据竹子的习性，竹耐温耐寒，贯四时而不致柯易叶，其操与松柏等，地虽湿恶燥，也宜淹其根”。“栽竹须向阳为妙”。关于栽竹方法，书中写道：“先期离竹本一二尺，四周围砍断旁根，仍以土覆，频浇水。俟雨后移植，即活，亦不换叶。移时须寻其西南根，勿砍断，照旧栽植，竖架扶之，尤妙。”“移竹多带宿土，勿踏以足。若换叶，忽遍拔去”。“移竹之法，要得天时，五六月间，旧笋已成，新根未行，此时可移，栽之勿用脚踏捶打，遇阴雨更妙”。谈到采伐更新时，写道：“竹要留三去四，盖三年者留，四年者去。谚云：“公孙不相见，母子不分离，隔年竹可伐也。”“凡竹未经年，不堪竹器，若老竹不去，竹亦不茂。但伐之时，腊月砍竹作器，则不蛀。竹之滋泽，春发于子枝叶，夏藏于轩，冬归于根。冬月伐竹，终日必裂，自首至尾。五月以前伐竹，则根而鞭烂。夏伐不蛀，但于林有损。七八月犹可，过此不堪用矣”。

明朝中后期，竹的栽培技术已趋于固定，而且实用性强，推广普及性也高。当时著名农学家徐光启著的《农政全书》（公元1639年）写道：“移竹泥垛须厚，所云多留宿土是也。平地止掘深尺许，将泥垛移置其上，四周以松泥盖之，不用脚踏捶打。日日以水浇之，度其实乃已。又须搭架以防风摇。又法，移竹种离生枝节，上四五节砍断，即不帆风，不须用架尤简便”。谚曰：“一人种竹十年盛；十人种竹一年盛。言须大棵移植，方不伤其根也。”

竹的栽培与竹产品的加工业逐渐形成产业链，在许多技术成熟的地区，栽培与加工达到了一体化。戴羲著的《养余月令》（明，公元1640年）书中记载："栽竹五六月时，旧笋已成，新笋未行，此时可移。先期两三月，或半年，去竹本一二尺，以插断其根，仍旧以土覆之。数浇之，至期移即活。然先后俱忌摇动。先去竹梢，以架护之，尤妙。宜马粪拌土栽之，不用作泥浆水栽。又忌捶打，忌脚踏"。"先将竹砍去本，只留二三寸，填上硫磺，在管内、覆转，根反居上，用土覆之，当年生笋。大率移来竹本，单株难活，须一丛数秆乃可"。关于竹笋加工，写道："笋干，每笋一百斤，同盐五升，水一小桶，调盐渍半晌，取出扭干。以原卤澄清，煮笋令熟，捞出压之，晒干。临用时，以水浸软，就以浸笋水煮之。"

竹对中华民族文明的发展立下了汗马功劳，明清时期竹笋的加工利用盛行，笋干等的加工技术更为精湛，加上各地产量的稳步发展，大大促进了经济的繁荣昌盛；竹建筑延续了前人的利用方式；自古医食一体，明李时珍《本草纲目·菜二·竹笋》〔集解〕引苏颂曰："笋诸家惟以苦竹笋为最贵。"可见在当时的民间，竹文化已形成了气候；明清时期，对于竹的利用最为令人瞩目的便是它的艺术性，明清竹雕竹刻是中国竹艺术的传承纽带，亦是中国竹艺术发展的鼎盛时期。

3.9.2 竹文化发展特点

3.9.2.1 竹生活文化

（1）食用

明清时期，食笋之风更盛。其主要标志是种（采）笋业和制笋业作为一独立生产部门崛起，以及竹笋作为大宗商品被贩运到更广阔的区域。在当时，种笋业已不再局限于地域差异，也不再是仅仅满足自我食用的范围。从之前自给自足的小农经济过渡到了小资本的商业经济。被赋予了很浓厚的商业化和一体化的色彩。换句话说，以前的小农种植和采收自为自食，而到了明清则主要是为了投入市场，以此获得利益，将竹笋的食用价值商品化。明代吴兴城西楼贤岭，"十四五里之间，专种竹笋"。

清前期，陕南川北秦岭大巴山的居民，租佃地主土地种植大片竹林，"夏至前后，男妇摘笋……借以图生者，常数万计矣"。从最初的采摘野外竹笋到引种种植和推广，明清时期的食笋风气达到了炽盛的程度。如此盛行的竹文化也很快推动了当时竹笋加工的技术，历史上中国人对食用笋的加工利用，很早就已经有了鲜食、腌渍、干藏以及其他类的四大基本类别的区分。到了明清时期，特点更为鲜明，种笋业的兴盛带动了竹笋加工业的发展，一些地区的优质竹笋具有很强的竞争力，譬如韶阳附近英德所产竹笋："清甜，远近皆争购之"。福建顺昌竹笋："其类甚多，唯有二种，行至京师"。将乐县经过煮熟、去汁、焙干等工艺加工而成的"明笋"，每年外销达千万斤等。明清时期既为食笋之风的炽盛期，竹笋产量激增自不必说，但在一些地区，仍有供不应求之虞。当时，各地官吏都非常喜爱吃竹笋，出高价采购，厚利相诱，使不少人舍生忘死，潜林盗笋，因此而受伤甚至丧命者比比皆是。当时有一个叫吴振械的人作了一首诗，很有趣地反映出这一现象：

华人护笋不篙钱，欲养竹竿青上天。
贵人朵颐辄来乞，官募贫儿使偷掘。
风号月黑匍旬往，二寸尖尖柔玉长。
满携怀袖归大笑，明旦献官官有赏。
祸机一发身被创，生者幸矣死莫偿！
孤儿寡妇自啼哭，筵上但夸春笋香。
往时应募人廿四，近亦贪生数辞避。
只愁高宴急征求，地冻雷迟苦难致。
吁瞪赏盗盗乃多，馋舌杀人将奈何！
吾济作吏那免俗，易不饱食花猪肉。

猪肉可以说在那些个朝代是所有菜类中最受欢迎的，也是必不可少的佳肴，可以说是无宴不备。但在当时，竹笋食用却被推崇之至，可见，当时的竹食文化有多么盛行。

在明清时期乃至于中国历史上对笋的食用价值评价最高、对笋的食用文化意蕴理解得最为深刻独到和阐述得最为精辟，因而也最具影响力的人，应当说是非李渔（1611~1680年）莫属了。他说：

论蔬食之美者，曰清，曰洁，曰芳馥，曰松脆而已类。不知其至美所在，能具肉是之上者，只在一字之鲜。《记》曰：'甘受和，白受采。'鲜即甘之所从出也。此种供奉，惟山僧野老躬治园圃者，得以有之，城市之夕父向卖菜佣求活者，不得与焉……至于笋之一物，则断断宜在山林，城市所产者，任尔芳鲜，终是笋之剎义。此蔬食中第一品也，肥羊嫩琴，何足比肩。但将笋肉齐烹，合盛一簋，人只食笋而遗肉，则肉为鱼而笋为熊掌可知矣。购于市者且然，况山中之旋掘者乎？食笋之法多端，不能悉纪，请以两言概之，曰：‘素宜白水，荤用肥猪’……笋之为物，不止孤行并用各见其美，凡食物中无论荤素，皆当用作调和……《本草》中所载诸食物，宜人者不尽可口，可口者未必宜人，求能两善其长者，莫过于此。

古人之言，道尽了明清时期，竹笋食用之盛况。

（2）医药

在明清时期，传统医药逐步加强了对竹的医用价值的重视。早在唐代，竹笋在传统医药中就被列入“药膳”，孙思邈在《千金要方》中记载：“竹笋，味甘，微寒，无毒，主消渴，利水道，益气力，可饮食”。到了明代，最为著名的当属李时珍的《本草纲目》。在这本《本草纲目》的食部、木部中，对竹品种及不同部位的药物功能、方剂以及释名、集解及不同竹品种、不同部位的气味、主治、发明、方剂等做了详尽的叙述，其中记载的药用竹子种类有10种之多。《本草纲目》中对竹的药用价值描述是这样的：“淡竹叶气味辛平，大寒，无毒；主治：心烦、尿赤、小便不利等。苦竹叶气味苦冷、无毒；主治口疮、目痛、失眠、中风等。药用竹叶以夏秋两季采摘嫩叶，晒干、煎水饮；用量2~4钱，竹叶还常用于作药粥”。据清代曹庭栋名医所编的《老老恒言》记载：“竹叶解渴除烦，中暑者宜用竹叶一握，山栀一枚，煎汤去渣下米煮粥，进一、二杯即愈”。《多能鄙事·卷回》：“竹叶粥治老人膈上风热，目赤头痛，视而不见物。”就竹的药用而言，竹的全身是宝。

竹叶：竹叶（堇竹叶）苦、平、无毒；（淡竹叶）辛、平、大寒、无毒；（苦竹叶）苦、冷、无毒。性寒味甘，有清热除烦，通利小便的作用，常用以入药的有鲜竹叶和竹叶卷心，制成冲剂或泡饮代茶，也可与其他药物相配煎服，起作用明显。上气发热（急热之后饮冷水所引起），用竹叶三斤、桔皮三两，加水一斗，煮成五升，细细饮服。三天服一剂。时行发黄，用竹叶五升（切细）、小麦七升、石膏三两，加水一斗半，煮取七升，细细饮服。服尽一剂可愈。牙齿出血用淡竹叶煎浓汁含漱等等。这便是竹叶的功效用途。

竹茹：是竹茎刮去绿色皮层后，再刮取第二层之物，亦称“竹二青”，《本草纲目》：“淡竹茹，气味甘、微寒、无毒。主治：呕吐，温气寒热，吐血、崩中、止肺痿，治五痔、妇女胎动。苦竹茹，主治热壅，尿血。”书中对于个别病例有着详尽的描述和药方，伤寒劳复，卵肿股痛，用竹茹一升，加水三升，煮沸几次后，服汁；妇女劳复（病初愈因过劳复发，热气冲胸，手足抽搐，状如中风），用淡竹茹半斤、栝楼二两、加水二升，煎成一升，分二次服下；妇女损胎（孕八、九月时，或跌伤，或惊伤，叱痛）用竹茹五两，加酒一升，煎成五合服下；小儿热痛，口噤体热，用竹茹三两、加醋三升，煎成一升，每服一合；跌打内伤（血在胸背，胁中刺痛），用竹茹、乱发各一团，炭火炙煎为末，加酒一升，煮开三次服下，三服可愈等。

竹沥：是竹竿劈开，经火炙，收集两端滴出的竹汁。《本草纲目》记载：“竹沥气味甘、大寒、无毒。主治：暴中风风痹，胸中大热，止烦闷，消渴，劳复。”鲜竹沥是常用中药，味甘性寒，能清热化痰、镇惊通络。近代药物化学分析证明：竹沥含有十多种氨基酸、葡萄糖、果糖、蔗糖以及愈伤木酚、甲酚、甲酸、乙酸、苯甲酸等多种化学成分。药理试验证明：竹沥具有镇咳祛痰功效。同时，书中亦有涉及，中风口噤，用竹沥、姜汁等，每日饮服；产后中风、口噤、身直、面青、手足反张，以竹沥饮一、二升，即苏；小儿伤寒，用淡竹沥、葛根汁各六合，令慢慢饮服；咳嗽肺痠（咳逆短气、胸中有声、吐浓痰，有臭味），用淡竹沥一合服下，一天服三、五次，以愈为度；目赤痛，眼不得开，用苦竹沥五合、黄连二分，棉裹浸一宿，频频点眼，令热泪出；突然牙痛，用苦竹烧一头，另一头出汁，取汁涂痛处冲下。

竹实：竹开花后结实如麦，皮青色，内含竹米，味甜。《广志》记载：“实可服食”。《本草纲目》：“竹实通神明，轻身益气”。《本草纲目拾遗》：“下积如神”（注：治消化不良）。近代研究证明，竹实的营养成分与水稻、麦、玉米相似，除富含淀粉、蛋白质、脂肪之外，还含有18种氨基酸，是一种可开发的药膳资源。

竹菌：系指生于竹林中的菌类，如竹荪，是生于竹林地上的一种真菌。有关它的药膳作用在《食疗本草》、《本草拾遗》、《本草纲目》等医著中均有记载。竹荪作食用菌已有悠久的历史，过去只能从野外采集，数量极有限，在明朝只作帝王贡品，可见当时它的珍贵程度。

竹根及竹笋：竹根入药，有清热除烦之功效。《本草纲目》：“淡竹根煮汁服，除烦热、解丹石发热渴。苦竹根主治心肺五脏热毒气。甘竹根，安胎，止产后烦热”。而竹笋是竹的幼芽，不仅组织细嫩，清脆爽口、滋味鲜美，而且营养丰富，它作为药膳资源在我国有悠久的历史，《本草纲目》、《本草经》、《食疗本草》、《食经》、《齐民要术》、《唐本草》等古典名著均有记载。如《本草纲目》：笋味甘、无毒、主消渴、利水益气、可久食。

由此可见，竹的各部分都可入药，竹子全身都是药。甚至于被虫蛀过的竹笋都有很好的利水作用，可治浮肿腹水（包括肾炎、肝脏病、心脏病及晚期血吸虫病引起的腹水症）。竹的药用机理在明朝就已经发展到了一个很好的程度，民间利用方面也达到了一定的水平。

3.9.2.2 竹生产文化

明朝较之元朝，在农业、手工业、商品经济上都有大的发展，汉人重掌天下，明朝统治者励精图治，稳固政权。一时之间，民间是一片欣欣向荣的景象，这个时期的竹文化特征也较为明显，其认知度、使用等都达到了新的层面。普通百姓的生产用具许多都是竹制品，当时的棉花是常见的农作物，民间的纺织技术也有改进，所以以棉织布较为常见，民间纺织用具如纺车等竹制品非常流行。在农业上，竹制品也在一定程度上可以代替木材的用途，因为它的成本更低，生长更快，工艺也较为简单可行。明朝时，许多竹制手工业也逐步形成了产业链，如竹席、竹筐、竹桶等，这些手工业品进入商品化市场，带动了局部经济的发展，也提高了当时部分百姓的生活水平。竹还被用来制作竹轿，用来替代步行，成为出远门的达官贵人的时尚用品。

明朝，历经唐宋时期的书法，竹画盛行之风，以竹制笔的生产工序得到发展。竹还可制成笔帽、笔筒等文化用具，笔是文化的记录工具，承载着一段段历史痕迹。竹制书写用具是促使汉字的书写艺术化而形成书法艺术，以及形成中国画画法的一个重要动因。竹制书写用具渗透着中华文化的审美趣味和文化观念。

3.9.2.3 竹艺术文化

（1）竹雕

竹刻亦称竹雕，是用竹根雕成人物及动植物形象，或在竹材、竹器上雕刻文字、图画等。也指用竹根、竹材、竹器雕刻成的雕塑工艺品等。

竹刻艺术是中国工艺美术史上一朵淡雅的奇葩，也是人类历史的文化遗产。将中国的竹刻作为一种独立的艺术门类并形成气候，当始于明代。竹刻主要流行于中国南方各地，明代时的江南竹刻艺术已达到全盛时期。明代以后就有浮雕、透雕、圆雕、留青、浅刻等多种技法的分类，并均有作品流传于世。

纵观中国竹雕发展的历程，我们看到宋代的竹雕业已初露头角。到了明清时期，竹雕艺术达到了鼎盛，出现了百花争艳的景象。明清两代，文人士大夫写竹、画竹、种竹、刻竹蔚然成风，竹雕的文化含量也迅速攀升。据清代金元钰《竹人录·凡例》介绍，当时竹艺“雕琢有二派，一始于金陵（南京）濮仲谦，一始于嘉定（吾邑）朱松邻”。两派竹刻艺术家既从竹根刻圆雕人物，又在竹制笔筒、扇骨上镌刻，有的还善于利用株皮与肤里的不同质感创造“留青”的特殊艺术效果。

金陵派以濮仲谦为首，此派竹刻风格开始简朴，后渐工细。他们竹雕的特点是巧妙地运用竹子的天然色泽和纹理，审曲度势，在必要时稍加凿磨而成。濮仲谦以对竹器“不事刀斧”、“勾勒数刀价以两计”著称。他刻竹有巧思，善选材，相形度势，随形赋意，刻画数刀便成名作，作品朴雅而不失精致，为世人所钟爱。其天然气息浓，人工雕琢气味淡，用刀较浅，看去虽如随手刻划，但却秀逸典雅，富有书卷气息，颇具艺术功力。据明人张岱的《陶庵梦忆》记载，濮仲谦所居的金陵三山街一带，靠卖他的作品获厚利的有数十人之多，而他却“赤贫自如”。世人对他的作品评价甚高，《骨董琐记》中有这样的评价：“苏州濮仲谦水磨竹器如扇骨、酒杯、笔筒、臂搁之类，妙绝一时”。他的“松枝水壶”和“八仙过海笔筒”，其中尤以松枝水壶最为著称，从壶盖、壶身到把手，均由松枝、松干、松针和蘑菇组成，自然气息极浓，但看去又很整体，突出了松树苍劲的气势。

嘉定竹刻始于明代正德年间，以朱鹤（号松邻）、朱缨（号小松）和朱稚征（号三松）和祖孙三代为代表，又称“三朱”。嘉定派竹刻作者大都擅长书画，用刀如笔，雅俗共赏。“三朱”对竹刻艺术最重要的贡献是开创了以画法入竹，他们充分发挥了自己工诗善画的特长，将诗画的一些技巧，如章法、对比、呼应、气韵、意境等融入竹刻中，形成前人没有的艺术格调。据史料上记载，明代嘉定派竹雕能在方寸之间刻山水、人物、楼阁、鸟兽、浅雕、浮雕、圆雕并用，刀法精巧，艺术造诣深湛，为时人所赏识，争相请为奏刀。因此，后人将嘉定竹刻称为“中国竹刻艺术之都”是当之无愧的。嘉定竹刻品种繁多，其竹刻的特色是以深刻和镂雕见长，用刀简洁稳重，注意打磨出光，其中尤以圆雕为多。人物刻划形神兼备，蔬菜花果塑造生动。品种也十分丰富，笔筒、香熏、臂搁、扇骨、文房四宝等，无一不涌入艺人的刻刀之下。嘉定派“三朱”刻竹的另一个特点，是被后世极为模仿的高浮雕和透雕为主的深刀刻法，这种刻法，在竹材上拓展较大的游刃空间，借以表现丰富而立体的画面层次，使情景人物更具真实性和感染力。

明代竹刻，除嘉定和金陵两大流派外，明末还出现了张希章所创的浙派。他发明留青竹刻法，工细精致，曲尽画理。留青又称“皮雕”，这是一种在竹子的青绮（竹皮）上雕刻的技法，刻去青钨处露出竹肤为地，留下青钨处微微高起为花纹，经年之后，留青处泛呈微黄，竹肤则颜色愈深，色泽与质地的对比构成图案。其山水楼阁似李昭道，偶作小景，又似赵令穰，点缀人物并生动有致，题句书法则类赵孟頫。褚德彝云：“曾在金西庄家见希黄刻笔斗一件，款署希黄；下有张宗略印，惟里贯不可考耳。或云江阴人，未知是否？”按此则希黄当名宗略。张希黄的作品往往精细的构思和绝妙的制作工艺浑然一体，似带有文人气息的工笔画，并创了高雅淡泊，巧而不媚的浙派风格。

清初至乾隆（1644 ~ 1795年）可归为竹刻的清前期。单从时间跨度上说，此清前期包括了人们习惯上所分的清初和清中两个时间段。清前期竹雕十分发达，竹刻艺人继承了明代的刻法，同时又有不少创新。自进入清代朝以来，竹刻艺术依然蓬勃发展着，三派皆有弟子门人，名家辈出。当然，相比较而言，嘉定派竹艺发展最为兴盛。“三朱”的门人子弟较多，较为著名的有秦一爵、沈禹川、沈汉川等。这批名家雕刻技法和艺术风格接近朱氏成就很大，但能继嘉定派大成者，是他们之后的沈兼。其品雕刻细致而富于变化，构思奇巧，刀法老辣。

沈兼之后，嘉定派得到了更大的发展，站在前辈的肩膀上，一部分门下弟子在继承之余，推陈出新，将其它种类的雕刻技法吸收借鉴到竹雕上，在嘉定派内形成了风格迥异的三大支派，即以吴之蟠为代表的薄地阳文浮雕派：以封氏兄弟为代表的竹根人物立体雕刻浪以周颖为代表的平刻花纹派。

在清代竹刻艺坛上，与嘉定派的兴盛活跃相比，金陵派和浙派虽相对凋落，但也涌现出一批竹刻名家。潘西凤是继濮仲谦之后，金陵派中最为著名的竹刻家。潘氏刻竹师承仲谦，以浅刻为主，所制器物，略加雕琢，则神形兼备，刀法简练而精到，绝无率略之处。郑板桥称其为仲谦之后第一人，并写诗赞曰：“年年为恨诗书累，处处逢人劝读书。试看潘郎精刻竹，胸无万卷待何如。”浙派自张希黄之后，习留青技法之人越来越多，但张希黄已成为一座难以逾越的高峰，被称之为“留青第一高手”。后人能望其项背者极少，唯有清中期的尚勋，尚能继承张氏衣钵，作品清雅可爱。

清朝后期可能是由于诸多刻竹者自己不能自画自刻，须请画家代为画稿设计，很多时候，刻与画分离，刻竹者成为单纯的刻工，只能在竹材的表面落刀做文章，不可能刻去一层求人再画一层。乾隆、嘉庆两朝之后，竹刻的风格渐趋浅浮雕和平刻，镂空雕法与圆雕技法不再被普遍使用。故此，清后期的竹刻作品，大都是低而浅的阳文或阴文，器型多臂搁、扇骨。清后期载入史册的竹刻家较清前期多，但堪称大家的罕见其人。道光时期，竹簧雕刻制品大量涌现，竹刻艺术家们试用了一些新的雕刻技巧，创造出糙地、砂地、核桃地等雕刻法，用于幕刻金石碑文与扇股。文人雕刻家与名书画家合作，为了在竹刻上力求以刀痕表现书画笔墨意趣，他们一般多采用阴文雕刻技法，幕刻的书画，达到了使人一望便知为某家笔法的地步。而那些如生物形象的立体雕刻和置于几案上的高雅凹凸的浮雕笔筒，几乎无人再制。可见，这个时期的竹刻艺术转型之后其实已经开始走下坡路了，日渐衰败。总之，明清两代竹刻的发展进程基本可以概括为由明中期的质拙浑朴，发展为清前期的繁绮多姿，进而又遭变为清后期的平浅单一。

明清时期的竹刻竹雕艺术发展如此之蓬勃，引领几百年，逐步形成了较为成熟的竹刻竹雕体系和竹雕艺术方法。我们常将其划分为两大类：立体竹雕和平面竹雕。

圆雕是立体雕中的代表，圆雕的特征是完全立体的，前后左右均完整雕出景物形象，具有三度空间，在不依附任何背景的情况下，可从四周的任何角度进行欣赏。其中大多为五面雕刻，底面留款识，大部分以摆件为主，以竹根为主要材料。由于它要求雕刻者从前、后、左、右、上、中、下全方位进行雕刻，圆雕的手法与形式也多种多样，有写实性的与装饰性的，也有具体的与抽象的，户内与户外的，架上的与大型城雕，着色的与非着色的等，雕塑内容与题材也是丰富多彩。圆雕表现手段是极精练的，所以它要求高度概括、简洁，要用诗一般的语言去感染观众，正因为如此，硬要它去表现过于复杂、过于曲折、过于戏剧化的情节，将无法体现圆雕的特点。同时，圆雕虽是静止的，但它可以表现运动过程，可以用某种暗示的手法使观者联想到已成过去的部分，也可以看见将要发生的部分，这便是它独特的魅力体现。

浮雕是雕塑与绘画结合的产物，用压缩的办法来处理对象，靠透视等因素来表现三维空间，并只供一面或两面观看。浮雕的空间构造可以是三维的立体形态，也可以兼备某种平面形态；既可以依附于某种载体，又可相对独立地存在。一般地说来，为适合特定视点的观赏需要或装饰需要，浮雕相对圆雕的突出特征是经形体压缩处理后的二维或平面特性。与圆雕相比，浮雕多按照绘画原则来处理空间和形体关系。浮雕的制作过程也表明了这一点，即在雕刻前，先将画稿贴在刻板上，然后依据画稿进行雕刻。根据浮雕立体程度的差别，可分为“高浮雕”、“浅浮雕”、“薄意雕”、“线雕”等。

透雕是在浮雕的基础上，镂空其背景部分，大体有两种：一是在浮雕的基础上，一般镂空其背景部分，有的为单面雕，有的为双面雕。一般有边框的称“镂空花板”。二是介于圆雕和浮雕之间的一种雕塑形式，也称凹雕，镂空雕。镂空核雕也属于透雕的一种。透雕的画面以外空白处镂空。或层次之间透空，具有很强的立体感，以香筒、笔筒为主。大多为四面体雕刻。以竹筒为主要材料。

平面竹雕法中以留青雕为基础，加之以各种手法。所谓“留青”，也称平雕，即是用竹子表面一层青皮雕刻图案，把图案之外的青皮铲去，露出竹肌。留青竹雕，是竹雕中难度最大的一种，所用之材为成长数年的腊月毛竹，施艺时，将纹饰以外的竹青剔去，仅露出纤维状竹肌，由于竹青与竹肌在质地、色泽上的明显差异，故作品能取得笔墨神韵般的艺术效果。待得竹材干后始能奏刀，此时表皮已由青转白，所谓“迹若粉描”，与留青之花纹正合。刻后不须一两载，表皮即呈淡黄色，但此后变化不大。竹肌则由淡黄而深黄，由深黄而红紫，故皮、肌色泽之差异会越来越明显。这种竹刻，不仅精巧，而且外表润泽，随着年代的逐日推移，青筠处泛黄，其图案显示的独特韵味也会越发神奇、古朴。留青竹刻工艺技法对创作者不仅要求有绘画、书法等功底，还要练就一番娴熟的刀功手法，对综合素养要求极高。留青竹雕一般有臂搁、屏芯、笔筒、香筒、诗筒、扇骨、虫具，文具等，其中尤以臂搁居多，它融雕刻、书画、诗文、印章、造型于一体，又因竹皮为黄色，竹肌为红色，年深月久，竹皮竹肌的色泽反差很大，竹肌颜色渐呈紫红色，犹如初熟樱桃、抛光之琥珀，赏心悦目。

明清竹刻竹雕技艺汲取前人的经验，不拘泥于一家之言，达到了百花齐放的盛世，是中国古代一门独有的工艺。竹刻虽是小器，但往往精雕细琢，经过明清盛世的不断发展，趋于成熟，体系多样，人才辈出。纵观历史长河，在竹刻竹雕的领域里，明清盛世给我国留下了一笔不菲的财富，为我国的历史文化添上了浓墨重彩的一笔。

（2）园林

园林是在一定的地域运用工程技术和艺术手段，通过改造地形（或进一步筑山、叠石、理水）、种植树木花草、营造建筑和布置园路等途径创作而成的美的自然环境。园林建设与人们的审美观念、社会的科学技术水平相始终，它更多地凝聚了当时当地人们对正在或未来生存空间的一种向往。园林，是一个空间，人类为自己营造的一个精致的空间，在时间的流里，不断地向里面添加文明的因子，成为一个有形的物质的园和无形的精神的场。

经过历朝历代的发展建设，我国的园林文化逐步达到了较高的水准，元代私家园林也有所建，如苏州的狮子林等；明朝，在北京建有“西苑”等；清代更有占地8400多亩的热河“避暑山庄”，以及与世界文化历史上著名的古迹、法国巴黎的凡尔赛宫相比拟的“圆明园”等。竹运用于园林规划和设计也变得极为普遍和巧妙。以竹造园，竹因园而茂，园因竹而彰；以竹造景，竹因景而活，园因竹而显。

明清时期，文人更广泛地参与造园，文人园林风格成为园林艺术的最高标准，竹子景观成为园林艺术的一大特色。

明代，园林艺术充满着诗情画意，园林用竹造景也到了鼎盛时期。《游金陵诸园记》中王世贞载录的金陵三十六处园林均有竹景。其中有徐达西园的修竹“数万挺”，万竹园的“碧玉数万挺，纵横将二三顷许”和同春园的“亭下有泉，泉外种竹千竿”。武定侯园有相当规模的池边竹林。此外，苏州的拙政园、无锡的寄畅园、上海的豫园及吴江的谐赏园，都有大量的竹子造景，而且竹子造景技艺和竹景意境都相当高超，竹与石、与亭、与水、与园路的组合都是巧夺天工。竹子集形态美、色彩美、音响美、风格美于一身，在园林绿化中观赏价值极高：翠竹青青，千姿百态。竹正符合造园要求自然、纯朴的潮流，这在明代的园林中都有所体现。与此同时，北京园林用竹亦甚普遍，以竹景取胜的有万驸马的曲水园，据刘侗《帝京景物略》载：“燕不绕水与竹，而园绕之"，"径迢迢皆竹，竹尽而西，迢迢皆水，曲廊与水而曲"。此书中又载卧佛寺"其南岸皆竹，竹皆溪周而石倚之"。以竹造园，不管是纷披疏落竹影的画意；不管是以竹造景、借景、障景，或是用竹点景、框景、移景，都能组成如诗如画的美景，且风格多种多样。明末计成《园冶》一书对竹子造园意境创作总结为"竹坞寻幽"，"结茅竹里"，"移竹当窗"，"梅绕屋、余种竹"，"竹里通幽"，"编篱种菊"，"寻幽移竹、对景莳花"等艺术创作手法。

清代的园林用竹更是广泛而成功，尤其是江南园林中几乎无园不竹，竹景成了江南园林艺术的代表，亦体现了江南园林艺术"雅"的风格。诸如竹篱夹道、竹径通幽、竹亭闲逸、竹圃缀雅、竹园留青、竹外怡红、竹水相依等景观艺术，无不遍及当时的江南园林。江南园林取代北方园林成为主体，其中以宅园为代表的江南园林是中国封建社会后期园林发展的一个高峰，竹子与水体、山石、园墙建筑结合及竹林景观，是江南园林、岭南园林的最大特色之一。江南园林中用竹最成功的有扬州个园，以竹为主题，"个"就是"竹"之半，刘凤浩的《个园记》中写道："主人性爱竹，盖以竹本固，君子见其本，则思树德之先沃其根。"以竹文化为主题进行植物配置的：春景用刚竹，夏景用水竹，秋景用四季竹，冬景用斑竹，幽草满园，密筱成片，产生"竹枝石块两相宜，群卉群芳尽弃之，春夏秋时全不变，雪中风味更清奇"的意境。竹园景象，清风吹过，龙吟细细，凤尾森森，真使人有"风枝露梢，绿满襟袖之感。这里道出了竹子优美的姿态，对竹子的内涵意境大为推崇，以赋予竹子多视角的审美价值。岭南四大名园之一的广东顺德清辉园中辟有"竹苑"景区，园内修竹与竹苑正门的对联"风过有声皆竹韵；明月无处无花香"一起衬托了竹苑的雅静风貌。

明清时期刊行多册造园技术理论书籍，有王象晋《群芳谱》、屠隆《山斋清闲供笺》、李渔《闲情偶寄·居室部》等，最有影响的是计成的《园冶》、文震亨的《长物志》，这些论著都对竹子造园作了较为全面而精辟的论述，总结了许多经典造园之法，为后人所传承。纵观我国古典园林历史，园林中的竹子配植，由简朴到精致，经过了漫长的历程，当把竹子的诗情画意逐步写入园林的时候，那种"园中有画，画中有诗"的园林艺术感染力也随之逐步增强，由此可见竹子实为独有风格的园林观赏植物。

3.9.2.4 竹文学文化

（1）文化载体

明代竹纸 明代竹纸制造业进入了蓬勃发展的兴盛时期。南方各地多有大量竹纸出产，以福建和江西最负盛名。福建的闽北、闽西山区生产的竹纸最著，"凡造竹纸，事出南方，而闽省独专其盛"，主要以顺昌出产最多、销路最广，其竹纸名曰："界首"，曰："牌，行下天"。建阳竹纸也颇有盛名，志书载："纸，嫩竹为料，凡有数品，曰简纸，曰行移纸，曰书籍纸，出自洛里。曰黄白纸，出崇政里。"此外将乐、古田、宁德、罗源、政和、邵武、建宁、浦城、松溪、崇安、长汀、建安和瓯宁等地都盛产竹纸。

江西广信府是明代著名的竹纸产区，府属的永丰、铅山、上饶3县在嘉靖万历年间出现了"槽房"式的手工作坊，雇佣了大批工人。志载："广信府纸槽，前不可考。自洪武初始创于玉山一县，至嘉靖以来，始有永丰、铅山、上饶三县，续告官司，亦各起立槽房。玉山槽坐峡口等处，永丰槽坐拓场等处，铅山槽坐石塘、石垄等处，上饶槽坐黄坑、周村、育洲和铁山等处。"这些都是官报在案的槽房，承办官差，明代官府、皇室所用的官柬纸、棂纱纸等均在这些地方派造。明末江苏常熟藏书家毛晋，性嗜卷帙，在汲古阁刻书甚多，派人到江西等地定制或采购大量的竹纸，再在纸边上盖一个"毛"字，故称之为"毛边"、"毛太"，至今仍沿用其名称。浙江也是竹纸的重要产地。龙游县在唐代就用竹制造竹纸，到明代已是"多烧纸，纸胜于别县"。此外江山、常山、开化、乐清、富阳、绍兴、温州等地也都有竹纸的制造生产。

福建、浙江、江西3省之所以成为南方地区主要竹纸产地，就在于其盛产丰富的毛竹，境内深山幽谷、溪泉的水资源极其丰裕，为制造竹纸提供了便利的条件和原料，这些地区制造的竹纸质量高、品质好，多为纸中上品。明代朝廷大量用纸，司礼监设专造纸坊于南方山区生产竹纸，还搜派地方纸张入贡。明《会典》载，洪武二十六年，朝廷因"印造茶盐引由、契本和户籍等项用纸，分派各产纸地如数解送至京，陕西15万张，湖广17万张，福建4万张，浙江25万张，江西20万张"，这些纸张除陕西外，主要是竹纸。

清代竹纸 清代是竹纸制造业的鼎盛时期，竹纸生产达到了空前的程度。竹纸业主要集中于南方的福建、江西、浙江、安徽、四川、湖南和广西等地。

福建仍为清代竹纸的主要产区，全省多数的州县都有竹纸的制造生产。闽江流域最为发达，以闽北山区的建宁、延平及西部的汀州府比较集中，这些地区竹林密布，原料丰富，皆造竹纸。南平县的"演仙仁洲金砂保福之地多产纸，民以纸为业。"长汀县"邑人赁山栽竹，设槽造纸，以汀货为最。"《闽产录异》则记"延建邵汀皆作纸，凡篁竹麻竹绵竹赤竹枧竹，其竹穰皆厚，择其幼樨者制上等中等（纸）"。福建竹纸又称"扣纸"，"将乐县所造青丝扣，永安县所造西庄扣，皆光润幻结"，这些竹纸都是当时广泛使用的印书、抄书用纸。将乐和光泽县不仅造竹纸，而且出售造竹纸的半成品"竹丝"纸料，将乐县货产有"竹丝"沤竹为之，"日干捆束，每担百余斤，以备纸料"。光泽县出产竹丝，"伐毛竹置池中，如古沤麻法，入以石灰则烂而为丝，盖纸料也，以通贩，自为一货。"汀州府"纸远行四方，各邑制造不同。若市间所鬻竹纸贡纸，则来自归连两邑帘夹板等名，皆以竹穰为之。归邑红纸最佳，其金银纸则以锡箔刷粘纸面，或染以黄为冥帛。连邑纸有连史官边烟纸高帘夹板等名，皆以竹穰为之。"宁化县是"猫竹可以造纸，东南乡多有之，运售闽粤江汉间"沙县"山村多竹，于纸业尤宜，凡有竹山，皆有纸厂，惟厂极简，散处各乡"。清代福建竹纸业之发达可见一斑。

江西竹纸制造业明末清初一度遭到破坏。入清以后重新恢复发展，广信府竹纸生产仍最为发达。志云："竹利七邑皆有，惟上饶、铅山、贵溪之南境尤饶，大半用以造纸"又云："郡中出产多而行远者，莫如纸（以近闽多竹故）。上饶、广丰、弋阳、贵溪皆产纸，其名则帘细、毛边、花笺、方高，俱不甚佳，向惟玉山玉版纸擅名。前《府志》载，石塘人善作表纸，捣竹为之。今业之者日众，可资贫民生计，然率少土者，富商大贾，挟资而来者，大率徽闽之人，西北亦间有之"。文中提及的"石塘"就是指铅山县的石塘镇，是清代著名的竹纸之乡。县志载："石塘镇，县东南三十里，宋为屯田镇，后改市，今仍名镇。其地多宜于竹，水极清冽，纸货所出，商贾往来贩卖，俗尚颇涉华丽。按石塘一镇，贾客贸迁，纸货为盛，曰毛六、曰黄表，色样不一，命名各殊"。铅山竹纸，色黄质脆，质量不如福建竹纸，但因价格便宜，江浙的绸布店铺都用以包裹绸缎布匹，所以销路很好，竹纸制造业是铅山县最重要的手工行业，且取代了玉山县竹纸业的领先地位。万载县"棚棚连络百十里，侨民资竹纸以生"，竹纸品种有"表芯纸、火纸、花笺纸"，表芯纸"四五六区皆产，质粗厚者止供家常市肆之用，其佳者通行南北，商贩皆聚"，火纸"出谢陂者佳"，花笺纸"出高村、高槽等处，嫩薄光净，胜表芯纸"。泸溪县多竹，近山之家以造纸为业，所出竹纸，名目颇多，有连七、西河、牛舌等，为"泸邑第一货殖"。靖安县多山宜竹，奉新县有火纸之利，其原料"恒取材于靖"。武宁县南部山区盛产竹林，当地客家人大办纸厂，该县严阳乡大垄里村邓氏祖先："邓亮初公以交坳落拓，假商远恣，于清康熙癸酉年，由福建上杭仙姑来武邑买严阳青山数十里，大兴纸厂之利"。石城县清代还出产一种名横江竹纸，"煮竹丝为之，制造甚精洁，省会山左通行"。此外，南昌、九江、袁州、抚州、吉安和赣州等府均有竹纸出产。

（2）文学竹韵

在我国源远流长的文化史上，松、竹、梅被誉为"岁寒三友"，而梅、兰、竹、菊被称为"四君子"，竹子均并列其中，可见竹子在我国人民心中占有重要地位。竹子无牡丹之富丽，无松柏之伟岸，无桃李之娇艳，但它因其形千奇百态、姿优美高雅、杆挺拔秀丽、叶潇洒多姿，加之它四季常青、中通外直、不畏逆境、默默无闻、高风亮节等品质而为人们所称颂。竹，自古以来被我国人视为民族气节的代表，是一种美丽、实用而又祥瑞的植物。在长期的生产生活实践和文化活动中，人们自然地把竹子的生物形态特征总结升华成了一种做人的精神风貌。其内涵凝聚了中华民族坚贞、谦虚、旷远、高达的文化心理，形成了民族品格、禀赋和美学精神的象征。中国是"竹子文明的国度"，有着悠久深厚的竹文化，竹子在中国历史文化发展和精神文化形成中发挥着巨大作用。

竹是中国文学史上的重要题材元素。古往今来无数文人墨客无不为之所吸引，他们或描竹的姿态，或写竹的性情，或借竹以抒怀，或用竹以咏志，由此创作了大量竹神话、诗文、歌赋、书画等，形成了独特的竹文化。从《诗经》时代开始，历代皆有咏竹赋竹的诗文佳作，创作了难以计数的文学作品，形成了中国独特的竹文学，在中国文学中独树一帜，异彩缤纷。到了元明清三朝，竹文学艺术已臻至完美。文学大家有关于竹的诗词如雨后春笋般，一发而不可收。

咏竹著

明·陈良规

殷勤问竹箸，甘苦尔先尝；

滋味他人好，尔空来去忙。

竹里

清·蒲松龄

尤爱此君好，搔搔缘拂天，

子猷时一至，尤喜主人贤。

——摘自《聊斋诗集》

咏竹

清·吴昌硕

客中常有八珍尝，那及山家野笋香。

寄罢贫笥当独惆怅，何时归去看新篁。

我们熟知的清朝文人墨客中对于竹情有独钟的非郑板桥莫属。郑板桥，原名郑燮（xiè），字克柔，号理庵，又号板桥，人称板桥先生。他是江苏兴化人，为"扬州八怪之一"， 他的一生可以分为"读书、教书"、卖画扬州、"中举人、进士"及宦游、作吏山东和再次卖画扬州五个阶段。郑板桥有两首咏竹的题诗。

其一　　竹石

清·郑板桥

咬定青山不放松，立根原在破岩中；

千磨万击还坚劲，任尔东西南北风。

这首诗既点出竹之"处境"，更直接说出竹的贞定，经得起各种磨难考验，俨然是个顶天立地、昂然不屈的烈士，令人望之生"敬"。

其二为　题画竹

画竹插天盖地来，翻风覆雨笔头栽；

我今不肯从人法，写出龙须凤尾来。

这首为画竹而做的诗文，前二句写画竹的气势，后二句则写人与竹的"择善固执"及不从俗流、不为俗物的个性。

在清朝的文学著作中亦不乏借用竹之美，竹之精神的佳作。《红楼梦》便是其经典代表。一提起竹，我们很自然地便会想到林黛玉。如果说，在《红楼梦》里雪是薛宝钗的象征与联系，是象征着"冷"和"无情，"撕撕溶雪是代表着一种"人生无常的观念"。[38]书中竹正是林黛玉的象征与联系，是象征着那秀丽纤细、孤直傲岸、宁折不弯、迎霜斗雪的不屈不挠的反抗性格与叛逆的灵魂。作者通过对竹的细致描写，对比小说人物生活环境中的雪景，不仅表现了林黛玉凄苦而挺秀的形象，而且寄托着作者对生活执着的热爱和追求。其实，描绘的也不再是"竹"，而是非常深刻的"情"的寄托，不仅蕴含着文学作品的特色，同时也积淀着对生活的强烈认知。一提到书中的竹，自然还要想到潇湘馆，原著第十七回"大观园试才题对额"一部分，初次提到"潇湘馆"一处的题名。其字面含义一望即知，系取其地翠竹万竿，僻静清幽之意。在这一回中，作者从众人的眼中特意描写了潇湘馆的竹：

忽抬头，见前面一带粉垣，数楹修舍，有千百竿翠竹遮映。众人都道："好个所在！" ……只见进门便是曲折游廊，阶下石子漫成甬路，上面小小三间房舍……。

从原文描写中可见，潇湘馆中只有清溪一流，主要特征还是千百竿修竹。秋爽斋偶结海棠社，探春为林黛玉取别号为"潇湘妃子"，并说明是用舜妃之典："当日娥皇女英洒泪在竹上成斑，故今斑竹又名湘妃竹。如今他住的是潇湘馆，她又爱哭，将来她想林姐夫，那些竹子也是要变成斑竹的。以后都叫她作'潇湘妃子'就完了。"这潇湘妃子的名号，正暗含着"斑竹一枝千滴泪"的痛苦和寂寞。作为"特定环境"下有着典型特征的竹，一开始就可能预示着它主人的生活内容，同时也彰显着它主人高洁傲然的性情。贾宝玉也曾在此地触景生情地吟道："宝鼎茶闲烟尚绿，幽窗棋罢指犹凉。""梅魂竹梦已三更，锦厨鹅袅睡未成。"潇湘馆的竹从一开始就给人们留下了深刻难忘的印象。在第二十六回中，作者又再一次描写了潇湘馆的竹，这次他用了较为简炼的笔墨：

"一凤尾森森，龙吟细细，却是潇湘馆。宝玉信步走入，只见湘帘垂地，悄无人声" ……一缕幽香从碧纱窗中暗暗透出……在这里，作者将竹的刻画与人物的描写结合在了一起，关于竹的描写已经具有了人格化的意义：那"凤尾森森，龙吟细细"的竹与细细长叹的林黛玉已经融为一体。竹的"有形存在"与"象征作用"对作品的表达，人物的刻画起了很大的作用。正因为窗外那轻轻摇曳的竹影，才使得潇湘馆更显凄清冷淡，从而更增添林黛玉内心的寂寞和怅惘。可以说，竹在《红楼梦》中的表现完全超越了物的本身，对于这部作品的情、景刻画留下了精彩的文笔。

3.9.2.5 竹宗教文化

竹子与明清百姓的生活密切相关，灿烂的竹文化对于明清时期宗教的发展也有着巨大的作用。对于竹王传说，清人田雯多所疑惑，其所著《黔书》卷三云："竹王之多，与盘靓、蚕丛、杜魄、荆尸之说无异，岂果有其事乎？抑荒唐悠谬之谈，妄以传妄而莫之究也。由汉迄今千百年，而祀之不少衰，鬼方尚鬼，大抵然矣。"清人陈鼎《黔游记》云："竹土祠在今杨老骚，去清平县西三十里，三月间香火极盛……黄丝择亦有其庙，香火亦盛。"可见，竹在图腾崇拜上延续着悠久的历史。传统文化中竹文化占有十分重要的地位。中国佛教文化中无处不打上竹文化的烙印。寺院园林植物中，竹作为佛树之一而被广泛栽植，成为寺院的一个重要的组成部分并受到僧侣们的敬重。寺院名称也有不少是以"竹子"命名的，如北京"竹林禅寺"、普陀山"紫竹林庵"、温州龙翔"竹庵"等。禅宗思想的盛行，使许多文人士大夫把作诗与参禅紧密地联系起来。明末初清，僧人写竹达到了高峰，主要代表人物是原济、八大山人和大汕。原济（石涛）集前人之大成，在形象、笔墨、神采、意境等方面达到了新高峰，为墨竹开辟了一个新纪元。他的《兰竹当风》、《竹石图》、《兰竹坡石》等作品使人感到动势，感到力量，感到美的韵律和丰富的内涵。竹与佛教用具也有相关，禅杖，又叫香板，是一种极常见的法物，原先也是用竹制成。佛教故事图中有赞宁谱竹图（宋代），杂类图中就有"竹间持咒图"竹雕（竹刻）、竹编"佛像佛塔"、上海嘉定"竹根雕佛手"（明代）、四川"普贤骑象"、浙江"竹编佛塔"等。"青青翠竹，尽是法身，郁郁黄花，无非般若。"僧肇大师的这几句诗道尽了竹文化对于宗教发展的影响。

回顾中华文明的历史长河，竹文化的发展从未断层，一步一步地累积和开拓，造就了中国竹文化的历史新篇章。元明清三个历史朝代共历时541年，几百年的历史充分展现了竹在人类衣食住行各方面的巨大作用，明清时期的竹文化利用达到了古代的最高水准，其食用文化进入商品化时代，促进社会的大进步，其艺术文化引领世界，对现代的文学艺术亦有着深远的影响。明清时期谓之以竹之大世，不为过也。

3.10 近现代——继往开来，开拓创新

3.10.1 竹栽培利用历史

3.10.1.1 近现代竹栽培技术

民国《农学概论》等农学著作就曾介绍分篼移栽、埋节育苗、扦插育苗等竹子育苗方法，这类方法一根竹子种苗只能种植一株，培育大面积竹林有困难。此后，我国竹子栽培更加注重科学技术的利用，发展到现代，不仅育苗方法更加科学合理，如移鞭育苗、空中诱根、组织培养等，而且竹子栽植管理、肥水管理也更为先进，竹栽培技术逐步走向成熟。

竹栽培技术的成熟使得竹子分布范围逐渐扩大，不再仅仅局限分布于我国南部。南至海南岛，北至黄河流域；西起青藏高原，东至台湾岛，均有竹子分布。据《中国林业工作手册》记载，目前我国常见的竹种有刚竹属、箭竹属和玉山竹属、刺竹属、思劳竹属、复轴混生型唐竹属、牡竹属、巨竹属、空竹属、泰竹属、藤竹属、梨藤竹属、思劳竹属及刺竹属等种类。此外，近几十年来，中国从东南亚一些国家和日本等引种了一些竹种，从而更丰富了中国的竹种资源。

3.10.1.2 近现代竹利用

北洋时期、抗日年代、解放战争时期、受战争影响毁竹种田、更竹种粮，竹子数量锐减，同时受到现实生活的压迫，人们更多的是以竹为食或者将竹子做成武器，竹子利用水平低，利用方式单一。

建国初期，我国竹产业得到较快的发展。1952年后我国大江南北建立了众多的竹园场，专门负责国营竹林的经营管理。1955年成立高级农业生产合作社时，又规定群众的竹林归集体所有。为扩大竹林面积，提高竹林经营管理水平，从1963年起，林业部门内设专门的竹子办公室或竹子股，确定专人进行竹林丰产管理、病虫防治、技术研究。竹材加工利用产品品种不断增多，除传统产品纸、竹制品以外，竹材人造板、竹食品、竹工机械等新产品不断涌现。但是由于技术水平低，这一时期的竹产业仍然是以服务常规生产、生活，支援新中国建设为主。

文革时期，竹产业发展缓慢。为了全面支持"工

业化”建设，一切发展都要为工业发展让步，竹子更多的是作为一种薪炭林去支援工业建设。

改革开放以来，经济的发展、技术的进步，竹产品利用已经发展到顶峰。从事竹类研究的学者、机构，从事竹业生产和管理的单位已遍及大江南北的竹产区。国家林业总局设立了“竹产业管理办公室”和“竹子研究开发中心”，中国林学会成立了“竹子分会”、“中国竹产业协会”、各竹区也成立了相应的“竹业协会”，并与相关企业协同攻关开拓竹子综合利用的新领域。竹林面积不断扩大，产量逐年提高，新技术、新成果不断问世，各类竹产品不断推向国内外市场。现在，竹产品已不再局限于传统使用领域，在建筑、园林、医药、食品、家具、包装、音乐等行业中都得到广泛应用。

3.10.2 竹文化发展特点

中国竹文化源远流长，从古自今，竹子作为一种特殊的载体，已经渗透到中华民族物质生活和精神生活的方方面面。随着社会的发展，近现代以来竹文化内涵更加丰富了，涵盖饮食、建筑、用具、医药、诗歌、绘画等各个方面。此外，得益于技术的进步，竹在各个领域不仅仅局限于传统利用功能，更多的新功能得以发现，继续服务于人类的生产及生活。总体说来，这一时期，竹文化发展的特点是继往开来，开拓创新。

3.10.2.1 竹生活文化

（1）饮食

骆坑笋，含人体健康所需的蛋白质、维生素、铁、钙以及多种氨基酸成分，是老少皆宜的天然食品。民国初期，产品便被带到东南亚销售，在新加坡、马来西亚等国家享有盛誉。

建国后的很长一段时间内，由于技术水平的制约，竹笋是以鲜食为主，到了70 年代，竹笋以晒笋干或制盐渍笋为主。浙江宁波用淡竹笋、刚竹笋加工成油焖笋罐头。

现代科学发现竹笋是高纤低脂、营养齐全，是深受现代人追捧的纯天然绿色健康食品。

竹笋营养丰富， 在陈玉惠等对云南省12 种食用竹笋营养成分研究中发现竹笋蛋白质、维生素和某些矿物质平均含量要高于普通蔬菜平均含量，竹笋脂肪含量极低，食用纤维含量较高，在高脂类膳食越来越普遍的今天，竹笋菜肴有利于防止这种膳食给人带来的生理障碍，竹笋的食用纤维对清肠减肥起着重要作用。

现代竹笋的食用方式日益多样化，不仅能够做成各种美味可口的菜肴，如常见的油焗春笋、酱汁春笋块、梅菜烧春笋、脚鱼春笋汤、干贝煸春笋、鸡味春笋条、红烧肉笋片、蘑菇肉笋片、油炸笋丁、笋丁烧鸡等，而且还可以把竹笋制作成笋干、玉兰片、竹汁饮料及罐头等产品。

（2）医药

民国后的很长一段时间，竹子的药用研究依旧延续明清时期的发现，竹子的药物利用主要集中在竹茹、竹沥、竹实、竹菌、竹根上。以此为原料研制的中药制剂中的有效成分的含量也难以保证，往往会导致临床疗效不稳定。

现代医学的发展，人们对于竹子的医药价值更加注重研究。通过大量研究，测试竹子中药化学成分与其功效或药理作用，不仅论证了中药的科学性，有助于控制中药生产质量并且开发有效的新药物，研究出疗效更稳定的中医药，更拓宽了竹类研究领域，利用竹子资源开发出大批保健品。

近年来，为更有效地利用竹子资源，许多研究者从竹子中提取各类天然产物，如醇、醛、酚酸、黄酮类、氨基酸、多糖、矿质元素、天然色素、蛋白质、茶多酚类等。张佐玉（2000）、郝培应（2004）、郭雪峰（2006）等都分别对竹子提前物成分、药用价值及开发利用的研究现状作了综合论述。研究表明竹子提取物中药用价值成分主要有黄酮、多糖成分、茶多酚、氨基酸等。

竹叶黄酮能够清除自由基、抗脂质过氧化、提升体内抗氧化水平；能显低动物及人体的血清甘油三酯含量，升高高密度脂蛋白胆固醇含量；能有效扩张冠脉血管、增加冠脉流量，改善心肌缺血及缩小心梗范围，降低血小板聚集程度、有效抑制凝血和血栓形成，对脑缺血有一定的保护作用。竹多糖体成分可促进创伤治愈、降血压、解毒、减轻疲劳；可抑制肠内腐败菌的异常发生，促进肠蠕动， 改善血糖值，提高钙、铁吸收。氨基酸能够治疗胃、十二指肠溃疡病及肝炎等症状。茶多酚具有降压、降血脂、抗突变、防治心血管疾病，抗菌消炎等功效；能够消除自由基，防癌、抗脂质过氧化及抗衰老等。

此外，现代医学研究发现竹笋性味甘寒、入肺胃经，有清热化痰、解毒透疹、和中润肠的功效，适用于热毒痰火内盛、胃热嘈杂、口干便秘、咳嗽痰多、食积不化、疹发不畅、脘腹胀满症等。

以竹为原料制成的竹保健品，是竹在现代医学发展的一项新成果。目前常见的竹保健品有笋制品、竹汁饮料、炭粉、保鲜防腐剂和色素等。

（3）建筑

民国时期，竹屋、竹堂、竹馆等竹建筑在我国南部沿海地区分布较多，如福建武夷山竹山房、江西九江南湖公园翠竹院，在云南傣族、景颇族等少数民族聚居区，竹楼则是主要的民居建筑形式。

随着各种先进的竹材加工技术的发展，竹材在现代建筑上的利用也从简单的单一竹材利用方式向复合化、高强度、高性能、高附加值的方向发展。竹在现代建筑行业的应用主要有以下三个方面: 竹材建筑脚手架、竹建筑用水泥模板和直接用作房屋建筑材料。

竹材建筑脚手架主要利用大型单竹的竹秆。与钢材料的脚手架相比，竹脚手架有较强的抗风能力。竹建筑水泥模板是近30年发展起来的新技术。该技术以竹编的席子或竹帘为主要原料，通过浸胶、干燥、组坯、热压等竹材胶合层积板工艺生产。与钢模板和普通胶合板模板相比，竹材胶合层积板模板具有重量轻、价格低、安装容易、快捷、耐热、尺寸稳定性好以及易于得到平整光滑的水泥构件表面等优点。不同于过去的竹楼，竹屋，现代竹材也用于建造房屋，不过多用于建造以现代竹结构别墅为主的现代竹建筑。这些现代竹建筑不仅安全可靠，而且空间形态新颖，体现着技术与人文并重的时代特征。

此外，竹建筑较普遍的存在于旅游景点中，上海安东公园的翠竹楼，重庆缙云山楠竹寨、凤凰度假村等，景区中的竹栏竹靠、吊顶天花、桌椅板凳无不为竹。

（4）服饰

早期的中国社会，生产力低下，经济不发达，以竹为材料的服饰是社会下层人民的生活必备品，如常见的竹鞋，竹斗笠、竹帽等。红军长征时期，就曾以竹为衣避寒、以竹为斗笠遮雨、以竹为鞋赶路。传承至今，在我国西南少数民族地区，竹服饰依旧很常见，如作为头部装饰的竹箭、竹筒、竹片等，作为腰饰的竹篓、竹箩、竹圈等。

相比早期的竹鞋、竹帽等竹服饰，现代竹衣服竹衣更加精美、舒适。竹衣系列产品就是近年来开发的新品种，主要有竹节衣和竹珠衣两种。将竹枝或将竹材车成各种大小的竹珠，然后将利用这些竹珠制作衣服。不仅能充分利用竹材，而且能够提高山区就业率，增加人们的收入。目前竹衣生产工艺已成，生产机械基本定型，在江西崇义、广东广宁等竹乡均有生产。

此外，以竹纤维制成的竹衣在市场上很受欢迎，发展潜力很大。这种竹衣抑菌性强，能够防虫、防臭；透气性好；抗紫外线能力强环保性能好。

3.10.2.2 竹生产文化

（1）竹与家具

民国后的很长一段时期，竹家具工艺继承了明清传统，多为用形圆而中空有节的竹茎作为家具主材精制而成的圆竹家具，同时由于受到西方文化的影响竹家具呈现中西合璧式的风格样式。

改革开放初期，随着家庭收入的明显增多、仿西式家具风潮的兴起，人们多以人造板材为主要材料的组合家具、沙发、弹簧软床取代了传统竹家具。这一时期竹家具发展相对缓慢，同时由于技术的制约，产品档次低， 科技含量低， 款式更新缓慢。如用粗细不同的竹竿拼接起来的竹柜、竹床、竹椅等竹质家具， 虽然外形清新秀丽， 但在使用过程中易开裂、变形。

随着现代生产工艺的进步、人们对“绿色家具”的推崇，竹家具行业逐渐繁荣起来。产品结构从原来单一的床、桌、椅、板凳等民用竹制家具， 发展到多种门类，并能将竹材与木材、人造板材等进行有机结合， 制造出各种款式、品种、档次的现代家具。目前较为流行的现代竹家具有竹材集成材板式家具和竹碎料板板式家具两种类型。这两种现代竹家具均是以竹材为原材料加工成一定规格的矩形竹片，经防腐、干燥、涂胶等工艺处理进行组坯胶合成竹质板方材，然后再将竹板材加工成各种精美的家具。现代新型竹家具既保持了竹材密度高、韧性好、强度大的优异特性，又保持了竹材的天然纹理、朴素，将是现代家具的首选之一。

（2）竹与板材

民国时期，木竹品加工已具规模，南方产竹地区设有木竹制品店铺，以经营本地产板材、水桶、木杓、面盆、米筛、簸箕、谷箩、竹帽、菜篮、粪箕、鸡鸭笼、竹篮等日常生活用品及农具为主。这一时期的竹子加工利用技术含量低，多是就地取材，然后加工生产各种竹制用具。

50年代，为了支援新中国建设，竹材开始作为板材进入到人们的视野中。利用竹子生产了竹筋混凝土板、纤维板，与木板相比，防受潮、防开裂、不易变形。这一时期的竹材利用方式依旧比较单一，集中在建筑业中的应用。

80年代，竹材利用开始进入工业化生产阶段，竹板材种类增加，利用方式多样。常见的板材有竹编席、竹材胶合板、竹材打梭棒、竹篾、竹刨花板等。

90年代以后，竹板材业进一步发展。全国已有数百家各种类型的竹材加工企业，并有诸多的科研机构和科技人员从事竹材加工利用的研究工作，开发出许多新产品、新工艺，使我国的竹材工业化利用取得了令人瞩目的成就，达到世界先进水平。目前，新型的竹板材产品有复塑竹帘胶合板、竹材旋切片、强化竹材、竹地板、竹材纤维板等。

中南林业科技大学研制而成的复塑竹帘胶合板，强度高、刚性好、胶合性能好、膨胀率小，尺寸稳定，不易变形翘曲。竹材旋切片，色泽淡黄清雅，目前已经广泛应用于制作新型家具。强化竹材，物理力学性质指标优于硬杂木和强化木，目前主要用作梭坯材料。采用天然优质竹材生产的竹地板是是现代室内装饰材料，特别适用于宾馆、办公室和现代住宅的装潢。中国林科院木材所研制成功的竹材纤维板，表面平整光洁，耐湿耐磨，容重轻，适用作家具基材。

3.10.2.3 竹艺术文化

（1）竹与园林

明清以竹造园已发展到成熟阶段。受此影响，民国时期园林继承了这一传统，继续取景于竹，同时由于受西方文化影响，园林建筑的材料、色调、纹样、家具陈设和植物布置发生了重大变化。总体说来这一时期的园林建设是在西洋的风景园林论和中国传统造园论指导下进行的，如龙岩中山公园是中式与俄式希腊式的结合、锡金公花园是中式和日式结合、苏州皇废基公园是中式和法式结合、上海的复兴岛公园为日本式与西洋式的结合。这种中西合璧，不仅继承了传统中国园林“竹径通幽”、“移竹当窗”、“竹坞寻幽”的感性美，而且能够展现西方园林那种更富有视觉效果和艺术感染力的理性美。

随着现代风景园林的发展，植物造景研究的不断深入，人们对竹的功能认识也不断深入。用竹造景，以竹造园，发展旅游，改善环境，丰富生态园林的内容在全国各地随处可见，其形式风格多样，既继承了竹子造园的传统，在造景手法上又有较大的突破和创新，进入了新的发展时期。

以竹造景主要有3种形式：

一是传统的庭园式造景：主要吸收我国传统园林造园精华，种竹于窗前、院中、角隅、路旁、池边、岩际、树下，以诗情画意，构成传统的园林竹景。这类在街头绿地、滨河绿地、公园绿地、居住区绿地及屋顶花园，常用观赏竹造景。

二是竹类专题园：用竹类植物作专题布置，在色泽、品种、大小上加以选择相配，充分展现出竹韵、竹声、竹光、竹影、竹趣等，以期取得良好的景观效果。主要是竹类公园和竹类植物园。竹类公园式以竹景取胜和竹种取胜的专题公园，选用观赏价值价高的竹种，巧妙搭配，供游人欣赏，普及竹类科普知识。如成都望江公园、北京紫竹院公园等属此类。竹类植物园主要满足科学研究、教学参观和实习学员，还可以供热游玩。如安吉竹种园、陕西楼观台竹类植物园、南京林业大学竹类标本园以及南方城市的植物园中都有竹子专题园。

三是风景竹林：是以竹景为主的风景竹林景观。青翠的竹山、浩瀚的竹海、清幽的竹谷，置身于竹的海洋里，你会被无边的绿韵染绿；置身于竹的天地中，你会被葱绿的生机感动；置身于竹的氧吧内，你会感到神清气爽，一切烦恼和疲劳都会烟消云散……竹海，大自然的骄子，造物者的杰作，是人世间最美的园林。较为著名的竹海有四川长宁竹海、浙江莫干山竹海、九华山闵园竹海及江苏宜兴竹海等。

此外，竹制盆景依旧在现代园林中得到了很好的继承与发展。现代竹子盆景主要分“全竹盆景”和“竹石盆景”两大类，另外还有一种不太常见的“竹篼盆景”，又称“倒栽竹”，实际是用孝顺竹等丛生竹种的竹篼外露而制成。一般来说罗汉竹、蓬莱竹、龟甲竹、观音竹、小佛肚竹、凤尾竹、菲黄竹、翠竹等是较为常用的盆景材料。我国著名的盆景大师周瘦鹃的《竹趣图》、《竹林七贤》、《枯木石竹图》完美地体现了竹子的情趣和风格，成为竹子盆景的精品。扬州的《东坡遗风》、《翠野图》、《潇湘流水》、《竹林隐逸》、成都的《竹林深处有人家》等作品都是竹子盆景的优秀代表。

（2）竹与编织

19世纪末到20世纪初，我国南方各地的工艺竹编发展较快，有些产品开始销往欧美各国，逐步进入国际市场。解放前夕，由于国民党政府的腐败，使工艺竹编生产受到严重摧残，外销断绝， 生产停顿，大部分竹编艺人被迫改行，只有少数艺人栖息于破庵旧庙中，坚持操作，苦度余生，工艺竹编濒临绝境。

解放以后，竹编工艺才得以再现生机。我国浙江、福建、四川、云南、广东、安徽、湖南、湖北、江苏、江西、广西等地的工艺竹编有了迅猛发展，花色品种不断增加，造型和编织工艺日臻完美，竹编工艺从传统的生活用品发展为具有艺术欣赏价值的实用工艺美术品。同时，由于各地的产同风格和发展趋势的不同，竹编形成了多姿多彩的地方特色。

浙江竹编以编织精巧，造型美观著称，在技艺水平上堪称全国之首，全国历届工艺美术品百花奖中的金杯和银杯，均被浙江的嵊县、东阳两地的竹编艺人所获取。常有“东阳竹编名扬天下，东阳竹篮最好”之说。嵊县竹编更是耀眼夺目，新工艺、新产品，层出不穷。竹编梅、兰、竹、菊情趣盎然，竹编飞禽走兽神形兼备，竹编人物形象逼真。《麻姑献寿》、《花塔》、《老寿星》、《孔雀开屏》、《九龙壁》、《昭陵六骏》、《龙船》等都是驰名中外被誉为“东方珍宝” 的世上精品。

四川竹编以编织细腻、产品光泽取胜，成都的竹丝瓷胎，自贡的龚扇，渠县的器皿竹编，梁平的竹丝画帘，开县的竹制家具，都是中外闻名的四川特艺。龚扇用料讲究，工艺精细，造型独特，图案景物逼真，光彩夺目，是竹编工艺难得的精品，成为我国对外文化交流的珍品，产品行销美国、日本、英国等50多个国家。成都的竹丝瓷胎，集编技之大成，采用别花、贴花、雕花等技术，编出山水、花鸟、龙凤德国图案，美观雅致，产品达几十种，畅销几十个国家。梁平竹丝画帘，得益于其独特的制作工艺，被称为“天下第一帘” 。透明如水的竹丝蚊帐，更令人叹为观止。

福建竹编， 粗中有细、粗细并茂，色泽古朴庄重，图案粗犷典雅、丰富多采， 具有浓郁的地方色彩，是我国主要的竹编产区之一，也是该省最畅销的工艺品。主要产地有泉州、蒲田、厦门、漳州、闽侯、安溪、晋江、罗源、古田等地。

云南少数民族的竹编工艺品，优美实用、朴素大方、别具一格，具有鲜明的民族特色。傣族的竹楼、佤山的竹皿、彝族的竹背篓、壮族的竹提篮以及怒族妇女的手镯都是各具特色的竹编产品。

安徽的竹编享有盛誉，舒城的凉席尤为著名。舒席选料精细，以水竹为原料，竹丝柔软光滑，凉爽消汗，折卷不断，以“细如沙，薄如纸”而闻名内外。

现代竹编工艺品已从传统的篮、盘、罐、盒发展到屏风、动物、人物、家具装饰等十几大类，种类越来越丰富，应用范围也越来越广。在“绿色理念”主导下，竹子在现代包装业中的运用也越来越多。江西铜鼓县的江桥公司用竹材代替塑料，实现电子产品可降解的环保化生产，2009年，江桥竹木业有限责任公司做出了全球首创的“竹键盘” 、“竹鼠标” 。经过两年多时间，不仅竹键盘、竹鼠标在全球范围内广受青睐，他们陆续推出的竹音箱、竹U盘、竹显示器等也热销海内外。2011年4月，江西省铜鼓县一家竹材开发研究企业与苹果公司订制的iPhone、iPad竹外壳开始批量生产，这样的竹制外壳不但环保，原生态的外观也非常新颖，为时下追求新潮的年轻人提供更多健康、环保、个性的体验。

（3）竹与雕刻

民国时期，由于时代的变革与风气的转变，竹刻艺术已没有了往日的风采，但流风所及，依然有较为精彩的表现。这一时期重要的竹人，有北京的张志渔、浙江吴兴的金西厓、江苏嘉定的潘行庸、吴县的支慈庵等。

新中国成立以后，国家加大了对竹刻工艺的重视力度。这一古老而现代、高雅而通俗的文化艺术奇葩，开始复兴发展。

现代竹刻艺术的水平日益娴熟，竹刻工艺品品种多样，且各有所长，发展上进入到辉煌期。湖南邵阳翻黄竹刻将竹雕与中国画和金石书法有机地结合起来，造型新颖，图案精致，色彩调和。四川江安的空雕法，用畸形的楠竹和凹凸竹、人面竹刻成的作品精美绝伦。常州竹刻名手白土凤用传统的留青法，刻制的毛泽东诗词手迹拓片，工绝精妙。徐孝穆在雕刻中注重表现书画中的韵味，寓意深远，感人肺腑。江西靖安蔡长远以楠竹、竹根等材料采用镂空、铲削、打磨、绘色等手法制成的竹雕，充分体现了空灵、精巧、纤细、整齐、细微、玲珑剔透的艺术特色。

现代竹刻工艺在继承传统竹刻艺术的基础上，还注重吸收西方现代雕塑手法。江西省的竹根雕，吸取国外工艺美术新观念，创造了不少新潮流的产品，融古朴与抽象于一体，引人遐想。香港著名雕塑家文楼先生吸取西方现代雕塑手法，融合“竹文化"所寄予的中国传统文化精神，创作出了“竹的系列”现代雕塑。他以不锈钢、青铜等为媒材，以焊枪为笔进行大胆的表达，如在作品《银梢意笔》和《潇洒临风》中，他在三角形的金属竹叶上塑造时有意保留焊点焊痕，有些部分因焊接而留下漏、透的虚空间，恰是皴、擦而出的痕迹和“飞白”，极有意趣且精彩之至。不仅展现了中华民族的古朴典雅之美，而且彰显了现代工艺美。

（4）竹与绘画

民国以来的竹绘画延续传统，依旧以“墨竹”画为主。但是随着时代的变迁，这一时期的“墨竹”画也有所变化：“墨竹” 形象由最初由物感心的直接描写，到借“ 墨竹”形象有所寄托，成为一种主观情感表达的媒介，以至成为文人画家的另一重身份，绘画变成一种修行的手段，一种对宇宙和谐的领悟，一种天人合一的生存理想，其内涵越来越丰富。

吴昌硕将诗、书、印、金石融人绘画之中，并直接将书法演变来画竹。他如写如拓的笔法使“ 墨竹” 气势磅礴、厚重苍茫、豪放凝重，同时他的“墨竹” 又充满天真浪漫、悠闲从容、放逸自适的情致。他的“墨竹”挥洒自如、浓重刚烈，是他人品反映，是他不屈精神的再现。他倡导“诗文书画有真意，贵能深造求其通”，并提出画以气势为主，崇古意、尚天趣的思想，加上他画中亲近平民的情调，给“墨竹”增加了新的时代内涵。

齐白石画上的“墨竹” 已不再是文人画家们所专美的艺术形象。它更加平民化。白石的“墨竹”以童心入画， 讲究绘画的趣味性， 所以形象真率洒脱，人情味浓厚。他的“墨竹”是热爱生活、亲近自然的表现。也是他恬然自适生活态度的体现，“野竹萧萧青上天，故乡不值一文钱。长安市上曾争买，尺纸三竿价十千”（《竹》齐白石）。齐白石的“墨竹”是在吸取市民文化基础上创造出来的，是将“墨竹”从高雅转向通俗的过程。“墨竹”的内涵再次被扩大了，使更多的人接受它、欣赏它。

墨竹大家李苦禅先生经历了封建社会到新中国成立及社会主义建设时期与“ 十年浩劫”，受其经历影响，他常常用“ 墨竹”表达自己坚贞的性格及不屈于恶势力的决心，并借“ 墨竹” 的君子之美德来陶冶华夏人民的性情。他的“ 墨竹” 含蓄不张扬、柔中见刚、浑厚平实；运笔如行云流水、松弛有度；用墨适当，决不多也不少。齐白石实现了文人画由高雅向亲近人生的通俗转变。李苦禅则又回归了部分文人画的内涵和气质，使之再度趋向高雅。近代以墨写竹的还有柯治、吴湖帆、陈衡惜等。

当代由于更多西方文明的介人，中国绘画呈现出百花争艳的局面。诗、书、画、印， 四位一体的“墨竹”绘画形式被打破。“墨竹” 形象呈现了不同的风格，大体可分两大类。一类艺术家在固守文人绘画的价值观：人品第一、学问第二、才情第三、思想第四。在这个强调个性解放的时代，他们笔下的“墨竹”显得更加放逸，不求形似、只求气韵， 在笔墨游戏中体悟古人之心。达到物我两忘，走出尘世，融人自然。他们的“墨竹”画暗示了中国民族精神，表现他们不被世俗所诱的精神气质。这类代表有郭西元、孙其峰、苏新平等。

另一类画家在传统的基础上加人了新的思想和表达方式。在“墨竹”绘画之中通过墨色的浓淡变化，表现西方式的造型观念。画面显得错落有致，增强了竹竿立体感。粗大的枝竿， 挺拔而立，更能显示出竹子的高风高节、气贯长虹的气质，给人以蓬勃向上的精神力量。这种在绘画上古为今用、洋为中用的创作手法充分显示出艺术家突破传统，敢于革命的气魄。这类代表有蒋昌忠、王福刚等。

（5）竹与音乐

竹子的颜色、姿态和生物特性体现了音乐的审美价值观。创作的灵感，发自肺腑的心声由竹来表达。以竹为题，歌颂生活，情真意切。1929年中国工农红军第四军，开创了闽西革命根据地，创作了大批山歌，《风吹竹叶》就是当时流行的一首，歌词歌颂了劳苦大众翻身求解放的动人情感。佤族山歌《一棵竹子不成林》，用比喻的方法鼓励人们参加集体生产。如“一棵竹子不成林，一个人干活干不赢。竹子多了有阴凉，大伙干活才称心”。江南民歌《紫竹调》：“一根紫竹直苗苗，送与哥哥做管箫，箫儿对着口，口儿对着箫，箫中吹出鲜花调。”旋律优美，情意绵绵，是江南民歌地方色彩的一个亮点。倪维德作词、施光南作曲的《月光下的凤尾竹》，是一首优美动听的女中音独唱歌曲：“月光啊下面的凤尾竹哟，轻柔啊美丽像绿色的雾啊。竹楼里的好姑娘，光彩夺目像夜明珠。”齐声颂竹赞美女，表达男女之间的爱慕之情。

洛宾作词、赵季平作曲的《梦竹海》唱道：“叠叠翠翠化竹海，苍苍茫茫通天处，千年传说来人梦，万种俊秀斗着开。翡翠丛中你的脸，竹香沐浴我胸怀，天蓝地绿人清新，种下灵秀春常在。”抒发了人们对竹海和大好河山的赞美，句句闪真情。项祖华创作的《竹林涌翠》运用了扬琴宽广的音域和特有的技巧，把竹林涌翠富有变化的风姿异态淋漓精致地展现出来，让人心旷神怡。

以竹为材料制作的乐器数量众多，其中的代表就是竹笛。竹笛音色明亮而柔美，音量变化幅度大，表现力丰富，在民间音乐中运用得极为普遍，已成为江南竹丝、西安乐鼓、十番鼓、冀中吹歌、山东鼓吹等乐种的主奏乐器，并且在戏曲、说唱伴奏和民间器乐合奏中不断地发展着它的演奏艺术。其他竹制乐器还有箫、竽、笙等。

少数民族如苗、侗、水、彝等族有竹制乐器芦笙，其音色明亮浑厚，常用于伴奏芦笙舞，现在已经广泛应用于独奏、重奏和合奏。云南彝、苗、哈尼等族有竹制簧管乐器巴乌，其音色柔美，常用于伴奏舞蹈、说唱、独奏等。

竹乐器作为竹音乐表演的一种重要媒介，在现代社会艺术表演中起到的作用也越来越重要。目前江西省的一些乐团结合本地丰富的竹资源以及舞台效果和观众观赏的心理，已创制出一系列用于演出的大大小小的竹乐器如竹管琴、巴芦笛、竹芦丝、无眼笛、烟筒笛、哼葫、竹排鼓、竹排琴、竹筒鼓、竹崩、芦管等十余种乐器。这些乐器小的只有几厘米，大的有三四米长，基本上涵盖了高、中、低音区。演奏手法有吹、拍、敲、摇、弹、刮等。充分利用这些竹制乐器，他们的演奏赢得了人们不可抑止的共鸣，也给人一种启示：越是生活中常见的、大众化的，才越有特色，越有一种原始自然的美。

3.10.2.4 竹文学文化

（1）竹与诗歌

竹诗歌能够反映社会现实。发表在民国三十五《知行报》上的《靖安竹枝词》8首，就对统治者进行了无情的揭露。其八首之三曰：“征粮未了又征兵， 怨声载道不公平。无钱独子亦须要，富力双丁买替身。”揭露了在战争动乱的年代，政府滥征兵粮，欺压百姓的事实， 也揭露了一些官员滥用职权、腐败糜烂的丑恶面目。欧阳青所作《吉安竹枝词》24首， 反映了民国时期随着外国资本主义的入侵，商埠的开通，吉安城人民生活方式的转变，并描绘了当时人们对待时代变化、新鲜事物出现的态度。如：“人山人海自成堆，个个都从公路来。走向前途无别事， 昂头争看汽车开。” 还有“美人香草最俜伶，遇着青青眼亦青。摄得一张新影片， 自家好看自家形。”但由于军阀混战，政局极不稳定，夜雨惊人风满城，家家奉命要轮更。男儿不到妇人代，含泪频敲刁斗声，无疑使人民新鲜的生活徒添了许多忧愁。

竹清高脱俗，高风亮节，从而成为人们表达思想、抒发情感的工具。方志敏写下豪情壮语：“雪压竹头低，低下欲沾泥；一轮红日起，依旧与天齐。”，以表达自己不怕牺牲，勇往直前的革命精神。现代革命家董必武，深情地怀着革命的坚强意志，期待千百万革命青年的成长，借竹生情写诗一首：竹叶青青不肯黄，枝条楚楚耐严霜；昭苏万物春风里，更有笋尖出土。无产阶级革命家叶剑英元帅《题画诗》说到“人生贵有胸中竹，经得艰难考验时。”，文学家邓拓在《劲竹》中写到“最是虚心留劲节，久经风雨不知寒。”，齐声赞美竹子那种高风亮节、清高脱俗。毛泽东1961年写的《答友人》，借助对竹子的赞美表达了自己浓烈的思乡之情；管桦曾写诗歌“根扎千万尺，叶上苍梧去；平生近红日，萧萧金石声。”，以竹比喻敬爱的周恩来总理的革命品格；熊文愈在《萧湘竹子诗词》中从食、住、行、用、诗、词、书、画等方面描述了竹与人们物质生活、精神生活的联系；周芳纯在《竹诗词自序》阐述了中国民族源远流长的竹文化，并对竹那种谦虚、永不言弃的高贵的精神进行赞美；江泽民总书记也曾为贺晋年将军所化竹题款：“俏也不争春，劲节满乾坤”。寓意我伟大祖国正向朝气蓬勃春天里的翠竹林，虚心向上，排云万竿、劲节的光辉充满神州大地。

（2）竹与国民教育

竹寄寓着中华民族传统的审美情趣、审美观念和审美理想，象征着中国人的道德情操和人格品位，闪耀着传统的中华文化的光芒。底蕴深厚的竹文化同样有助于国民教育。

战争年代，在以井冈山为代表的革命老区，竹海做过红军的战场，竹笋当过红军的菜肴，竹筒盛过红军的盐巴，竹梢挂过红军的战旗，老一代革命家们充分利用竹资源同敌人进行艰苦卓绝的斗争。那一棵棵挺拔的竹子不正是象征着我们的前辈那种不怕牺牲，勇往直前的革命精神吗？因此，当生活在和平年代里的我们身临竹海时，不单单只是欣赏美景，更多的应该是缅怀前辈，珍惜今天这来之不易的幸福生活，同时要思考如何继承发扬这种大无畏的不怕牺牲精神。

中华民族不仅创造了竹文化，而且形成了竹文化精神。它的内涵是：自强不息，刚直挺拔，坚贞不屈，厚德载物，以及刚、柔、忠、义等品格。其核心是清高脱俗，虚心坚韧，高风亮节，廉洁奉公，天人合一。清高脱俗，虚心坚韧，寓意我们一定要找准自己的定位，明确自己的前进方向，一旦目标确定了就要不怕失败，屡败屡战，勇往直前，直至实现自己的人生价值；高风亮节，廉洁奉公象征着做一个具有正义感、责任感的人，不与世俗同流合污，处处为他们着想；天人合一，也就意味着人与自然要和谐相处、发展。这些精神是中华民族不断发展的精神支柱，是社会进步的坚强后盾。同样对于现代国民教育有很大教育意义，因此，我们要“以竹为师”，“以竹为鉴”，虚心学习竹文化之精华来全面提升我们，为建设社会主义物质文明和精神文明积极贡献自己的力量。

江西竹资源与产品图志
CHANPIN TUZHI

第四章 江西竹类科学研究与创新成果

JIANGXI ZHULEI KEXUE YANJIU YU CHUANGXIN CHENGGUO

江西全省拥有竹类种质资源22属179种（含种下等级），竹种拥有量占全国竹种总数的1/3以上，其中自然分布种19属117种，占总属、种数的86.4%和65.4%；引进外来种3属62种，占总属、种数的13.6%和34.6%。全省现有竹林92.4万hm^2，占林业用地的7.1%，占全国竹林总面积的17.4%，总蓄积量达45.7亿根。其竹类种质资源、面积、蓄积和产量均居全国前列。

4.1 竹类科研概况

江西竹类资源十分丰富，具有较高经济价值的优良种类众多，区系特征复杂多样，从泛热带分布型、亚热带分布型、东亚热带分布型到东亚—北美间断分布型和中国特有成分各类地理成分俱备，相互共存。同时，竹种成分既是一些华北竹类区系成分向南发展的南界和一些华南区系成分向北扩展的北限，又是华东区系成分向华中、华南延伸和华中、西南区系成分向东过渡的交汇点。江西竹业科技研究成绩斐然，根据中国学术期刊网（CNKI）、《竹子研究汇刊》、《竹类研究》、《中国林业文摘》等刊物的统计，从1984~2012年共发表竹类研究等文献300多篇，从统计的竹类研究成果看，90%以上都与毛竹有关，其中，竹子营林研究的文献占80%左右。

4.1.1 竹类资源研究

1984~1988年对竹类资源进行了较为全面的清查。完成了"江西毛竹栽培区划和立地类型划分"、"中国毛竹生态经济区划与发展战略研究"等项目，澄清了以往森林类型区划时将竹林归为一类的模糊概念，以竹林生态理论为基础，以竹类自然资源系统特点为依据，运用经济技术手段，将江西毛竹区划为最适宜区、适宜区和较适宜区等不同区域的7个栽培区，将江西整个竹林区划为丛生、散生竹混生区、散生竹区及丛生竹自然分布亚区、丛生竹栽培亚区、西部散生竹亚区、鄱阳湖平原及低丘散生竹亚区、东北部散生竹亚区等2区5亚区，为发展毛竹生产营建丰产林基地和合理开发利用江西竹类资源与竹产业宏观管理提供了科学依据。

在江西农业大学成立了竹类研究的省级实验平台——江西省竹子种质资源与利用重点实验室，具有专门的竹类研究团队，团队成员中80%以上的人员

宜丰竹文化园（宜丰县林业局提供）

拥有博士学位，先后承担各类竹类研究项目45项。包括国家自然科学基金项目7项、科技部“十一五”科技支撑项目1项、科技部农业成果转化项目2项、国家科技平台建设项目1项，以及一批支持地方经济建设的竹类研究项目。在国内外刊物（或会议）上发表学术论文100余篇。出版学术著作12部，其中主编4部，参编3部。在江西省林业科学院设有竹类研究所，主要从事竹类资源、竹林培育、竹类病虫害防治、竹资源综合利用及产品开发等研究和技术成果推广，已取得竹类科技成果30余项，发表研究论文100余篇，参编专著8部。

同时在江西农业大学、江西省林业科学院宜春等地建立了以收集竹类植物为目的的竹种园、竹类植物园或竹标本园、竹文化博物馆或竹文化园。宜春竹文化博物馆，博物馆总建筑面积2820m^2，分“竹乡・竹貌”、“竹源・竹史”、“竹文・竹艺”、“竹品・竹居”四个竹专题展区，馆藏实物与文献资料及影像图片等共1500余件。馆内最具宜春特色的馆藏珍品有：列入基尼斯世界之最的“最大的毛竹”、列入基尼斯世界之最的“最大的竹键盘”，大型竹雕刻作品“森林宜春”、竹皮纸绘制的《天工开物百科全图》长卷，以及工艺独特、技术领先、品种繁多的竹制家具和生活用品等。

宜丰竹文化园以当下竹产业发展作出重要贡献的竹种为主，栽植有78种竹种，龟背竹、圣音竹、黄槽毛竹、花毛竹、绿槽毛竹、青皮、鼓节竹、金丝慈竹、花竹、青麻撑竹等；引进外来竹种有141种。

杨光耀、黎祖尧等人完成的“江西竹类植物区系研究”、“江西竹类植物地理新分布”、“江西竹种分布新记录”为我省竹类开发研究利用提供了基本资料，又为竹类的深入研究奠定了良好的基础。近10年来，江西省竹林资源的增长十分迅速，尤其毛竹资源的发展步伐更大，林分面积从52. 9万hm^{2}增长到73. 5万hm^2，增长了38. 9%；立竹度从1 200株/ hm^{2}增长到1 770株/ hm^{2}以上，提高了47. 5%；低产林分比例由70%降低到41%。“九五”期间各地“竹业工程”的全面启动，全省营建了33. 3 万hm^2 以毛竹为主体的4大经营类型的丰产竹林基地，竹业环境较大改善，在推动全省森林资源增长中发挥了重要作用。

4.1.2 应用基础研究

江西农业大学施建敏、杨光耀、郭起荣、黎祖尧等人完成的“CO_2浓度倍增下毛竹光合作用对光照强度的季节响应”、“毛竹光合动态研究”、“毛竹蒸腾动态研究”、“厚壁毛竹光合作用对CO_2浓度倍增的短期响应 ”、“ 厚壁毛竹光合作用对环境因子响应的季节变化”、“石灰岩地区淡竹（*Phyllostachys glauca*）秆形规律研究”、“石灰岩土壤孔隙及与淡竹生长因子关系研究”对毛竹等主要经济竹种进行光合作用、养分代谢、能量转移与更换等方面的研究，基本搞清了一般类型毛竹的单位面积上的总生物量，年增长量及各部分的分配比例，测定了毛竹叶光合作用强度的变化与毛竹林自身结构及环境关系的数据。

彭九生、黄小春等人完成的“江西毛竹林土壤肥力变化规律初探”；鲁顺保、饶玮等人完成的“立地条件对毛竹生物量的影响研究”，方楷、杨清培等人完成的“亚热带毛竹竹材化学特性变异初探”，“毛竹林物种多样性对集约经营的响应模型”，以及鲁顺保、丁贵杰等人完成的“立地条件与毛竹竹材密度和纤维形态关系初探 ”为竹子的速生丰产栽培提供了理论依据。

4.1.3 育种研究

从1995年开始，以江西农业大学和宜丰县林业局为主的“厚壁毛竹研究”课题组经过8 年时间，发现了竹壁厚度是毛竹1.8倍的毛竹珍稀品种——厚壁毛竹，厚皮毛竹最早发现于江西省万载县高村乡严田村东湖组东斜坑新屋下毛竹林缘，当时仅存6株，现已知高村乡大坳桃坪也有分布。据当地人称厚皮毛竹存在已有上百年的历史。目前野生状态的厚皮毛竹尚不足100株，种群数量少，仍处于濒危状态，已被列为江西省保护植物。

自1995年以来，江西农业大学・江西省竹子种质资源与利用重点实验室的研究人员，系统研究了厚壁毛竹的生物学特性，揭示了其发笋成竹规律和厚壁特性，且遗传特性稳定、一致；对竹材材性和竹笋养分等经济主要性状进行了研究，发现厚壁毛竹在竹材厚度和竹笋营养成分上要优于毛竹；从生理生化方面对厚壁毛竹的壁厚特点进行了探讨，发现厚壁毛竹氮代谢旺盛；对厚壁毛竹的引种繁殖技术开展了研究，揭示了鞭芽分布特征、对其扩鞭性能和鞭芽促萌等繁育特性作了较全面研究。通过对厚壁毛竹种质性状及适应性进行的系统研究，从技术层面上，确立厚壁毛竹适宜栽培区域，制订了厚壁毛竹种苗繁育和竹林培育技术规范。从区域上，厚壁毛种的引种范围进一步扩大，目前省内推广到了宜丰、万载、南昌、赣州等地，省外也推广到江苏、安徽、浙江、湖南、福建、广西、河南和广东等地。获2011年梁希林业科学技术奖三等奖。

在多年研究的基础上，经申请、审核和现场查验，厚壁毛竹于2008年获得国家林业局植物新品种保护权，这是我国竹子中第一个获得保护权的新品种，品种为“厚竹”。

江西引种试验在20世纪70年代以前仅有少量，大量引种始于70年代后，尤其80年代初期以来，全省大量引进笋用竹种，各地形成引种热，迄今共引进3属35种7变种12变型5杂交组合计58种，大致可分为生产用途的笋用竹种、园林绿化用途的观赏竹种以及用于科学研究或营造竹种基因库的试验竹种3大类。生产上引用较多、取得效果较大的有早竹、雷竹、角竹、白哺鸡竹、花哺鸡竹、乌哺鸡竹、红哺鸡竹、黄甜竹、麻竹、红壳雷竹、甜笋竹、台湾桂竹、浙江淡竹、尖头青竹、假毛竹、绿竹与吊丝单竹等。

4.1.4 竹林经营技术研究

20世纪70年代末至80年代末在吉安、抚州、上饶等地区不同立地的毛竹林中试验， 科学采用清理林地、垦复抚育、铲山松土、护笋养竹、合理砍伐、竹林施肥、诱导竹鞭、适度钩梢等调整竹林结构、改善竹林生长条件等技术措施，6000余hm^2试验林立竹度由原来的1050～1500株/ hm^2提高到2700～3750株/hm^2，增加1. 3倍以上，平均眉围增大70%以上，成竹率提高30%以上。

郭晓敏、牛德奎等人完成的“毛竹林平衡施肥及营养管理研究” 、“平衡施肥对毛竹笋产量的影响效应研究” 、“集约经营毛竹林平衡施肥效应研究”；彭九生、程平、王海霞等人开展的“毛竹增产剂配方筛选及竹腔施肥效果分析” 、“毛竹增产剂及幼竹竹腔施肥对竹笋品质的影响研究” 、“竹腔施肥对毛竹笋中重金属及微量元素的影响研究” 、“幼竹竹腔施肥对毛竹材性的影响” 等系统研究；鲁顺保、丁贵杰等人完成的“立地条件与毛竹竹材密度和纤维形态关系初探” 施建敏; 杨光耀等人完成的”江西毛竹造纸特性地理变异研究”等，这些毛竹平衡施肥，毛竹根外施肥，竹林配方施肥技术，毛竹合理密度、合理疏笋技术，经营管理配套技术，竹林号字建档技术及中、小型优良笋用竹种丰产栽培技术，纸浆竹林集约栽培模式研究等为竹子生产起着技术指导、示范推广的作用。

4.1.5 竹林保护技术研究

进行了毛竹林主要害虫黄脊竹蝗等防治技术研究。该项研究已总结出毛竹叶量与竹蝗数量、竹蝗危害与毛竹生长和材质变化等相关规律， 并从竹蝗体内成功地分离培育出了能使竹蝗致死的枯草芽孢杆菌， 制成药液防治竹蝗， 致死率室内可达83.3%，室外达64.2%，使虫口下降79.3%，防治成本比一般可节省66.6%，且不产生污染。

毛竹林病虫害综合防治技术研究。研究配制出的竹类植物专用农药赣竹Ⅰ号、Ⅱ号、Ⅲ号， 采用竹腔注射法、竹节圈刮涂药法等防竹蜡蚧类、竹象蟒类、蚜虫、竹螨类、竹蝗类、竹毒蛾、竹叶螟及毛竹枯梢病、毛竹秆腐病、煤污病、黑痣病等竹类病虫综合危害效果可达80%以上。

另外，对一些风吹、雪压、冰冻等自然灾害也有不少研究，提出了幼竹摇梢等技术措施。幼竹摇梢技术研究，研究结果表明，合理摇梢可使雪压风倒危害降低到2. 5%以下，一般可减少66%～83%，竹林立竹数可增加一倍，且新竹质量有所提高。但应注意摇梢强度， 一般应保留枝盘数20～25盘。

4.1.6 竹类开发利用研究

据资料记载江西对竹类的开发利用已有2000年的悠久历史，但长期以来停留在原材利用和制作简单的手工艺品及日常用品，20世纪80年代以前，竹质胶合板、竹机制纸、水煮笋、软包装方便笋等产品几乎是空白。直至80年代以后才有飞跃发展。随着市场经济的发展，竹类产品不断拓宽和加工规模不断扩大，通过引进、吸收、消化新技术、新成果，竹类经营管理和生产水平不断提高，产品档次和质量也不断提高。目前，除原材利用外，已开发加工出竹质建材产品、竹纺织器材系列产品、竹笋加工系列产品，竹农具系列产品、竹家具、办公及日用系列产品、竹纺织器材系列产品、竹文艺文体器材系列产品、竹编工艺系列产品、竹类观赏系列产品，竹类医药保健营养品与饮料系列产品、竹副产品加工系列产品与竹工机械系列产品等8大类12大系列1 000多种产品。

竹林生态环境独特，林内植物种类较多，竹林的林内空气清新，环境优雅宜人。

竹林林下环境利用研究。通过在林内培育经济作物，如利用竹林优良生态环境林下种植食用菌、耐荫中草药材、花卉及其他经济作物等，或在林内放养羊等草食性小型动物，提高竹林经营的经济效益。在80年代中期，江西已成功地筛选出能在全省竹林生长的优良长裙竹荪菌株3个和短裙竹荪菌株2个，生长快，抗杂性强，产量高，效益好，适宜全省推广应用。此外，利用竹林栽植天麻、生姜和套种耐阴经济作物进行农竹复合经营也取得了很好的试验效果。

竹林生态环境利用研究。开发竹林风景林，提供旅游、休息的场所。利用竹林景观多样性发展竹林生态旅游，在园林中利用竹类植物设置小品点缀一直是中国园林的一个特色，借用竹子风景开辟旅游景观。五百里井冈林海，最使人难忘的是毛竹，有道是：天下竹子数不清，井冈山竹子头一名。井冈翠竹就是井冈山借用竹子风景开辟的旅游景观，成为旅游盛景之一，享誉海内外。

4.2 竹类创新成果概况

近20年来，在基础研究、技术应用与产品开发方面共获得的科技成果460余项，其中：获国家专利技术119项，1项获埃及开发金字塔奖，40多项分别获得国家级、省部级科技进步奖、星火奖等奖励，已有100余项先进科技成果转化成生产力，经济、生态与社会成效十分显著。

4.2.1 良种选育成果

江西省林业科学院根据毛竹生理、生长特点和毛竹林系统遗传发育规律，参照一般林木良种选育程序，通过对不同地理分布毛竹无性系的林分分自然优良度、竹材表型性状和主要理化力学性质指标综合分析比较，根据产量、竹材加工利用、竹材纸浆利用、材性综合目标共4个指标，筛选出了表型性状良好丰产力较高和材性上乘的7个毛竹材用优良无性系，其中产量目标优良型1个，其表型性状综合水平高于总体均值20.3%；竹材加工利用优良型1个，其表型性状、物理力学性质综合水平高于总体均值12.2%；纸浆利用优良型2个，其物理化学性质综合水平分别比总体均值提高10.8%、10.5%；综合目标优良型3个，其表型性状和理化力学性质综合水平总体水平分别提高了11.0%、10.3%和8.9%。为今后毛竹的遗传改良和良种推广奠定了重要基础。2006年1月通过江西省科技厅成果鉴定，该成果适于毛竹产区大范围毛竹造林、优良母竹种苗培育、毛竹低产林改造和毛竹丰产林栽培等。

江西农业大学·江西省竹子种子资源与利用重点实验室的研究人员，2012年在国家林业局重点科技计划项目——“厚壁毛竹区域化试验（2002—10）”资助下，对毛竹新品种——厚竹，分年度开展区域化试验研究。按南、中、北三个不同的区域引种推广到江西南昌、江苏、浙江、湖南、广东、广西、安徽、福建等省。引种后开通过引种建立了区域化试验基地，对厚竹（厚壁毛竹）在不同区域的适应性开展研究。在省内外建立了厚竹（厚壁毛竹）区域化试验基地和繁育圃地。制定了种苗繁育、示范林经营的技术规程。进一步应用推广提供技术准备、种苗保障条件。研究了厚壁毛竹在不同试验区域生长适应性和主要经济性状的稳定性。表明厚竹（厚壁毛竹）适宜于毛竹分布区（秦岭、汉水流域至长江流域以南地区）种植，以温暖湿润的气候为宜，不耐积水，但在毛竹适生区（浙江、江西、湖南、福建）表现更好。本项成果2011年获江西省高校科技成果二等奖。

4.2.2 竹林经营技术成果

江西农业大学林学院自1997年由PPI/ PPIC资助，开始进行“毛竹笋材两用林养分变化及平衡施肥技术”的研究，旨在探索毛竹笋材产量与土壤养分的关系，并通过营养元素的合理配比，研究高产笋材两用林的平衡施肥技术，同时探讨平衡施肥的持续效应。该项目针对江西省最有特色的经济林木毛竹作为平衡施肥技术体系的研究对象。“毛竹林平衡施肥技术效应及营养管理研究”2004年12月通过江西省科技厅成果鉴定。该项目基于GIS的集约经营毛竹林营养管理信息系统研究、毛竹笋材两用林平衡施肥的效益研究、人工集约经营毛竹林养分管理及持续生产力维持研究。利用GIS技术对毛竹林生态系统中各种养分迁移规律、土壤中各养分状况和变化特征进行图形化描述和信息化处理，建立研究区域或经营区域的竹林经营管理数据库，进而结合养分动态变化开展变量施肥；制定施肥基本单元和主要栽培模式，实现对一定范围（如林场、乡、县）内所有林地地块的计算机信息管理；按照可持续生态平衡施肥营养管理的原则分区指导当地的集约经营竹林养分管理和肥料合理施用，进而实现集约经营毛竹林持续、高效的经营目标。宜丰、铜鼓、靖安、贵溪等县（市）已将毛竹平衡施肥技术和专用肥料作为林业适用技术大力推广，推广平衡施肥技术20万余亩，施用毛竹专用肥的竹林出笋量及成竹数相比不施肥对照平均增加30%以上，亩均立竹度由2008年冰雪雨冻灾害后的35～40株恢复到目前的250株。为我省竹林灾后恢复起到了良好示范推动作用，生态经济社会效益明显。

江西省林业科学院竹类研究所自1998年开始，根据毛竹生理特性、竹林生长规律、竹腔壁可吸收传导特点和配方施肥原理，开展了“毛竹竹腔施肥技术”的试验研究，旨在探索毛竹增产剂不同配方以及竹腔施肥方法对毛竹笋、竹生长情况的影响，寻求解决山区毛竹林大面积施肥这一难题的有效方法，为毛竹生产经营提供可靠的技术支撑。“BNP毛竹增产剂及幼竹竹腔施肥技术”2005年12月31日通过江西省林业厅验收，该项目针对毛竹生理、生态特征，自主研制并开发了BNP毛竹增产剂，解决了传统施肥用量大，成本高，大面积施肥难度大的难题，为生产提供了一项毛竹丰产培育新技术。2009年获江西省科技进步三等奖。“毛竹增产剂与竹腔施肥技术”已营建示范林150多个，面积10余万亩，推广应用林分面积累计达600万亩。

4.2.3 竹类开发利用成果

江西省林业科学院“竹材加工剩余物制备胶粘剂技术的研究”，以竹材加工剩余废料为原料，采用酸催化苯酚液化，一定工艺下与甲醛合成液化竹材酚醛型树脂胶粘剂，可替代传统水溶性酚醛树脂胶粘剂，广泛应用于人造板、指接材、家具等的生产。竹材液化产物替代苯酚作为原料，有效减少了苯酚的用量，大大降低了生产成本，且更具环保性。用液化竹材酚醛树脂压制人造板，热压工艺更低，有利于节约能源。中间产物竹材液化产物，除制备胶粘胶外，也可作为化工原料用于聚氨酯泡沫塑料、纤维和炭纤维等新的可生物降解性高分子物质，应用范围更泛。竹材加工剩余物制备胶粘剂是一项新型的生物质能源高效利用技术，随着石油资源的不断匮竭，利用可再生资源替代石油生产各种化工原料产品是市场发展的必然趋势。用废弃竹材剩余物替代部分苯酚，苯酚用量直接降低20%以上，社会经济效益良好。

近几年来，江西飞宇竹业集团有限公司、江西南丰振宇实业集团有限公司、江西艺竹实业有限公司、江桥竹木业有限责任公司等各竹加工企业，风起云涌、千帆竞发，在赣鄱大地上，正用辛勤的汗水浇灌着一朵朵绚丽的奇葩，科技创新专利技术成果不断涌现，共计获国家专利技术成果119项，其中:国家发明专利37 项，国家实用新型专利64项获，国家外观设计专利18项。“奔步”（Bamboo）是竹子的英文读法，总经理冯绪泉2009年7月注册成立了江西奔步科技发展有限公司。“奔步”产品不仅立足于环保健康，同时将中国传统文化元素注入其中，开发个性化的系列产品，如鼠标有生肖、星座、山水、花草等炭化系列，如同国画一样，栩栩如生，别有一番韵味。目前公司正在进一步研发竹制电子周边产品，将陆续推出竹质的液晶显示器外壳、主机机箱、U盘、音箱、移动硬盘、冰箱外壳等竹制电子产品，努力实现电子周边产品竹全覆盖。同时，规范制定产品行业标准，引领竹材电子信息产业新的科技环保革命。通过多年的打拼，奔步人的知识产权保护意识也明显增强，先后获得国家级实用新型专利13项，发明专利3项，外观设计专利7项，均属全球首创。奔步人还斥资100余万元向联合国及美国等7个国家申请了产品专利，企业在短期内已经拥有了较大的无形资产价值和品牌优势，为企业走向全国冲刺世界打下了坚实的基础。

目前江西狠抓科技兴竹和竹产品的精细加工，把提高附加值、综合利用率放在首位。毛竹商品竹材年生产量占全国的12%，竹胶合板加工能力已达13万m^3，产量居全国第一；年生产竹制纸浆6万t，竹类制纸原料已占全省造纸原料的10%；以竹产品为主要原料的医药、饮料等其他系列产品开发也初具规模。截至2009年底，江西竹产业总产值已近120亿元，竹类产业产值在江西林业经济中占有重要地位。

4.3 国际知识产权局注册法规

4.3.1 澳大利亚知识产权局

4.3.1.1 澳大利亚知识产权局简介

澳大利亚知识产权局（IP Australia）成立于1904年2月13日，隶属于澳大利亚联邦工业、旅游和资源部的一个独立运作的机构，下设业务发展与战略部、专利审查部、商标与外观设计审查部、信息管理部、人力资源管理部、客户服务部、财务管理部等7个部门。知识产权局主要职能包括：①管理知识产权：包括专利、商标、外观设计、植物新品种、以及PCT国际检索和初步审查；②其他领域的立法：如1987年奥林匹克标识保护法案；③宣传知识产权；④提供有关知识产权的咨询；⑤国际交流：发展知识产权体系，开展地区合作；⑥制定国家有关知识产权政策、法律和规章；⑦管理专利和商标代理机构。

澳大利亚知识产权局总部设在首都堪培拉，各州都有相应的专利管理机构，它们之间相互联网，实行在线管理，形成澳大利亚专利管理的网络体系。专利管理机构不仅受理专利申请，而且也提供一系列的服务，包括提供有关专利体系、申请及审批流程等有价值的信息。专利管理机构向社会承诺，要提供高质量的服务，所有服务已实现在线，其数据库定期得到更新，新的服务内容也及时上网。

澳大利亚知识产权局定期在各州（区）组织有关专利培训，出版专利公报、程序手册等，同时也制作成光盘。为方便专利申请，用户可通过多种途径提交申请：①向州专利管理机构提交申请；②将申请书寄至知识产权局；③通过专利代理机构申请；④通过知识产权局的网址（www.ipaustralia.gov.au）在线申请。除了专利申请人自己检索外，澳大利亚知识产权局也提供检索服务。

澳大利亚知识产权局的管理理念是："为澳大利亚人民创造一个高效、畅通的全球化知识产权体系，促进革新、投资和国际竞争"。

4.3.1.2 澳大利亚知识产权

澳大利亚联邦立法规定诸如版权、商标、专利和工业设计等知识产权的登记和保护。按照公司法和州商业名录法管辖公司名字和商号的注册。

有关版权、商标、专利、工业设计和商业名录的法律是相当复杂的。如拟在澳大利亚生产、销售或使用一个特定的名字、标号、产品或设计，应事先寻求特别的咨询。

在研究和获得某一工业产权如专利、版权或注册过的设计（不包括商标）的过程中所发生的费用，根据所得税税务评估法，在该产权的生命周期内可以在征收所得税时扣除。

根据《巴黎公约》，如果申请人拟将另一成员国的设计专利在澳大利亚申请注册并享受海外申请日期之优先权，该申请人应在其海外申请注册之日起的6个月内在澳大利亚提出申请。

4.3.1.2.1 版权

文学作品的原著和其他作品的原著或其他版权物品（如艺术品、声像制品和软件）的所有权，享受"1968年版权法"所提供的权益、保护和权益受损时的补偿。只有当作品符合版权法要求，才会有版权。当版权所有者被侵权时，可以采取行动寻求禁止侵权行为并可获得损失的赔偿。澳大利亚是《保护文学作品和艺术作品的伯尔尼公约》和国际版权公约的成员国，因此其他成员国公民创造或在有关成员国第一次发表的版权物品，在澳大利亚享受如同其是在澳大利亚发明和发表的一样的保护。在大多数情况下，版权的生命周期为作者的在生之年再加上50年。

4.3.1.2.2 专利权

澳大利亚的"1952年专利法"授予一个标准专利的专利所有人有从专利生效之日起为期16年的对专利的独家制造、使用和买卖权。"发明"的含义为任何一种新的制造技术。若要获得一有效专利，"发明"必须是新的，不是显而易见的，必须有实用性。

澳大利亚是《保护工业产权巴黎公约》的成员国。根据该公约，其他国家的专利申请者在澳申请专利时，可按照其在海外申请专利的情况享受日期优先权，只要在澳大利亚的申请是在其海外第一次申请的12个月以内。

4.3.1.2.3 图案设计法

产品的设计特点，如形状、形式和装饰等，在某些情况下，按照"1961年设计法"把那些特点作为"设计"注册以后，可获得保护。该设计法授予已经注册的设计产权人在将设计应用于产品方面17年类似于专利的权利。获得有效设计注册的主要条件设计必须是新的，而且是原著。

4.3.1.2.4 商标法

根据"1955年贸易标志法"，特定产品和服务的易辨认的名称或标志理应获得保护。如果其目的是销售那些以某一特定名称和标志而生产或销售的产品和服务，该特定的名称和标志应尽快作为商标注册。

除非某商标已经在澳大利亚建立起了独一无二的声誉，在经贸易标志署登记注册以前，任何特定的名称和标志都不存在所有权。登记申请按提交申请的日期顺序排列其优先权，申请的商标必须不是以前用过的一样的或类似的可以乱真的标志。注册的基本条件是名称和标志与已经注册或正在申请注册的同类产品和服务的商标不能相同或不能相似得足以乱真，它们必须是可区别的。

贸易标志的注册所有人可以保护其注册商标。如果有人对已经有了注册商标的货物和服务使用与该注册商标相同的或类似得足以乱真的标志而且该人又不是该注册商标的注册使用人，该注册商标的所有人可以对侵权行为采取法律行动。

4.3.1.2.5 名称保护

有关公司名称和商号的立法为公司名称和商业字号提供注册。如果一个海外公司意欲在澳大利亚设立分公司或子公司，应尽早提交确保其某一特定公司名称和商业字号的申请。海外公司遭受到的最通常的名称侵害是在澳的一个或多个州内未经其授权而将其业务用名或商标作为一“商业字号”注册。采用商业名称事先登记的办法可以有助于解决类似的争端。

根据《公司法》，任何开展业务的公司都必须在澳大利亚证券委员会注册其名字，同时按照州商业名称法的有关规定，任何公司或个人以非其本名的名字做生意，该名必须在有关当局注册。公司名称和商业字号的注册以 “先申请，先使用”为原则，和联邦商标注册无交叉参考。一个公司在海外享有盛名的名字或商标，并不能使该公司顺理成章地将该名字或商标在澳大利亚注册成公司名称或商业字号。

任何人都可以向有关当局提交公司名称或商业字号的申请。一般申请都不会驳回，除非申请被认定有下述情况之一：

1）商业字号，要注册的名字和已在澳大利亚注册的其他名字相混淆。在某些州，如果申请注册的商号与已经注册的其他名字有很大的相似性，申请将会被驳回。

2）公司名称，申请注册的名字与已经有的名字相似。

3）申请的名字是冒犯、无礼的或是其他原因被禁止使用的。

无论是公司名称还是商业字号，一旦经过注册，很难将其从注册中消除。联邦和州立法都有这样规定，如果一个海外贸易商因其在澳境内的业务活动而使其名称在澳大利亚的知名度很高，对任何利用该名字而让人产生误解的行为，为了防止消费者被骗起见，都将采取法律行动。

4.3.2 欧盟内部市场协调局（商标和设计）

4.3.2.1 欧盟内部市场协调局简介

欧盟内部市场协调局是欧盟的官方机构，该机构主要负责欧盟成员国内的外观设计和商标的注册工作。英文：Office for Harmonization in the Internal Market（Trade Marks and Designs）。职责:①管理、促进欧盟内部商标和外观设计的发展。②办理共同体工业产权注册相关手续。③维护注册人权利。④与欧盟成员国法院共同享有对注册权利的无效判决权。独立的公众机构：欧盟内部市场协调局是一个独立的公众机构，享有独立的法律权、行政管理权以及财政权。该局是依据欧洲共同体法律而成立的，拥有独立法人地位的欧共体机构。其行为受共同体法律制约。共同体法院——欧共体初审法院和欧洲法院——负责监督该局所作裁决的合法性。欧盟内部市场协调局以自己的收入来平衡预算，该收入主要来源于注册费以及商标续展费。

4.3.2.2 通过欧洲专利局在欧洲国家获得专利权保护有以下几个特点：

（1）依照欧洲专利公约的规定，一项欧洲专利申请，可以指定多国获得保护。一项欧洲专利可以在任何一个或所有成员国中享有国家专利的同等效力。在这种情况下，可以简化在多国单独提交专利申请的手续，节约开支，方便申请人；

（2）欧洲专利是按照统一的法律审查批准的。不会因为各国专利法在程序和审查要求的不同而造成不同后果，给申请人以安全感；

（3）欧洲专利审批的效率和质量有保证，要比逐个国家申请程序既快又节省开支，特别是商业上能提高发明的价值；

（4）欧洲专利局采用英、法、德三种语言，对申请人有较大的选择使用语言的自由，从而也减少了逐一国家以不同语言申请的费用；

（5）欧洲专利局采用检索与审查分开进行的程序，既有利于申请人对专利申请及时处理，也有利于国际专利合作条约的协调，方便了提交国际专利申请的申请人。

专利申请类型： 发明专利：针对产品技术结构、方法、工艺流程或工艺参数改进所提出的新的技术方案；外观设计专利：针对产品的形状、图案或者其结合以及色彩与形状、图案的结合所作出的富有美感并适于工业应用的新设计。

（6）专利申请所需材料：申请发明专利：发明专利请求书、说明书（说明书有附图的，应当提交说明书附图）、权利要求书、摘要（必要时应当有摘要附图）；申请外观设计专利：外观设计专利请求书、图片或者照片；专利有效期：①发明专利自申请日起算20年为止。②申请日起算5年有效期，期满后可延展4次，每一次5年，最多可保护25年。

4.4 江西竹产品品种国际注册

“看似寻常最奇崛，成如容易却艰辛。”江西铜鼓江桥竹木业有限责任公司“奔步”计算机全竹键盘及系列产品，是全球唯一的全竹型、环保型、科技型的电子产品。

4.4.1 竹键盘澳大利亚知识产权局注册

译文：

注册证书

编号：331351

设计

我 Fatima Beattle，设计注册官，证明该设计（样稿附后），已经在设计注册处注册，下面的详细情况已在注册处登录：

所有人的姓名和地址

江西铜鼓江桥木竹有限公司

中国江西省铜鼓县定江西路658号

设计者姓名：冯绪泉

注册的设计所依托的产品：键盘

设计号：11950/2010

注册申请提交时间：　2010.5.14

新颖性和独特性说明：新颖性和独特性存在于键盘外形及装饰性，其表面呈木纹样（见附图）。

初始注册期限：五年，始于2010.5.14

协定详情：

编号　200930271933.4

日期　2009.11.14

国家　中国

设计注册官

Fatima Beattle

Australian Government
IP Australia

CERTIFICATE OF REGISTRATION

DESIGN

No. 331351

I, Fatima Beattie, Registrar of Designs, certify that the design, a representation of which is attached, has been registered in the Register of Designs, and that the following details have been entered in the Register in respect of that registration.

Name and Address of Owner(s):

Jiangxi Tonggu Jiangqiao Timber & Bamboo Industry Co., Ltd
No. 658 West Dingjiang Road Tonggu County Jiangxi Province 336000 China

Name of Designer(s): Xuquan Feng

Product in respect of which the design is registered: Keyboard

Design Number: 11950/2010

Date on which Application for Registration of the Design was lodged: 14 May 2010

Statement of Newness and Distinctiveness: Newness and distinctiveness resides in the features of pattern and/or ornamentation of a keyboard with surfaces having a wood-grain finish as shown in the accompanying figures.

Term of Initial Registration: Five years commencing on 14 May 2010

Convention Details:

Number	Date	Country
200930271933.4	14 November 2009	CHINA

Given under my hand and the seal of the Designs Office on 17 June 2010

Fatima Beattie
REGISTRAR OF DESIGNS

COMMONWEALTH OF AUSTRALIA
DESIGNS OFFICE

DESIGNS ACT 2003

4.4.2 竹键盘欧盟内部市场协调局注册

译文：

此注册证书是为已注册并确认如下的欧共体设计而签发。相关的信息条目已经在欧共体设计注册处登录。

Registered / Eingetragen 12/05/2010

No 001707043-0001

OHIM – OFFICE FOR HARMONIZATION IN THE INTERNAL MARKET
TRADE MARKS AND DESIGNS

CERTIFICATE OF REGISTRATION

This Certificate of Registration is hereby issued for the Registered Community Design identified below. The corresponding entries have been recorded in the Register of Community Designs.

HABM – HARMONISIERUNGSAMT FÜR DEN BINNENMARKT
MARKEN, MUSTER UND MODELLE

EINTRAGUNGSURKUNDE

Diese Eintragungsurkunde wird für das unten genannte eingetragene Gemeinschaftsgeschmacksmuster ausgestellt. Die entsprechenden Einträge sind in das Register für Gemeinschaftsgeschmacksmuster aufgenommen worden.

The President / Der Präsident

Wubbo de Boer

江西竹资源与产品图志
JIANGXI ZHUZIYUAN YU
CHANPIN TUZHI

第五章 专利技术推广

ZHUANLI JISHU TUIGUANG

5.1 发明专利

5.1.1 鼠标及其制作方法

本发明公开了一种环保耐用的鼠标及其工艺简单、效率高的制作方法。该鼠标包括分别由竹材制成的壳体和底板。该方法包括按如下步骤制作壳体和底板：用竹材制成壳体和底板料板，分别对壳体和底板料板进行内、外成型加工制成壳体和底板细坯，打磨、抛光该壳体和底板细坯，并在壳体细坯上加工鼠标按键，最后喷漆制成壳体和底板。

专利种类：发明
申 请 日：2009.12.14
申请（专利权）人：江西铜鼓江桥竹木业有限责任公司
地　　址：336200 江西省铜鼓县定江西路658号
发明（设计）人：冯绪泉
法律状况：已授权
专 利 号：ZL200910186717.9
公开（公告）号：CN101719024A
转让方式：普通许可 独占许可 技术入股 专利权转让

5.1.2 键盘及其制造方法以及雕刻机的定位装置

本发明公开了一种键盘及其制造方法以及雕刻机的定位装置。该键盘不变形，其制造工艺简单，该雕刻机的定位装置结构简单。该键盘包括分别由三层横向层和一层纵向层连接构成的键盘架，由竹片材构成的键帽。该方法是将竹片进行150℃、8小时的蒸煮处理制成竹片材，将竹片材侧拼和层叠连接形成板材，将该板材先后分别用80℃和30℃温度、1500t的压力进行20分钟和10分钟的热压和冷压制成坯板，雕刻该坯板或竹片材制成包括框架、底板和键帽。该定位装置由五条横向定位条和一条纵向定位条相连接构成。

专利种类：发明
申 请 日：2009.10.14
申请（专利权）人：江西铜鼓江桥竹木业有限责任公司
地　　址：336200江西省铜鼓县定江西路658号
发明（设计）人：冯绪泉
法律状况：已授权
专 利 号：ZL200910115327.2
公开（公告）号：CN101556873
转让方式：普通许可 独占许可 技术入股 专利权转让

5.1.3 竹键盘制造工艺及其竹键盘

本发明公开了一种竹键盘制造工艺及其竹键盘。该制造工艺简单，该竹键盘不变形。该工艺是将竹片进行150℃、8小时的蒸煮处理制成片材，将片材侧拼和层叠连接形成板材，将该板材先后分别用80℃和30℃温度、1500t的压力进行20分钟和10分钟的热压和冷压制成坯板，雕刻该坯板制成包括框架、键帽和底板的键盘部件，连接各键盘部件制成竹键盘。该竹键盘包括分别由片材侧拼制成的横纹层和纵纹层相互层叠连接构成的框架，连接于该框架的由片材构成的横纹层构成的底板，和由片材构成的键帽。

专利种类：发明
申 请 日：2009.02.20
申请（专利权）人：江西铜鼓江桥竹木业有限责任公司
地　　址：336200江西省铜鼓县定江西路658号
发明（设计）人：冯绪泉；冯先书
法律状况：已授权
专 利 号：ZL 200910114948.9
公开（公告）号：CN101491912
转让方式：普通许可 独占许可 技术入股 专利权转让、

5.1.4 键帽及其制作方法以及工件制作机

本发明公开了一种便于实现机械自动化生产的键帽，及其工艺简单的制作方法，以及结构简单，通用性强的工件制作机。该键帽包括设有与键柱连接的圆形连接孔。该方法包括制作长、宽度及形状与键帽相应部位相同、为键帽的若干倍长度的坯件，通过工件制作机依次对坯件进行倒角、钻孔、切割加工处理制得键帽。该工件制作机包括设于机架上的分别设有限位装置的两工作台，分别设于工作台上方和两工作台之间的钻具、压轮和两盘式齿形刀。

专利种类：发明
申 请 日：2009-10-28
申请（专利权）人：江西铜鼓江桥竹木业有限责任公司
地　　址：336200江西省铜鼓县定江西路658号
发明（设计）人：冯绪泉
法律状况：已授权
专 利 号：ZL 200910186383.5
公开（公告）号：CN 101697330A
转让方式：普通许可 独占许可 技术入股 专利权转让

5.1.5 鼠标仿形机

本发明公开了一种能够实现鼠标的自动化生产，生产效率高，加工精度高，调试简单的鼠标仿形机。包括分别通过纵向和竖向导向杆连接于机架上的工作台和滑架，分别连接于滑架上的两个轨道轮和弧形滚刀。刀架上分别对应于鼠标坯件和工作台设有两个压轮和一个限位开关。

专利种类：发明
申 请 日：2009-11-13
申请（专利权）人：江西铜鼓江桥竹木业有限责任公司
地　　址：336200江西省铜鼓县定江西路658号
发明（设计）人：冯绪泉
法律状况：公开
专 利 号：ZL 200910186495.0
公开（公告）号：CN 101700669A
转让方式：普通许可 独占许可 技术入股 专利权转让

5.1.6 炭化色差花式人造板坯及其生产方法

一种炭化色差花式人造板坯生产方法，主要由下列步骤来完成：竹木材截锯、切片和/或压丝，不同程度的分批炭化、干燥、浸胶、再干燥与混料、计量与进料、压制与固化、脱模与后整理，即成本板坯。本板坯呈板状体或柱状状，表面与纵横斜截面都呈竹木本色和褐色的花斑、花条纹面。用本板坯切割成板材制成各类竹木产品，如地板、墙板、家具等，具有密度大、强度高，不会造成因色泽不一致，选后杂色堆积的问题，颜色与花纹丰富多变，给人以全新的视觉效果，美化了人居环境，且不造成环境污染等优点。

专利种类：发明
申 请 日：2006-10-28
申请（专利权）人：李坚华
地　　址：313302浙江省安吉县天荒坪镇白水工业园雅风公司内
发明（设计）人：李坚华
法律状况：已授权
专 利 号：ZL 200610143018.2
公开（公告）号：CN 1944017
转让方式：普通许可 独占许可 技术入股 专利权转让

5.1.7 一种竹木复合地板

本发明提供了一种竹木复合地板。它包括表层板、底层板、中间层板，所述表层板和底层板采用重竹材料，所述中间层板采用木材，相邻层的纤维取向交叉，表层板和底层板的纤维取向一致。所述的重竹材料为由竹丝或竹片或竹丝与竹片的混合物经浸胶、混合、装模，再经高压压制而形成的材料。本发明提供了一种改良型的竹地板，在利用竹材料的基础上，既具有重竹地板的表面硬度、使用寿命及外观，又具有实木地板的脚感，同时，不易弯曲变形，提高了竹地板的品质。

专利种类：发明
申 请 日：2006-06-19
申请（专利权）人：李坚华
地　　址：313302浙江省安吉县天荒坪镇白水工业园雅风公司内
发明（设计）人：李坚华
法律状况：已授权
专 利 号：ZL 200610052038.9 申请日：
公开（公告）号：CN 1912311
转让方式：普通许可 独占许可 技术入股 专利权转让

5.1.8 竹黄芯层和竹青底层的层压板及其加工方法

一种竹黄芯层和竹青底层的层压板，包含有芯层、底层，其特征是芯层以竹黄、竹基部、竹梢部、凹厚片为原料劈轧成的连丝片和胶组成，底层是以竹青为原料劈成内平面外弧面的竹青片侧拼板，芯层和底层的竹纤维纵向排列；本层压板的生产方法有如下步骤：原料的预处理、蒸煮、施胶与干燥、竹青片纵向拼板、铺装与热压等工序制成，可广泛用作地板、墙板、家具板、包装板等，具有机械强度高、竹材利用率极高、工序少、工效快、成本低，经济效益与生态效益显著的优点。

专利种类：发明
申 请 日：2007-05-15
申请（专利权）人：李坚华
地　　址：313302浙江省安吉县天荒坪镇白水工业园雅风公司内
发明（设计）人：李坚华
法律状况：已授权
专 利 号：ZL 200710106893.8
公开（公告）号：CN 101036994
转让方式：普通许可 独占许可 技术入股 专利权转让

5.1.9 一种新型竹地板

本发明提供了一种新型竹地板。它为由炭化程度不同的竹材料经浸胶、混合、装模，再经高压压制而形成的地板，或者它为由不经过炭化的竹材料与炭化程度相同的竹材料经浸胶、混合、装模，再经高压压制而形成的地板，或者它为由不经过炭化的竹材料与炭化程度不同的竹材料经浸胶、混合、装模，再经高压压制而形成的地板，所述竹材料是指竹丝或竹片或竹丝与竹片的混合物。本发明所提供的竹地板具有丰富的颜色以及多变灵活的花纹，比如类似于豹纹、虎纹、木纹、斑竹纹等艺术效果，极大地丰富竹地板的花样品种。

专利种类：发明
申 请 日：2006-04-21
申请（专利权）人：李坚华
地　　址：313302浙江省安吉县天荒坪镇白水工业园雅风公司内
发明（设计）人：李坚华
法律状况：公开
专 利 号：ZL 200610050499.2
公开（公告）号：CN 1851196
转让方式：普通许可 独占许可 技术入股 专利权转让

5.1.10 竹青底层复合地板

一种竹青底层复合地板，包含有表层（1）、底层（3），底层为竹青片（4）侧拼层，且竹青片外表面为接地面，两竹青片（4）之间有拼接过程中自然构成的通气防潮底槽（6）。本发明在建筑装潢业中用作地板、墙板，相比现有技术，具有提高竹材利用率、底层不需另作防潮、开槽处理，有自然形成的防潮功能，减少工序、省成本、省时的优点。

专利种类：发明
申 请 日：2006-10-26
申请（专利权）人：李坚华
地　　址：313302浙江省安吉县天荒坪镇白水工业园雅风公司内
发明（设计）人：李坚华
法律状况：公开
专 利 号：ZL200610143443.1
公开（公告）号：CN 101004102
转让方式：普通许可 独占许可 技术入股 专利权转让

5.1.11 重组竹材原料单元加工方法

一种重组竹材原料单元加工方法，其特征是先按欲生产的重组竹材的长度截锯竹段、除去内外竹节、劈成竹片（1），竹片宽10~30mm、厚2~5mm，再将每一片竹片送入竹丝片辊轧机中轧成纵向凹凸错位排列、相邻丝条连丝的竹丝片（5），竹丝片中每条丝条（6）宽1.5~4mm。用本方法加工成的竹丝片，尤其适合于作重组竹材的原料单元，具有吸湿基本不变形、不会产生污水污染、能部分保留竹材原有机械强度、浸胶和组坯或装填入模方便、重组竹材的纤维纹符合消费者欣赏习惯因而受青睐等优点。

专利种类：发明
申 请 日：2007-07-24
申请（专利权）人：李坚华

地　　址：　　313302浙江省安吉县天荒坪镇白水工业园雅风公司内
发明（设计）人：李坚华
法律状况：　　公开
专 利 号：　　ZL200710070324.2
公开（公告）号：CN 101004102
转让方式：　　普通许可 独占许可 技术入股 专利权转让

5.1.12 竹蔑纵向分层侧立压制的竹板材的制作方法

本发明涉及一种竹篾纵向分层侧立压制的竹板材的制作方法，它是将竹筒劈成等宽度的竹条，将竹条剖切成厚度为0.5~6mm的竹篾，经沸水煮泡、烘干、硫化、浸泡树脂胶、热压、冷却、恒温存放后裁截为成品。竹板材的表面是竹篾薄片侧边叠加形成的自然纹理，美观且不显节疤，承载力更大，且不易变形，与现有的工艺相比，原竹的利用率由60%~70%提高到80%~90%，可节约用电40%，节省人力20%。

专利种类：　　发明
申 请 日：　　2006-10-25
申请（专利权）人：赵斌
地　　址：　　330001江西省南昌市京山南路28号
发明（设计）人：赵斌
法律状况：　　已授权
专 利 号：　　ZL 200610154417.9
公开（公告）号：CN 1944011
转让方式：　　普通许可 独占许可 技术入股 专利权转让

5.1.13 一种竹片侧立压制竹板材的制作方法

本发明涉及一种竹片侧立压制竹板材的制作方法，包括将按所需尺寸初加工的竹片或竹篾放入漂煮池内用沸水煮泡，或放入添加防虫、防霉、漂白剂或染色剂的漂煮池内用沸水煮泡，或放置于加入漂白剂或染色剂的漂浸池中漂浸；或将竹片或竹篾不经漂煮，直接放入硫化罐高温蒸汽，硫化；烘干后的竹片或竹篾的表面及底面均匀地涂抹树脂胶；将涂胶后的竹片或竹篾送入热压机中热压至胶水固化；然后冷却至常温，再放入恒温房存放30天后取出，按所需的尺寸规格裁截为成品。本发明的竹板材表面是竹篾薄片侧边叠加形成的自然纹理，美观不显节疤，承载力更大，不易变形，成品含胶量少，由更有利于环保，比现有工艺功效更高、节电、提高原竹利用率、节约成本。

专利种类：　　发明
申 请 日：　　2008-12-01
申请（专利权）人：赵斌
地　　址：　　330001江西省南昌市京山南路28号
发明（设计）人：赵斌
法律状况：　　已授权
专 利 号：　　ZL 200810136322.3
公开（公告）号：CN 101417457
转让方式：　　普通许可 独占许可 技术入股 专利权转让

5.1.14 一种能对木材或竹材通透染色的染色液及其染色方法

本发明公开了一种能对木材或竹材通透染色的染色液，其由根据颜色深度需要的适量的传统木材或竹材专用染料，和由乙醇及水组成的助剂混合而成；所述助剂中乙醇的重量组分占所述助剂重量份的20%~100%，其余为水。采用上述染色液对木材或竹材通透染色的染色法，工艺步骤包括对木材或者竹材的预处理、准备染色液、准备漂染柜、冷漂或者加温漂、挥去乙醇、清水冲洗、干燥。本发明提供的染色液及其染色方法能对木材或竹材进行通透染色，即不仅木材或竹材的表面被染色，而且颜色能渗透到木材或竹材的中心深部。本发明的染色产品不会出现传统的表层进行加色喷漆、涂漆及套色印刷的假色、色浅、易掉色、易变色、易磨损露出底色的缺陷。

专利种类：　　发明
申 请 日：　　2008-12-24
申请（专利权）人：赵斌
地　　址：　　330001江西省南昌市京山南路28号
发明（设计）人：赵斌
法律状况：　　已授权
专 利 号：　　ZL200810136596.2
公开（公告）号：CN 101439530

转让方式：　　普通许可 独占许可 技术入股
专利权转让

5.1.15 抗变形层叠胶粘竹木板材

本发明涉及一种抗变形层叠胶粘竹木板材，它由竹木薄片垂直于竹木板材平面，胶粘叠压而成。在竹木板材内，起点在竹木板材的侧面，沿竹木板材的宽度方向设有贯通竹木板材全宽度的通孔，位于通孔中的栓杆与通孔紧配合，栓杆的长度等于竹木板材的宽度。也可在竹木板材内，起点在竹木板材的两个侧面，沿竹木板材的宽度方向设有相向错开的盲孔，位于盲孔中的栓杆与盲孔紧配合，栓杆的长度小于竹木板材的宽度，大于竹木板材宽度的一半。本发明的有益效果是：栓杆与竹木板材的通孔或盲孔紧配合，一是栓杆把竹木薄片串联成一体，加强了它们的结合力度；二是栓杆好似横向龙骨，提高了相对处于薄弱环节的横向截面的强度，有效地抵抗和防止横向变形。

专利种类：　　发明
申 请 日：　　2007-10-10
申请（专利权）人：赵斌
地　　址：　　330001江西省南昌市京山南路28号
发明（设计）人：赵斌
法律状况：　　公开
专 利 号：　　ZL200710156281.X
公开（公告）号：CN 101134327
转让方式：　　普通许可 独占许可 技术入股
专利权转让

5.1.16 一种彩色竹木板材的制造方法

本发明涉及一种彩色竹木板材的制造方法，包括：把0.1~30mm厚的竹木片材完全浸泡在染料池内，取出烘干后表面涂胶或挂胶，按设定的片材层数叠加，相邻片材的纹路按顺纹或交叉排列，输入压力机中加温加压，层叠压制成彩色板材；也可把不规则的竹木碎料完全浸入染料池内浸泡，烘干后表面挂胶，再输入压力机的成形板材模具中加温加压，制成彩色叠压木板材。由于彩色竹木板材的表面与其深层内部都是完全相同的颜色，如果采用本发明加工的竹木器、地板或装饰面板的表面磨损或损伤，就可进行修补并达到颜色完全一致、修旧如新的效果。如采用竹木碎料制造彩色叠压木板材，则可充分利用竹木碎料、节约木材资源、变废为宝、降低板材成本。

专利种类：　　发明
申 请 日：　　2008-04-25
申请（专利权）人：赵斌
地　　址：　　330001江西省南昌市京山南路28号
发明（设计）人：赵斌
法律状况：　　公开
专 利 号：　　ZL200810106826.0
公开（公告）号：CN 101264616
转让方式：　　普通许可 独占许可 技术入股
专利权转让

5.1.17 侧立竹条胶粘的波浪形条纹竹板材的制作方法

本发明涉及一种侧立竹条胶粘的波浪形条纹竹板材的制作方法，包括鲜竹预处理，漂白、硫化或染色，定宽定厚、浸胶烘干或者涂胶晾干，热压、冷却和恒温存放、裁平裁截为成品。所述热压工艺是将定宽定厚的竹条按序侧立叠加成所需宽度的竹板材坯料，送入设有从上面加压和从两侧面通过波浪形曲面钢质压条顶压竹板材坯料的热压机，压制出侧立波浪形竹条胶粘的竹板材坯料。本发明所需原材料的厚度不受限制，厚薄均可，能充分利用各种竹材原料；不需要剖切成竹蔑薄片，可节约用电20%，节省人力20%；具有强度高、耐磨、环保的特点，可应用于地板、家具、家用电器的外壳以及花瓶等工艺制品，达到以竹代木、以竹代塑、以竹代钢的效果。

专利种类：　　发明
申 请 日：　　2010-01-29
申请（专利权）人：赵斌
地　　址：　　330001江西省南昌市京山南路28号
发明（设计）人：赵斌
法律状况：　　公开
专 利 号：　　ZL201010103267.5
公开（公告）号：CN 101791816A
转让方式：　　普通许可 独占许可 技术入股
专利权转让

5.1.18 一种保留竹子天然竹青的竹条加工方法

一种保留竹子天然竹青的竹条加工方法，主要涉及一种竹条的加工方法，将竹子切断、破片后再细剖，分离出竹青与竹黄，放入加有NaOH水溶液的蒸煮锅中蒸煮，蒸煮后冷却清洗再拉丝得到竹条，将竹条经过水磨清洗后放入含有$CuSO_4$和焦亚$NaSO_4$水溶液的锅中浸泡，浸泡后再进行烘干，最后经过干磨抛光后得到竹条成品。本发明保留了竹子的竹青，提高了竹材的加工利用率，并使加工出的竹条保留了竹子的原色，增加了美观性，无污染，有利于环保。

专利种类：发明
申 请 日：2008-05-06
申请（专利权）人：江西南丰振宇实业集团有限公司
地　　址：344500江西省抚州市南丰县工业园区888号
发明（设计）人：林垂伍 林垂都
法律状况：已授权
专 利 号：ZL200810106841.5
公开（公告）号：CN 101298149
转让方式：普通许可 独占许可 技术入股 专利权转让

5.1.19 种水磨机

本发明主要用于竹制品的加工过程中，半成品竹条的带水磨削加工。该水磨机由底座、驱动部件、传动部件、供水部件和磨削部件组成，其中驱动部件固定连接在底座上，传动部件连接驱动部件与磨削部件，磨削部件固定连接在底座上，供水部件固定连接在磨削部件上。该发明既能节省原材料，又能使产生的废料得到重新利用，保护环境，还能大大减少毛刺的产生，提高成品的光洁度。

专利种类：发明
申 请 日：2008-09-08
申请（专利权）人：江西南丰振宇实业集团有限公司
地　　址：344500江西省抚州市南丰县工业园区888号
发明（设计）人：林垂伍
法律状况：已授权
专 利 号：ZL200810107086.2
公开（公告）号：CN 101396801
转让方式：普通许可 独占许可 技术入股 专利权转让

5.1.20 一种竹制品竹条的磨削工艺

一种竹制品竹条的磨削工艺，属于竹条的加工方法，通过将剖好的竹青竹片进行蒸煮、拉丝、水磨、漂白和烘干后得到竹条。将竹条进行水磨加工处理后，可以有效除去竹条表面的毛刺和污渍，使生产出的竹条表面光滑、无毛刺、不扎手，且水磨加工后得到的废料可直接用于造纸，无污染，利于环保。加工后的竹条可广泛用于竹席、竹枕、竹窗帘、竹地毯以及竹编织工艺品等竹产品。

专利种类：发明
申 请 日：2008-09-08
申请（专利权）人：江西南丰振宇实业集团有限公司
地　　址：344500江西省抚州市南丰县工业园区888号
发明（设计）人：林垂伍
法律状况：已授权
专 利 号：ZL 200810107082.4
公开（公告）号：CN 101402212
转让方式：普通许可 独占许可 技术入股 专利权转让

5.1.21 一种水磨竹条的加工方法

一种水磨竹条的加工方法，属于竹条的加工方法，通过将剖好的竹青竹片进行蒸煮、水磨、拉丝、漂白和烘干后得到竹条。将竹条进行水磨加工处理后，可以有效除去竹条表面的毛刺和污渍，使生产出的竹条表面光滑、无毛刺，产品质量高，节约了原材料和加工成本，且水磨加工后得到的废料可直接用于造纸，无污染，利于环保。加工后的竹条可广泛用于竹席、竹窗帘、竹地毯以及竹编织工艺品等竹产品。

专利种类：发明
申 请 日：2008-09-08
申请（专利权）人：江西南丰振宇实业集团有限公司

地　　址：　　344500江西省抚州市南丰县工业园区888号
发明（设计）人：林垂伍
法律状况：　　已授权
专 利 号：　　ZL 200810107083.9
公开（公告）号：CN 101402213
转让方式：　　普通许可 独占许可 技术入股 专利权转让

5.1.22 一种竹制品竹条的制造方法

一种竹制品竹条的制造方法，属于竹条的加工方法，通过将剖好的竹青竹片和竹黄竹片进行拉丝、水磨、漂白和烘干后得到竹条。将竹条进行水磨加工处理后，可以有效除去竹条表面的毛刺和污渍，使生产出的竹条表面光滑、无毛刺，产品质量高，省略了刮青和蒸煮的步骤，简化了工艺流程，节约了原材料和加工成本，且水磨加工后得到的废料可直接用于造纸，无污染。加工后的竹条可广泛用于竹席、竹窗帘、竹地毯以及竹编织工艺品等竹产品。

专利种类：　　发明
申 请 日：　　2008-09-08
申请（专利权）人：江西南丰振宇实业集团有限公司
地　　址：　　344500江西省抚州市南丰县工业园区888号
发明（设计）人：林垂伍
法律状况：　　已授权
专 利 号：　　ZL 200810107084.3
公开（公告）号：CN 101402214
转让方式：　　普通许可 独占许可 技术入股 专利权转让

5.1.23 一种竹条的加工方法

一种竹条的加工方法，属于竹条的加工方法，通过将剖好的竹青竹片和竹黄竹片进行拉丝、漂白、水磨和烘干后得到竹条。将竹条进行水磨加工处理后，可以有效除去竹条表面的毛刺和污渍，使生产出的竹条表面光滑、无毛刺，省略了刮青和蒸煮的步骤，简化了工艺流程，提高了竹材的原料加工利用率，节约了资源，且水磨加工后得到的废料可直接用于造纸，无污染，利于环保。加工后的竹条可广泛用于竹席、竹窗帘、竹地毯以及竹编织工艺品等竹产品。

专利种类：　　发明
申 请 日：　　2008-09-08
申请（专利权）人：江西南丰振宇实业集团有限公司
地　　址：　　344500江西省抚州市南丰县工业园区888号
发明（设计）人：林垂伍
法律状况：　　已授权
专 利 号：　　ZL 200810107085.8
公开（公告）号：CN 101402215
转让方式：　　普通许可 独占许可 技术入股 专利权转让

5.1.24 一次性成型拉丝水磨机

一次性成型拉丝水磨机，涉及一种竹制品加工装置。由水磨机、拉丝机和底座组成，水磨机与拉丝机分别固定在底座上，拉丝机的出料口与水磨机的进料口相对应，水磨机与拉丝机的工作平面保持在同一水平面。本发明的有益效果是：本发明将竹条的拉丝与水磨一起完成，增加了工作效率。水磨机的导轨设计，使得磨削轮的工作表面能够得到充分的利用，降低了生产成本。

专利种类：　　发明
申 请 日：　　2009-05-07
申请（专利权）人：江西南丰振宇实业集团有限公司
地　　址：　　344500江西省抚州市南丰县工业园区888号
发明（设计）人：林垂伍
法律状况：　　公开
专 利 号：　　ZL 200910115315.X
公开（公告）号：CN 101637930
转让方式：　　普通许可 独占许可 技术入股 专利权转让

5.1.25 一种竹地板竹条的加工工艺

本发明涉及一种竹制品加工工艺，尤其涉及一种竹地板竹条的加工工艺。一种竹地板竹条的加工工艺，包括以下步骤。①将竹子按需要切断后进行破片，去除竹节后得到竹片；②将竹片进一步细剖，将竹青竹片与竹黄竹片分离；③将竹黄竹片经过竹条压轮压碎机将竹黄竹片压制成纤维竹丝束状竹丝条；④将竹丝条进行炭化或漂白处理；⑤将步骤④得到的竹丝条放入烘房烘干至含水量不高于7%。本发明由于采用了带锋口刀片的压丝轮，再经过压轮机的压力压制后，细小的条状竹条内部被逐步压散成完整的纤维竹丝束，这样的竹条在浸胶的时候，胶水能够完全渗透进入纤维竹丝束的内部，能够避免出现跳丝、开裂、毛刺等现象，大大提高了地板的质量。

专利种类：　发明
申 请 日：　2011-09-06
申请（专利权）人：江西南丰振宇实业集团有限公司
地　　址：　344500江西省抚州市南丰县工业园区888号
发明（设计）人：林垂伍
法律状况：　公开
公开专利号：　ZL 201110262158.2
公开（公告）号：CN　102310441A
转让方式：　普通许可 独占许可 技术入股 专利权转让

5.1.26 一种竹条压丝压碎机

本发明涉及一种竹制品加工装置，尤其涉及一种竹条压轮压碎机。一种竹条压丝压碎机，包括底座、电机、拉丝机，其中还包括切条机和压碎机，所述电机、拉丝机、切条机和压碎机固定安装于底座上，所述切条机的进料口与拉丝机的出料口对应、压碎机的进料口与切条机的出料口对应，电机与拉丝机、切条机、压碎机相连。拉丝机、切条机、压碎机的内部之间的传动通过齿轮、链条及其它们之间的组合来实现。本发明由于采用了带锋口刀片的压丝轮，再经过多组压碎轮的压力下，细小的条状竹条内部被逐步压碎成丝状，这样的竹条在浸胶的时候，胶水能够渗透进入竹条的内部，能够避免出现跳丝、开裂、毛刺等现象，大大提高了地板的质量。

专利种类：　发明
申 请 日：　2011-09-06
申请（专利权）人：江西南丰振宇实业集团有限公司
地　　址：　344500江西省抚州市南丰县工业园区888号
发明（设计）人：林垂伍
法律状况：　公开
公开专利号：　ZL 201110262139.X
公开（公告）号：CN　102310445A
转让方式：　普通许可 独占许可 技术入股 专利权转让

5.1.27 一种竹地板加工工艺

本发明涉及一种竹制品的加工方法，尤其涉及一种竹地板加工工艺。一种竹地板加工工艺，依次包括以下几个步骤：锯竹、破片、开片、压丝、漂白或炭化、浸胶、烘干、压模、成型。在压模时掺入经过浸胶的竹纤维粉和竹炭粉。采用本发明的加工工艺后，由于竹屑和竹纤维都得到了充分的利用，大大提高了原料的利用率，降低了生产成本。而且掺入这两种材料加工出来的竹地板能够有效的对家居环境中的空气进行净化，提高了产品的附加值。在浸胶时加入聚磷酸铵能够提高地板的燃点，提高了竹地板的安全性能。

专利种类：　发明
申 请 日：　2010-07-15
申请（专利权）人：江西南丰振宇实业集团有限公司
地　　址：　344500江西省抚州市南丰县工业园区888号
发明（设计）人：林垂伍
法律状况：　公开
公开专利号：　ZL 201010227876.1
公开（公告）号：CN 102335943A
转让方式：　普通许可 独占许可 技术入股 专利权转让

5.1.28 一种锁扣式地板

本发明涉及一种建筑装饰材料，尤其涉及一种锁扣式地板。一种锁扣式地板，包括地板本体，所述本体的两长边设置有榫头和榫槽，所述榫头包括向斜下方凸出的第一凸块和处于第一凸块下方的第一凹槽，所述榫槽包括向斜上方凸出的第二凸块和处于第二凸块上方的第二凹槽。本发明锁扣地板具有安装方便，用榫头压进榫槽，稍一用力即可完成安装。并且地板接缝处受榫头和榫槽的拉力作用，不容易受到温度、湿度等环境因素的影响而产生变形，大大增加了它的使用寿命。

专利种类：发明
申 请 日：2011-09-06
申请（专利权）人：江西南丰振宇实业集团有限公司
地 址：344500江西省抚州市南丰县工业园区888号
发明（设计）人：林垂伍
法律状况：公开
公开专利号：ZL 201110262157.8
公开（公告）号：CN 102409830A
转让方式：普通许可 独占许可 技术入股 专利权转让

5.1.29 一种防水重竹地板加工工艺

本发明涉及一种竹制品的加工方法，尤其涉及一种防水重竹地板加工工艺。一种地热重竹地板加工工艺，包括破片、去除竹节、细剖、压制成纤维状竹条、碳化或蒸煮漂白、烘干、浸胶、压制成竹地板胚料等。本发明由于采用了带锋口刀片的压丝轮，胶水能够完全渗透进入纤维竹丝束的内部，使每根竹条内部的各个部分能够充分均匀的吸收到胶水，能够避免出现跳丝、开裂、毛刺等现象，大大提高了地板的质量。且胶水的密度比重能够达到防水地板的要求，外部的水分难以进入地板内部，达到良好的防水效果，延长地板的使用寿命。

专利种类：发明
申 请 日：2011-12-23
申请（专利权）人：江西南丰振宇实业集团有限公司
地 址：344500江西省抚州市南丰县工业园区888号
发明（设计）人：林垂伍
法律状况：公开
公开专利号：ZL201110436353.2
公开（公告）号：CN 102581908A
转让方式：普通许可 独占许可 技术入股 专利权转让

5.1.30 一种地热重竹地板加工工艺

本发明涉及一种竹制品的加工方法，尤其涉及一种地热重竹地板加工工艺。一种地热重竹地板加工工艺，包括破片、去除竹节、细剖、压制成纤维状竹条、碳化或蒸煮漂白、烘干、浸胶、压制成竹地板胚料等。本发明由于采用了带锋口刀片的压丝轮，胶水能够完全渗透进入纤维竹丝束的内部，使每根竹条内部的各个部分能够充分均匀的吸收到胶水，能够避免出现跳丝、开裂、毛刺等现象，大大提高了地板的质量。且浸胶胶水的密度适合，能够达到地热地板的要求，避免了因温度变化而产生的地板开裂、变形等现象，延长了地板的使用寿命。

专利种类：发明
申 请 日：2011-12-23
申请（专利权）人：江西南丰振宇实业集团有限公司
地 址：344500江西省抚州市南丰县工业园区888号
发明（设计）人：林垂伍
法律状况：公开
公开专利号：ZL201110436354.7
公开（公告）号：CN 102581903A
转让方式：普通许可 独占许可 技术入股 专利权转让

5.1.31 一种环保型竹重组材料的制备方法

本发明公开了一种环保型竹重组材料的制备方法，包括以下步骤：以各种竹材为原料，将原料截段、或再经开片、除去内竹节；碾压疏解；在60~80℃温度下干燥至含水率8%~14%；用低温等离子体处理机对竹束表面进行处理；取出沥干；浸胶干燥后的竹材按同纤维方向铺层或装模成板坯；热压成型。本发明方法无需去除青黄，无需任何化学手段，使得竹材综合利用率达到95%以上。使用低温等离子技术改善竹材的浸润性，有效提高了重组竹制品的尺寸稳定性，能快速、高效、无污染、无损伤地改变各类高分子材料表面性能。使用花生壳液化树脂胶粘剂制备重组竹，成本降低，游离醛含量降低，还可以有效改善生产环境，减少或杜绝工人过敏现象，有利于工人的身体健康。

专利种类：　　　发明

申 请 日：　　　2012-03-09

申请（专利权）人：江西康替龙竹业有限公司

地　　址：　　　336300 江西省宜春市宜丰县良岗工业园康替龙竹业有限公司

发明（设计）人：孙丰文 钟三明 张茜 贺磊

法律状况：　　　公开

专 利 号：　　　ZL 201210061194.7

公开（公告）号：CN　102528893A

转让方式：　　　普通许可 独占许可 技术入股 专利权转让

5.1.32　智能竹鞋柜

一种智能竹鞋柜，包括柜体、柜门、电源插座，其特点是柜体内设置网状层板，柜体内上端为电器箱，电器箱内安装控制电路、臭氧发生器、PTC风机，臭氧发生器出口、PTC风机出风口朝向柜体空腔中，柜体顶板上设置LED显示屏，LED显示屏与控制电路相连，可显示柜体内温度，柜体侧板上开有通风孔，柜体及网状层板均由竹片制成。本发明的智能竹鞋柜，全部采用天然竹片为原料，节能环保，通过臭氧发生器和PTC风机能彻底杀灭鞋子中的细菌，并快速烘干鞋子。

专利种类：　　　发明

申 请 日：　　　2011-12-21

申请（专利权）人：江西飞宇竹业集团有限公司

地　　址：　　　330700 江西省宜春市奉新县工业园区

发明（设计）人：魏冬冬 吴少红

法律状况：　　　公开

专 利 号：　　　ZL 201110430754.7

公开（公告）号：CN 102429473A

转让方式：　　　普通许可 独占许可 技术入股 专利权转让

5.1.33　一种在竹木强化板的面板涂装中层直接印制彩图的加工方法

一种在竹木强化板的面板涂装中层直接印制彩图的加工方法，其步骤是：先对木、竹板材进行干燥处理，之后砂带打磨除尘，在砂过的木、竹板材上用水性油漆涂装，再滚涂两遍紫外光固化油漆，将涂装过三次底漆的木、竹板材拼装到平板打印机上，平板打印机将图案直接打印在木、竹板材上，最后再覆盖高光或亚光面漆。本发明的方法是将选好的图案通过平板打印机上打印在竹木强化板的面板涂装中层上，彩图是在板材油漆层的中间，所谓的“釉上彩”和“釉下彩”连用，彩图洗不到、擦不掉，能达到永不褪色的目的，其生产成本低、工艺简单，可根据实际环境选用不同的图案，装饰效果极佳，能给家庭、酒店、宾馆、会议室装饰带来整体的、靓丽多彩的装饰效果。

专利种类：　　　发明

申 请 日：　　　2011-10-31

申请（专利权）人：江西飞宇竹业集团有限公司

地　　址：　　　330700 江西省宜春市奉新县工业园区

发明（设计）人：吴少红

法律状况：　　　公开

专 利 号：　　　ZL 201110336409.7

公开（公告）号：CN　102501703A

转让方式：　　　普通许可 独占许可 技术入股 专利权转让

5.1.34　一种竹条压轮压碎机

本发明涉及一种竹制品加工装置，尤其涉及一种竹条压轮压碎机。一种竹条压轮压碎机，包括底座、电机、拉丝机，其中，还包括切条机和至少一组压轮机，所述电机、拉丝机、切条机和压轮机固定安装于底座上，所述切条机的进料口与拉丝机的出料口对应、压轮机的进料口与切条机的出料口对应，电机与拉丝机、切条机、压轮机相连。本发明由于采用了带锋口刀片的压丝轮，再经过压轮机的大压轮的强大压力压制后，细小的条状竹条内部被逐步压散成完整的纤维竹丝束。这样的竹条在浸胶的时候，胶水能够完全渗透进入纤维竹丝束的内部，避免出现跳丝、开裂、毛刺等现象，大大提高了地板的质量。

专利种类：　　　发明

申 请 日：　　　2011-09-06

申请（专利权）人：江西南丰振宇实业集团有限公司

地　　址：　　　344500 江西省抚州市南丰县工业园区888号

发明（设计）人：林垂伍
法律状况：公开
专 利 号：ZL 201110262160.X
公开（公告）号：CN 102501703A
转让方式：普通许可 独占许可 技术入股 专利权转让

5.1.35 一种竹地板竹条的加工工艺

本发明涉及一种竹制品加工工艺，尤其涉及一种竹地板竹条的加工工艺。一种竹地板竹条的加工工艺，包括以下步骤：①将竹子按需要切断后进行破片，去除竹节后得到竹片；②将竹片进一步细剖，将竹青竹片与竹黄竹片分离；③将竹黄竹片经过竹条压轮压碎机将竹黄竹片压制成纤维竹丝束状竹丝条；④将竹丝条进行碳化或漂白处理；⑤将步骤④得到的竹丝条放入烘房烘干至含水量不高于7%。本发明由于采用了带锋口刀片的压丝轮，再经过压轮机的压力压制后，细小的条状竹条内部被逐步压散成完整的纤维竹丝束，这样的竹条在浸胶的时候，胶水能够完全渗透进入纤维竹丝束的内部，能够避免出现跳丝、开裂、毛刺等现象，大大提高了地板的质量。

专利种类：发明
申 请 日：2011-09-06
申请（专利权）人：江西南丰振宇实业集团有限公司
地　　址：344500 江西省抚州市南丰县工业园区888号
发明（设计）人：林垂伍
法律状况：公开
专 利 号：ZL 201110262158.2
公开（公告）号：CN 102310441A
转让方式：普通许可 独占许可 技术入股 专利权转让

5.1.36 一次性成型拉丝水磨机

一次性成型拉丝水磨机，涉及一种竹制品加工装置。由水磨机、拉丝机和底座组成，水磨机与拉丝机分别固定在底座上，拉丝机的出料口与水磨机的进料口相对应，水磨机与拉丝机的工作平面保持在同一水平面。本实用新型的有益效果是：本实用新型将竹条的拉丝与水磨一起完成，增加了工作效率。水磨机的导轨设计，使得磨削轮的工作表面能够得到充分的利用，降低了生产成本。

专利种类：发明
申 请 日：2009-05-07
申请（专利权）人：江西南丰振宇实业集团有限公司
地　　址：344500江西省抚州市南丰县工业园区888号
发明（设计）人：林垂伍
法律状况：已授权
专 利 号：ZL 200910115315.X
公开（公告）号：CN 101637930
转让方式：普通许可 独占许可 技术入股 专利权转让

5.1.37 一种无缝、无拼接竹材板的制作方法

一种无缝、无拼接竹材板的制作方法，包括以下步骤：①将原料竹子按所需的长度下料，再把竹子内外节清平；②在压力容器内于130~160℃煮，进行脱糖、脱脂，软化处理；③把竹子锯开一条纵向缝隙；④进冷压机，平压，压力为300t，侧压压力为600t，压成竹板；⑤烘干至含水率5%~8%；⑥烘干的竹板背面涂胶；⑦将涂胶竹板进热压机成型，下压机自然冷却，可用做任何竹制品板材。本发明和原有技术相比，含胶水量减少了90%，成本减少50%，不变形，不开裂，可弯曲，防水性能好，改变了传统的破片或破丝胶合的复杂工艺，是绿色、节能产品。

专利种类：发明
申 请 日：2010-10-28
申请（专利权）人：袁振刚
地　　址：110013 辽宁省沈阳市沈河区北京街19号先锋大厦415室
发明（设计）人：袁振刚
法律状况：公开
专 利 号：ZL201010523938.3
公开（公告）号：CN 101973056A
转让方式：普通许可 独占许可 技术入股 专利权转让

5.2 实用新型专利

5.2.1 一次性成型拉丝水磨机

一次性成型拉丝水磨机，涉及一种竹制品加工装置。由水磨机、拉丝机和底座组成，水磨机与拉丝机分别固定在底座上，拉丝机的出料口与水磨机的进料口相对应，水磨机与拉丝机的工作平面保持在同一水平面。本实用新型的有益效果是：本实用新型将竹条的拉丝与水磨一起完成，增加了工作效率。水磨机的导轨设计，使得磨削轮的工作表面能够得到充分的利用，降低了生产成本。

专利种类：实用新型
申请日：2009-05-07
申请（专利权）人：江西南丰振宇实业集团有限公司
地址：344500江西省抚州市南丰县工业园区888号
发明（设计）人：林垂伍
法律状况：已授权
专利号：ZL200920184895.3
公开（公告）号：CN 201385348
转让方式：普通许可 独占许可 技术入股 专利权转让

5.2.2 竹纤维机

本实用新型涉及一种竹制品加工设备，尤其涉及一种生产竹纤维的设备。竹纤维机由底座、驱动部件、传动部件、供水部件和磨削部件组成，其中驱动部件固定连接在底座上，传动部件连接驱动部件与磨削部件，磨削部件固定连接在底座上，供水部件固定连接在磨削部件上，其中：磨削部件由上传送轮、下传送轮、磨削轮、托板、轴承、送料板、磨削面板和调节装置组成，所述磨削轮为实心的砂轮结构，沿轴线开有轴孔，磨削轮的长度为10～20cm。使用本装置加工后得到的竹纤维非常纤细，可以直接用作纸浆的原料，以及用作其他的工业加工。

专利种类：实用新型
申请日：2009-05-07
申请（专利权）人：江西南丰振宇实业集团有限公司
地址：344500江西省抚州市南丰县工业园区888号
发明（设计）人：林垂伍
法律状况：已授权
专利号：ZL 200920184896.8
公开（公告）号：CN 201385351
转让方式：普通许可 独占许可 技术入股 专利权转让

5.2.3 锁扣式地板

本实用新型涉及一种建筑装饰材料，尤其涉及一种锁扣式地板。锁扣式地板，包括地板本体，所述本体的两长边设置有榫头和榫槽，所述榫头包括向斜下方凸出的第一凸块和处于第一凸块下方的第一凹槽，所述榫槽包括向斜上方凸出的第二凸块和处于第二凸块上方的第二凹槽。本实用新型锁扣地板具有安装方便，用榫头压进榫槽，稍一用力即可完成安装。并且地板接缝处受榫头和榫槽的拉力作用，不容易受到温度、湿度等环境因素的影响而产生变形，大大增加了它的使用寿命。

专利种类：实用新型
申请日：2011-09-06
申请（专利权）人：江西南丰振宇实业集团有限公司
地址：344500江西省抚州市南丰县工业园区888号
发明（设计）人：林垂伍
法律状况：已授权
专利号：ZL 201120332504.5
公开（公告）号：CN 202202539U
转让方式：普通许可 独占许可 技术入股 专利权转让

5.2.4 竹条压丝压碎机

本实用新型涉及一种竹制品加工装置，尤其涉及一种竹条压轮压碎机。一种竹条压丝压碎机，包括底座、电机、拉丝机，其中还包括切条机和压碎机，所述电机、拉丝机、切条机和压碎机固定安装于底座上，所述切条机的进料口与拉丝机的出料口对应、压碎机的进料口与切条机的出料口对应，电机与拉丝机、切条机、压碎机相连。拉丝机、切条机、压碎机的内部之间的传动通过齿轮、链条及其它们之间的组合来实现。本实用新型由于采用了带锋口刀片的压丝轮，再经过多组压碎轮的压力下，细小的条状竹条内部被逐步压碎成丝状，这样的竹条在浸胶的时候，胶水能够渗透进入竹条的内部，能够避免出现跳丝、开裂、毛刺等现象，大大提高了地板的质量。

专利种类：实用新型
申 请 日：2011-09-06
申请（专利权）人：江西南丰振宇实业集团有限公司
地　　址：344500江西省抚州市南丰县工业园区888号
发明（设计）人：林垂伍
法律状况：已授权
专 利 号：ZL 201120332484.1
公开（公告）号：CN 202200363U
转让方式：普通许可 独占许可 技术入股 专利权转让

5.2.5 竹条压轮压碎机

本实用新型涉及一种竹制品加工装置，尤其涉及一种竹条压轮压碎机。竹条压轮压碎机，包括底座、电机、拉丝机，其中，还包括切条机和至少一组压轮机，所述电机、拉丝机、切条机和压轮机固定安装于底座上，所述切条机的进料口与拉丝机的出料口对应、压轮机的进料口与切条机的出料口对应，电机与拉丝机、切条机、压轮机相连。本实用新型由于采用了带锋口刀片的压丝轮，再经过压轮机的大压轮的强大压力压制后，细小的条状竹条内部被逐步压散成完整的纤维竹丝束。这样的竹条在浸胶的时候，胶水能够完全渗透进入纤维竹丝束的内部，避免出现跳丝、开裂、毛刺等现象，大大提高了地板的质量。

专利种类：实用新型
申 请 日：2011-09-06
申请（专利权）人：江西南丰振宇实业集团有限公司
地　　址：344500江西省抚州市南丰县工业园区888号
发明（设计）人：林垂伍
法律状况：已授权
专 利 号：ZL 201120332497.9
公开（公告）号：CN 202208052U
转让方式：普通许可 独占许可 技术入股 专利权转让

5.2.6 电子设备的竹质机壳

本实用新型公开了一种结构简单，结实耐用的电子设备的竹质机壳。包括主壳体及其面板，所述主壳体的容纳室内底面板上分别设有一体式加强凸条和加强凸块，面板的显示窗口四周侧壁上设有隔离板，由隔离板在面板的两侧板面上形成内外两襄嵌凹台面，显示屏和显示屏保护板通过内外两襄嵌凹台面和隔离板连接于显示窗口。

专利种类：实用新型
申 请 日：2011.04.29
申请（专利权）人：江西铜鼓江桥竹木业有限责任公司
地　　址：336200 江西省宜春市铜鼓县定江西路658号
发明（设计）人：张小轲；黄小龙；吴水冰
法律状况：已授权
专 利 号：ZL 201120135174.0
公开（公告）号：CN 202077282U
转让方式：普通许可 独占许可 技术入股 专利权转让

5.2.7 电子电器竹质机壳

本实用新型公开了一种控制开关和机壳集成于一体，使用方便，结构简单，操作触摸感强的电子电器竹质机壳。包括竹质构件连接构成的设有电子控制开关的竹质壳体，所述电子控制开关为通过竹质触摸面板设于所述竹质机壳的竹质构件上的非接触式开关。

专利种类：实用新型
申 请 日：2011.04.29
申请（专利权）人：江西铜鼓江桥竹木业有限责任公司
地　　址：336200 江西省宜春市铜鼓县定江西路658号
发明（设计）人：张小轲
法律状况：已授权
专 利 号：ZL 201120135155.8
公开（公告）号：CN 202077298U

转让方式：　普通许可 独占许可 技术入股 专利权转让

5.2.8 鼠标制作机

本实用新型公开了一种可实现鼠标的自动化生产，生产效率高、成本低的鼠标制作机。包括工作台，分别相互对应连接于工作台上的圆盘式齿形刀具和燕尾形导向块，燕尾形导向块上连接有设有定位凸块的坯体座。

专利种类：　实用新型
申 请 日：　2009.10.28
申请（专利权）人：江西铜鼓江桥竹木业有限责任公司
地　　址：　336200 江西省宜春市铜鼓县定江西路658号
发明（设计）人：冯绪泉
法律状况：　已授权
专 利 号：　ZL200920188972.2
公开（公告）号：CN201525069U
转让方式：　普通许可 独占许可 技术入股 专利权转让

5.2.9 一种地板

本实用新型公开了一种制作简单，不易开裂、变形的地板，包括板体，所述板体设有分布于板体侧面上的不同高度的两条纵向方向线上的横向销栓，各所述横向销栓上分别设有两个竖向销栓。

专利种类：　实用新型
申 请 日：　2009-05-08
申 请 人：　江西铜鼓江桥竹木业有限责任公司
地　　址：　336000江西省铜鼓县定江西路658号
发明（设计）人：冯绪泉
法律状况：　已授权
专 利 号：　ZL 200920184928.4
公开（公告）号：CN 201400982
转让方式：　普通许可 独占许可 技术入股 专利权转让

5.2.10 一种电子设备机壳

本实用新型公开了一种牢固、耐用、环保、成本低的电子设备机壳。包括分别设有凹槽的横、竖竹质挡条连接构成的竹质框架，通过凹槽连接于该竹质框架的若干原竹片构成的后围板，所述竖竹质挡条连接有由固定臂和活动臂连接构成的支撑脚，横、竖竹质挡条与后围板通过拉杆相互紧固。

专利种类：　实用新型
申 请 日：　2010-07-04
申 请 人：　江西铜鼓江桥竹木业有限责任公司
地　　址：　336000江西省铜鼓县定江西路658号
发明（设计）人：张小柯
法律状况：　已授权
专 利 号：　ZL 201020252224.9
公开（公告）号：CN 201718127U
转让方式：　普通许可 独占许可 技术入股 专利权转让

5.2.11 一种工件制作机

本实用新型公开了一种通用性强，结构简单，能简化工艺流程，提高生产效率的工件制作机。包括设于机架上的分别设有限位装置的两工作台，分别设于工作台上方和两工作台之间的钻头为子母式的液压式钻具、压轮和两盘式锯。

专利种类：　实用新型
申 请 日：　2009-10-28
申请（专利权）人：江西铜鼓江桥竹木业有限责任公司
地　　址：　336000江西省铜鼓县定江西路658号
发明（设计）人：冯绪泉
法律状况：　已授权
专 利 号：　ZL200920188974.1
公开（公告）号：CN 201525070U
转让方式：　普通许可 独占许可 技术入股 专利权转让

5.2.12 一种机床的定位装置

本实用新型公开了一种机床的定位装置，该定位装置结构简单，使用方便，工作效率高。包括由1条纵向框边自其长度方向固定连接于相互间隔的5条横向框边的一端构成的框架组。纵向和横向框边形成4个与被加工的工件大小相对应的开放式框格。

专利种类：实用新型
申 请 日：2009-05-08
申请（专利权）人：江西铜鼓江桥竹木业有限责任公司
地 址：336000江西省铜鼓县定江西路658号
发明（设计）人：冯绪泉
法律状况：已授权
专 利 号：ZL200920184926.5
公开（公告）号：CN 201405208
转让方式：普通许可 独占许可 技术入股 专利权转让

5.2.13 一种键盘的指示灯装置

本实用新型公开了一种结构简单，对键盘的各相关部件的加工、安装简单方便的键盘的指示灯装置。包括指示灯电路板，设于指示灯电路板上的指示灯安装焊接孔，所述指示灯安装焊接孔为一设于指示灯电路板的一侧边缘上的半圆形焊接缺口。

专利种类：实用新型
申 请 日：2010-07-07
申请（专利权）人：江西铜鼓江桥竹木业有限责任公司
地 址：336000江西省铜鼓县定江西路658号
发明（设计）人：帅学威
法律状况：已授权
专 利 号：ZL201020252745.4
公开（公告）号：CN 201708071U
转让方式：普通许可 独占许可 技术入股 专利权转让

5.2.14 一种键柱及其键帽

本实用新型公开了一种能够使用机械自动化加工生产，生产效率高，制造成本低的键柱及其键帽。该键柱由圆柱形连接部和柱体部连接构成，该键帽设有与键柱的圆柱形连接部相对应连接的子母式圆形沉孔。

专利种类：实用新型
申 请 日：2009-10-28
申请（专利权）人：江西铜鼓江桥竹木业有限责任公司
地 址：336000江西省铜鼓县定江西路658号
发明（设计）人：冯绪泉
法律状况：已授权
专 利 号：ZL 200920188973.7
公开（公告）号：CN 201527918U
转让方式：普通许可 独占许可 技术入股 专利权转让

5.2.15 一种竹键盘

本实用新型公开了一种使用方便，录入速度快的竹键盘。包括框架的两端框架凸边上和底板支承台上分别设有凹槽和槽口，凹槽上设有支撑脚，支撑脚由销杆经相应的槽口活动连接于框架上，支撑脚的自由端面呈一弧形，弧形端面与框架之间有一间距。

专利种类：实用新型
申 请 日：2010-06-09
申请（专利权）人：江西铜鼓江桥竹木业有限责任公司
地 址：336000江西省铜鼓县定江西路658号
发明（设计）人：冯绪泉 张小柯
法律状况：已授权
专 利 号：ZL 201020223903.3
公开（公告）号：CN 201698334U
转让方式：普通许可 独占许可 技术入股 专利权转让

5.2.16 一种电子设备竹机壳

本实用新型公开了一种结构简单，结实耐用的电子设备竹机壳。包括主套体和辅套体构成的手机套，所述主套体和辅套体分别由底板、纵向侧板、和横向侧板相互连接构成，所述底板和纵向侧板其竹纹方向分别与手机套的长度方向相一致，所述横向侧板其竹纹方向与手机套的宽度方向相一致。

专利种类：实用新型
申 请 日：2011-04-29
申请（专利权）人：江西铜鼓江桥竹木业有限责任公司
地 址：336000江西省铜鼓县定江西路658号
发明（设计）人：张小轲 黄小龙 吴水冰
法律状况：已授权
专 利 号：ZL 201120135210.3
公开（公告）号：CN 202077283U
转让方式：普通许可 独占许可 技术入股 专利权转让

5.2.17 竹质构件的连接装置

本实用新型公开了一种制作加工简单方便，连接牢固可靠，制作的机壳结实耐用的竹质构件的连接装置。包括连接件，所述连接件包括分别设于竹质底板和竹质侧板上的孔、分别通过胶粘连接于相应的孔内的塑料无丝螺钉和塑料无丝螺母，竹质底板和竹质侧板通过塑料无丝螺钉和塑料无丝螺母相互连接。

专利种类：实用新型
申 请 日：2011-04-29
申请（专利权）人：江西铜鼓江桥竹木业有限责任公司
地 址：336000江西省铜鼓县定江西路658号
发明（设计）人：张小轲 邱铭庄 肖强
法律状况：已授权
专 利 号：ZL 201120135220.7
公开（公告）号：CN202077284U
转让方式：普通许可 独占许可 技术入股 专利权转让

5.2.18 竹丝片与竹青片层压板

一种竹丝片与竹青片层压板，由面层、芯层、底层组成，其特征是面层为竹肉带丝片胶压层，芯层为竹黄带丝片和/或杂料带丝片胶压层，底层为竹青片侧拼板层，竹青片的平面贴芯层，弧形面朝外，面层、芯层和底层的竹纤维均纵向排列；本层压板可广泛用作地板、墙板、家具板、包装箱板，具有竹材利用率极高，竹片内应力小、不裂，备料单一、工序少、工效高、成本低、强度高，面层花纹美观，具有显著的生态效益和经济效益等优点。

专利种类：实用新型
申 请 日：2007-05-15
申请（专利权）人：李坚华
地 址：313302浙江省安吉县天荒坪镇白水工业园安吉雅风竹业有限公司
发明（设计）人：李坚华
法律状况：已授权
专 利 号：ZL 200720154238.5
公开（公告）号：CN 201052630
转让方式：普通许可 独占许可 技术入股 专利权转让

5.2.19 竹肉丝片面层与竹黄丝片芯层的层压板

一种竹肉丝片面层与竹黄丝片芯层的层压板，包含有面层和芯层，面层为竹肉带丝片胶压层，芯层为竹黄带丝片和/或杂料带丝片胶压层，面层和芯层竹纤维均纵向排列；本层压板可广泛用作地板、墙板、家具板、包装箱板，具有竹材利用率较高，竹片内应力小、不裂，备料相对单一、工序少、工效高、成本低、强度高，面层花纹美观，具有良好的生态效益和经济效益等优点。

专利种类：实用新型
申 请 日：2007-05-15
申请（专利权）人：李坚华
地 址：313302浙江省安吉县天荒坪镇白水工业园安吉雅风竹业有限公司
发明（设计）人：李坚华

法律状况：　已授权
专 利 号：　ZL 200720154239.X
公开（公告）号：CN 201042818
转让方式：　普通许可 独占许可 技术入股 专利权转让

5.2.20 重竹复合地板

本实用新型提供了重竹复合地板。它包括板胚和粘在板胚上表面的面板，板胚由竹丝或竹片黏结高压压制而成。竹是一种再生很快的资源，采用本实用新型的结构，使得地板能以竹为主要原料，并且，板胚采用竹丝或竹片高压黏结压制而成，板胚密度大变形小，脚踏时质感更强。面板可采用木片或竹片，这样，本实用新型的表面更加平整光滑，具有整体木地板或竹地板的使用效果，提高了产品档次，本实用新型不会对森林资源造成毁坏，具有突出的社会效益和经济效益。

专利种类：　实用新型
申 请 日：　2002-12-23
申请（专利权）人：李坚华
地　　址：　313300浙江省安吉经济开发区灵峰村
发明（设计）人：李坚华
法律状况：　已授权
专 利 号：　ZL 02291948.1
公开（公告）号：CN 2592772
转让方式：　普通许可 独占许可 技术入股 专利权转让

5.2.21 一种无线编织机

本实用新型提供了一种无线编织机。它包括编织物的推进装置，所述推进装置包括动力机构、由动力机构提供转动动力的同步轴、若干个编织物的推进机构，推进机构通过联杆与同步轴动力连接。本实用新型通过同步轴带动推进机构，能实现所有推进机构的同步进退，保证编织物两端松紧一致并能够优化无线编织机的功能机构布局。所述同步轴可以设于无线编织机的后侧下方。这样，不必像以前一样将动力机构设于机头，因而可以缩小设备的宽度，简化机头的设备布置，有益于安全生产。

专利种类：　实用新型
申 请 日：　2003-04-30
申请（专利权）人：李坚华
地　　址：　313300 浙江省安吉经济开发区灵蜂村
发明（设计）人：李坚华
法律状况：　已授权
专 利 号：　ZL03251543.X
公开（公告）号：CN 2614873
转让方式：　普通许可 独占许可 技术入股 专利权转让

5.2.22 一种环保复合地板

本实用新型提供了一种新型的环保复合地板。其特征在于所述地板的底层由竹片拼接而成，所述竹片的一面为竹青面，且竹青面处于地板的背面。所述地板的表层可由竹片拼接而成，所述构成表层的竹片由竹黄构成。所述地板还可设有中间层，中间层也由竹片拼接而成，所述构成中间层的竹片由竹黄构成，相邻层之间，竹片拼接缝错开。中间层还可由竹丝或竹片经高压粘合而成的竹板型材构成。所述地板的表层也可由竹丝或竹片经高压粘合而成的竹板型材构成。由于采用本实用新型的技术方案，本实用新型利用竹青层组织非常致密的特点，将其作为防潮层，起到防潮作用，省略了对地板底层进行油漆防潮的工序，避免油漆防潮可能带来的环保问题。

专利种类：　实用新型
申 请 日：　2006-04-10
申请（专利权）人：李坚华
地　　址：　313302浙江省安吉县天荒坪镇白水湾工业园安吉雅风竹业有限公司
发明（设计）人：李坚华
法律状况：　已授权
专 利 号：　ZL200620102562.8
公开（公告）号：CN 2908660
转让方式：　普通许可 独占许可 技术入股 专利权转让

5.2.23 一种新型地板

本实用新型提供了一种安装方便稳固的新型地板。它还设有连接相邻地板块的锁扣条，地板块的侧面设有设置锁扣条并与锁扣条配合的锁扣条安装连接槽。所述锁扣条的两侧可设有分别与相邻地板块的安装连接槽槽壁相配合的倒齿。所述锁扣条的两侧也可设有分别与相邻地板块的安装连接槽槽壁相配合的摩擦纹。地板块与地板块之间用锁扣条连接在一起，连接牢固，可以省略安装时先安装地龙骨的步骤，直接在地上铺设地板，简化了安装地板时的工序，节约了成本，安装也更为灵活方便。

专利种类：　实用新型
申 请 日：　2006-04-11
申请（专利权）人：李坚华
地　　址：　313302浙江省安吉县天荒坪镇白水湾工业园安吉雅风竹业有限公司
发明（设计）人：李坚华
法律状况：　已授权
专 利 号：　ZL200620102591.4
公开（公告）号：CN 2908661
转让方式：　普通许可 独占许可 技术入股 专利权转让

5.2.24　一种竹木复合地板

本实用新型提供了一种竹木复合地板。它包括表层板、底层板、中间层板，所述表层板和底层板采用重竹材料，所述中间层板采用木材，相邻层的纤维取向交叉，表层板和底层板的纤维取向一致。所述的重竹材料为由竹丝或竹片或竹丝与竹片的混合物经浸胶、混合、装模，再经高压压制而形成的材料。本实用新型提供了一种改良型的竹地板，在利用竹材料的基础上，既具有重竹地板的表面硬度、使用寿命及外观，又具有实木地板的脚感，同时，不易弯曲变形，提高了竹地板的品质。

专利种类：　实用新型
申 请 日：　2006-06-20
申请（专利权）人：李坚华
地　　址：　313302浙江省安吉县天荒坪镇白水湾工业园安吉雅风竹业有限公司
发明（设计）人：李坚华
法律状况：　已授权
专 利 号：　ZL 200620104939.3
公开（公告）号：CN 2926379
转让方式：　普通许可 独占许可 技术入股 专利权转让

5.2.25　带锁扣条的地板

一种带锁扣条的地板，由地板（1）和锁扣条（3）两部分组成，地板（1）的两侧和/或两端开有形状与尺寸相同的并与锁扣条相配套的榫槽（2），锁扣条（3）的横截面呈类肾形，该类肾形的两翘部有明显的向上凸起，锁扣条（3）上有纵向排列的通水孔（5），本实用新型在建筑装潢业中应用于作地板和墙板，相比现有技术具有锁紧程度较高、漏水入缝不易积聚，能通过通水孔较快排除，不易霉变朽蚀，使用寿命长等优点。

专利种类：　实用新型
申 请 日：　2006-10-26
申请（专利权）人：李坚华
地　　址：　313302浙江省安吉天荒坪镇白水工业园雅风公司内
发明（设计）人：李坚华
法律状况：　已授权
专 利 号：　ZL 200620147636.X
公开（公告）号：CN 200964681
转让方式：　普通许可 独占许可 技术入股 专利权转让

5.2.26　叠层式人造板压制模具

一种叠层式人造板压制模具，压机的上工作台（3）或下工作台（9）为上下移动式工作台，两台的承压面上都有单凸模（5），共余的凸模均为配对且背靠背固定和分隔在凸模连板（8）上下面的双凸模（7），与上下两单凸模（5）相对的内侧有带公用底板（11）和各自侧板（12）的双凹模（10），凸模（5、7）宽度小于双凹模（10）内侧壁距，凸模连板（8）和双凹模底板（11）外两侧都有滑槽（2）和滑轮（6），凸模连板（8）和双凹模底板（11）两侧边都与定位板（1）接触。本模具可作纤维板、刨花板、层压板、集成板、重组板等多种人造板的压制模具，具有纵向铺装时不易滑落原料、切边面积小、不需另用定厚仪进行定厚等优点。

专利种类：　实用新型
申 请 日：　2007-04-28
申请（专利权）人：李坚华

地　　址：313302浙江省安吉县天荒坪镇白水湾工业园雅风公司内
发明（设计）人：李坚华
法律状况：已授权
专 利 号：ZL200720149846.7
公开（公告）号：CN 201023261
转让方式：普通许可 独占许可 技术入股 专利权转让

5.2.27 卡扣式地板

本实用新型公开了一种卡扣式地板。其榫头的上端设有一凸头，相对的企口开有与凸头相配的凹槽，地板的一端面下方开有锯齿状的凸形和凹形，相对的另一端面开有相对应的锯齿状凸形和凹形。本实用新型可方便地安装和拆卸，连接牢固、可靠，拼装后地板上能更有效地承载外力，彻底解决地板在使用中的开裂问题；在被长期踩踏或被家具重压下，地板不变形、翘曲。

专利种类：实用新型
申 请 日：2005-07-16
申请（专利权）人：江西省贵竹发展有限公司
地　　址：341300江西省崇义县县城中营村江西省贵竹发展有限公司
发明（设计）人：熊晓晶
法律状况：已授权
专 利 号：ZL 200520111876.X
公开（公告）号：CN 2806636
转让方式：普通许可 独占许可 技术入股 专利权转让

5.2.28 竹集成板材竹椅子

本实用新型涉及竹制家具座椅技术领域，尤其是一种完全利用大径毛竹材料生产的竹集成板材竹椅子。包括竹集成板材座椅支架，竹集成板材座椅靠背板、竹集成板材座面板，座椅靠背和座椅面板是由数根呈一定间距，每根由数片竹集成板材竹片层叠成条状的竹板材所制作；座椅支架是由长方形或正方形竹集成板材所制作。由于座椅支架是经过竹集成板材加工的竹材制作，可以完全按照人体坐姿工程学来制造，由于座椅面板和座椅靠背是靠一根根竹集成板材竹片层叠成条状的复合竹板材制造，具有很好的韧性和弹性，也有很好的透气性。

专利种类：实用新型
申 请 日：2010-11-19
申请（专利权）人：江西省贵竹发展有限公司
地　　址：341000 江西省赣州黄金技术开发区金坪中路江西省贵竹发展有限公司
发明（设计）人：熊晓洪
法律状况：已授权
专 利 号：ZL201020629668.X
公开（公告）号：CN 201911663U
转让方式：普通许可 独占许可 技术入股 专利权转让

5.2.29 竹皮窗帘

本实用新型涉及竹窗帘技术领域，尤其是一种竹皮窗帘，包括长方形竹皮窗帘，窗帘挂件，其特征在于：窗帘为整张的长方形竹皮；窗帘挂件为一金属冲压件，中部冲压出一段窗帘挂件中部凹槽，在长方形状中部有一固定螺钉，长方形状中部上端冲压有一正方形空心挂钩。本实用新型的有益效果是，由于利用了整张长方形竹皮做窗帘，造型美观，通透。

专利种类：实用新型
申 请 日：2011-03-08
申请（专利权）人：江西省贵竹发展有限公司
地　　址：341000 江西省赣州黄金技术开发区金坪中路江西省贵竹发展有限公司
发明（设计）人：熊晓洪
法律状况：已授权
专 利 号：ZL201120060303.4
公开（公告）号：CN 201968430U
转让方式：普通许可 独占许可 技术入股 专利权转让

5.2.30 竹集成材折叠椅

一种竹集成材折叠椅由竹集成材座椅外框、竹集成材座椅座框和竹集成材座椅底框所组成；竹集成材外框左支架和竹集成材外框右支架的上部开有竹集成材支架内侧开凹槽，竹集成材座板其上部通过两轴销分别插接在竹集成材支架内侧开凹槽内；竹集成材底框支撑板通过两轴销固接在竹集成材外框左支架和竹集成材外框右支架的下中部；竹集成材座板与竹集成材底框支撑板之间由特制牛筋连接带连接；竹集成材座椅外框有竹集成材外框上横拉，对应有竹集成材外框支架与上横拉连接榫槽；竹集成材座椅外框有竹集成材外框下横拉，对应有竹集成材外框支架与下横拉连接榫槽；竹集成材座板的最上端有竹集成材座板加固条，竹集成材底框支撑板最下端有竹集成材底板加固条。

专利种类：实用新型
申 请 日：2010-11-19
申请（专利权）人：江西省贵竹发展有限公司
地 址：341000 江西省赣州黄金技术开发区金坪中路江西省贵竹发展有限公司
发明（设计）人：熊晓洪
法律状况：已授权
专 利 号：ZL201020629651.4
公开（公告）号：CN 201995974U
转让方式：普通许可 独占许可 技术入股 专利权转让

5.2.31 竹集成材户外椅

本实用新型涉及竹家具制造技术领域，尤其是1种竹集成材户外椅。由2根竹集成材主椅子腿，1根竹集成材主椅子腿上部横杆，1根竹集成材主椅子腿中部横杆，1根竹集成材主椅子腿下部的横杆，9根竹集成材椅子靠背，2根竹集成材活动椅子腿，10根竹集成材椅子座面板，1根竹集成材活动椅子腿上横杆，1根竹集成材活动椅子腿下横杆，1根竹集成材活动椅子腿左支架，1根竹集成材活动椅子腿右支架所组成，主椅子腿为弯曲状、活动椅子腿为长直状，活动椅子腿铰接在主椅子腿中部，相应弯曲的圆柱状竹集成材椅子靠背和椅子座板套接。使椅子能够折叠。本实用新型由于采用了竹集成材节约了大量木材，并且竹集成材比木材更能耐受户外环境。

专利种类：实用新型
申 请 日：2012-01-14
申请（专利权）人：江西省贵竹发展有限公司
地 址：341000 江西省赣州黄金技术开发区金坪中路江西省贵竹发展有限公司
发明（设计）人：熊晓洪
法律状况：已授权
专 利 号：ZL 201220033116.1
公开（公告）号：CN 202407914U
转让方式：普通许可 独占许可 技术入股 专利权转让

5.2.32 竹艺灯

本实用新型涉及艺术照明技术领域，尤其是一种竹艺灯。由框架、灯片、配件所组成；框架由背板、侧板、横拉板所组成，背板、侧板、横拉板均为三聚氰胺多层生态板；灯片由竹皮制作；背板上开有数条纵槽和横槽，在每个纵槽和横槽形成的正方形中间，安装有灯头及其配件，由竹皮制作成底灯片交错卡接在相对应的纵槽和横槽中。由于本实用新型采用了具有完全天然纹饰的竹皮做灯具的外表面，整体轻巧，艺术感强。

专利种类：实用新型
申 请 日：2011-03-08
申请（专利权）人：江西省贵竹发展有限公司
地 址：341000 江西省赣州黄金技术开发区金坪中路江西省贵竹发展有限公司
发明（设计）人：熊晓洪
法律状况：已授权
专 利 号：ZL 201120060332.0
公开（公告）号：CN 202432444U
转让方式：普通许可 独占许可 技术入股 专利权转让

5.2.33 组合竹板材

一种组合竹板材，包括五层竹片，其特点是上层和底层竹片为侧压结构，竹片竖着拼接，第二、三、四层竹片为平压结构，竹片横着拼接，其中第二、四层竹片拼接方式相同，第三层竹片与第二、四层竹片交错成90°排列。本实用新型的组合竹板材结构新颖，由于竹片采用了侧压和平压相结合的结构，使得其抗折变形力大大增强，结构稳定性明显好于现有技术中的竹板材。

专利种类：实用新型
申 请 日：2011-08-02

申请（专利权）人：江西飞宇竹业集团有限公司
地　　址：330700 江西省宜春市奉新县工业园区
发明（设计）人：魏绪春
法律状况：已授权
专 利 号：ZL 201120276670.8
公开（公告）号：CN 202147305U
转让方式：普通许可 独占许可 技术入股 专利权转让

5.2.34 折叠椅

一种折叠椅，包括靠背板、扶手、前支撑腿、座板，靠背板固定在靠背中梁和靠背底梁上，靠背中梁的端部与扶手的一端通过螺钉连接，扶手的另一端与前支撑腿上端用螺钉相连，斜支撑腿的上端通过螺钉固定在前支撑腿中下部，座板的两端固定在斜支撑腿上，靠背底梁的端部通过螺钉、连杆与斜支撑腿活动连接。本实用新型的折叠椅结构新颖、使用方便舒适，由于各部件之间都是采用螺钉活动连接，收缩折叠十分方便。

专利种类：实用新型
申 请 日：2011-07-29
申请（专利权）人：江西飞宇竹业集团有限公司
地　　址：330700 江西省宜春市奉新县工业园区
发明（设计）人：魏绪春
法律状况：已授权
专 利 号：ZL 201120272130.2
公开（公告）号：CN 202135990U
转让方式：普通许可 独占许可 技术入股 专利权转让

5.2.35 竹凉鞋

一种竹凉鞋，包括鞋面、鞋底，其特征是鞋底由平行排列的竹片串接而成，相邻两竹片之间设置竹管，竹片及竹管通过连接线固定，为保持鞋底的稳定性，在竹片端部开有凹槽，紧固线置于凹槽中将竹片与竹管相连。本实用新型的竹凉鞋结构简单，由于在平行排列的竹片间设置小竹管，使得鞋底可以弯曲，同时增加了其透气性，对人体脚部有保健作用，使人们穿着时更加舒适。

专利种类：实用新型
申 请 日：2011-07-26
申请（专利权）人：江西飞宇竹业集团有限公司
地　　址：330700 江西省宜春市奉新县工业园区
发明（设计）人：魏绪春
法律状况：已授权
专 利 号：ZL 201120265914.2
公开（公告）号：CN202143472U
转让方式：普通许可 独占许可 技术入股 专利权转让

5.2.36 竹方料成型模具

一种竹方料成型模具，包括长方形模具架、矩形压板，长方形模具架的上端及前后端开口，其中上端的两侧面对称开有压杆孔和螺栓紧固孔，压杆、螺栓分别插入在压杆孔和螺栓紧固孔中，矩形压板放置在长方形模具架的凹形腔中。本实用新型的竹方料成型模具结构简单、使用方便，它是一种将竹条通过挤压、黏接、高温蒸煮等工艺加工成竹方料的工具，使用时，把竹条放入在长方形模具架的凹形腔中，盖上矩形压板，将压杆插入压杆孔中，压杆使压板挤压长方形模具架凹形腔中的竹条，再用螺栓插入螺栓紧固孔中锁紧长方形模具架。

专利种类：实用新型
申 请 日：2011-07-29
申请（专利权）人：江西飞宇竹业集团有限公司
地　　址：330700 江西省宜春市奉新县工业园区
发明（设计）人：魏绪春
法律状况：已授权
专 利 号：ZL201120272077.6
公开（公告）号：CN 202137825U
转让方式：普通许可 独占许可 技术入股 专利权转让

5.2.37 防滑竹地板

一种防滑竹地板，包括竹板块，竹板块端面设有用于相互拼接的连接槽与连接榫，竹板块的上表面开有防滑槽。本实用新型的防滑竹地板，由于在竹板块的上表面开有防滑槽，人们行走在上面不容易打滑，使用安全性能大大提高。

专利种类：实用新型
申 请 日：2011-07-28
申请（专利权）人：江西飞宇竹业集团有限公司
地　　址：330700 江西省宜春市奉新县工业园区
发明（设计）人：魏绪春
法律状况：已授权
专 利 号：ZL201120269984.5
公开（公告）号：CN 202164796U
转让方式：普通许可 独占许可 技术入股 专利权转让

5.2.38 竹地板

一种竹地板，包括竹片、连接件，其特点是竹片的底面与连接件黏接为一体，连接件的长边、宽边大于竹片的相应长边、宽边，连接件的侧边由连接榫和连接槽构成，连接槽的底边与竹片侧边齐平。本实用新型的竹地板，竹片间通过连接件上的连接榫和连接槽拼接而成，其具有拼接方式简单、连接牢固的特点。

专利种类：实用新型
申 请 日：2011-07-28
申请（专利权）人：江西飞宇竹业集团有限公司
地　　址：330700 江西省宜春市奉新县工业园区
发明（设计）人：魏绪春
法律状况：已授权
专 利 号：ZL201120269985.X
公开（公告）号：CN 202164791U
转让方式：普通许可 独占许可 技术入股 专利权转让

5.2.39 竹挂画

一种竹挂画，包括画纸、上卷轴、下卷轴、吊线，其特点是画纸上粘接一层竹片，竹片上有供欣赏的图画，竹片很薄，可与画纸一起卷起来。本实用新型的竹挂画，由于图案是绘制在竹片上，再粘接在画纸上，结构形式新颖，视觉效果焕然一新，同时防潮防霉效果均好于现有纸质挂画。

专利种类：实用新型
申 请 日：2011-07-28
申请（专利权）人：江西飞宇竹业集团有限公司
地　　址：330700 江西省宜春市奉新县工业园区
发明（设计）人：魏绪春
法律状况：已授权
专 利 号：ZL201120269975.6
公开（公告）号：CN 202174887U
转让方式：普通许可 独占许可 技术入股 专利权转让

5.2.40 智能全竹鞋柜

一种智能全竹鞋柜，包括柜体、柜门、电源插座，其特点是柜体内设置网状层板，柜体内上端为电器箱，电器箱内安装控制电路、紫外线灯、PTC风机，紫外线灯、PTC风机出风口朝向柜体空腔中，柜体顶板上设置LED显示屏，LED显示屏与控制电路相连，可显示柜体内温度，柜体的底层设置干燥剂箱，干燥剂箱内放有竹炭干燥剂，柜体侧板上开有通风孔，柜体及网状层板均由竹片制成。本实用新型的智能竹鞋柜，全部采用天然竹片为原料，节能环保，通过紫外线灯和PTC风机能彻底杀灭鞋子中的细菌，并快速烘干鞋子，通过干燥箱保持柜体内干燥。

专利种类：实用新型
申 请 日：2011-12-21
申请（专利权）人：江西飞宇竹业集团有限公司
地　　址：330700 江西省宜春市奉新县工业园区
发明（设计）人：魏冬冬 吴少红
法律状况：已授权
专 利 号：ZL201120537830.X
公开（公告）号：CN 202365232U
转让方式：普通许可 独占许可 技术入股 专利权转让

5.2.41 智能竹鞋柜

一种智能竹鞋柜，包括柜体、柜门、电源插座，其特点是柜体内设置网状层板，柜体内上端为电器箱，电器箱内安装控制电路、臭氧发生器、PTC风机，臭氧发生器出口、PTC风机出风口朝向柜体空腔中，柜体顶板上设置LED显示屏，LED显示屏与控制电路相连，可显示柜体内温度，柜体侧板上开有通风孔，柜体及网状层板均由竹片制成。本实用新型的智能竹鞋柜，全部采用天然竹片为原料，节能环保，通过臭氧发生器和PTC风机能彻底杀灭鞋子中的细菌，并快速烘干鞋子。

专利种类：实用新型
申 请 日：2011-12-21
申请（专利权）人：江西飞宇竹业集团有限公司
地　　址：330700 江西省宜春市奉新县工业园区
发明（设计）人：魏冬冬 吴少红
法律状况：已授权
专 利 号：ZL201120537760.8
公开（公告）号：CN 202365231U
转让方式：普通许可 独占许可 技术入股 专利权转让

5.2.42 井字形地热竹地板

本实用新型公开了一种井字形地热竹地板，它由面板、中层板和底板组成，在中层板的边沿上加工有凸榫和与凸榫配合的凹槽，特征是面板、中层板和底板通过胶和压机粘接成一体，中层板上的中层板孔与底板上的底板孔上下重叠在一起，且中层板孔中的竖孔与底板孔中的横孔垂直交叉形成网孔，构成井字形。地热从下向上顺着网孔直接穿过底板和中层板，将热量快速、均匀地传递给面板，使面板的外表面散发着暖气。本实用新型将网状地热竹地板和横向成型地热竹地板的优点有机地结合在一起，具有使竹纤维的排列一致、导热快、散热均匀、不变形、不收缩、不开裂、无裂缝、受力均衡紧密、使用寿命长、加工容易、结构简单的优点，是一种新型竹地板。

专利种类：实用新型
申 请 日：2010-10-08
申请（专利权）人：冯新
地　　址：330700 江西省奉新县工业园区江西新昌竹业集团有限公司
发明（设计）人：冯新
法律状况：已授权
专 利 号：ZL201020552665.0
公开（公告）号：CN 201802046U
转让方式：普通许可 独占许可 技术入股 专利权转让

5.2.43 防变形竹地板

防变形竹地板，由竹面板、竹中层板和竹底板依次叠加，经高压黏接制成。所述的竹面板和竹底板由纵向竹板拼接构成，竹中层板由两端纵向竹板、中间纵向竹板至少三段和与纵向竹板垂直的横向竹板放置在两纵向竹板段中间拼接构成；上述的构成竹中层板的横向竹板由至少三块并排放置在两纵向竹板段中间拼接构成；具有竹面板不瓢变和不开裂，竹地板不弯曲和翘曲，不变形，拼接合理紧密的优点。

专利种类：实用新型
申 请 日：2009-11-10
申请（专利权）人：袁振刚
地　　址：110013 辽宁省沈阳市沈河区北京街19号先锋大厦415室
发明（设计）人：袁振刚
法律状况：已授权
专 利 号：ZL200920247968.9
公开（公告）号：CN201554201U
转让方式：普通许可 独占许可 技术入股 专利权转让

5.2.44 双槽内锁扣地板

本实用新型公开了一种双槽内锁扣复合竹地板，它的榫槽由三部分组成，一是配合榫槽，它控制地板的高低差，二是侧向锁扣榫槽，它保证拼装后的地板不会侧向离缝，三是底板通气稳定槽，经由三部分组成的榫槽处理后的竹地板，安装和使用更方便，实现了真正的免龙骨、免钉安装，可重复拆装，拼装后受力均衡，使用寿命长。

专利种类：实用新型
申 请 日：2007-10-26
申请（专利权）人：王贤成
地　　址：336200江西省铜鼓县永安镇城北路101路2栋10室
发明（设计）人：王贤成
法律状况：已授权
专 利 号：ZL200720008617.3
公开（公告）号：CN 201103217

转让方式：　　　普通许可 独占许可 技术入股 专利权转让

5.2.45 多筋型防变形复合竹地板

本实用新型公开了一种多筋型防变形复合竹地板，它的上、中、下三层竹块通过胶粘接成一体，上、下两层竹块为顺竹纤维且呈横向排列的竹块，特征是中层竹块由4块呈横向排列的竹块段和3块呈竖向排列竹块段组成，4块呈横向排列的竹块段和3块呈竖向排列的竹块段间隔排列。4块呈横向排列的竹块段的间距与地楞的间距一致。因此本实用新型能够杜绝复合竹地板的静弯曲度和瓦上变形，具有受力均衡、安装和使用方便、使用寿命长的优点。

专利种类：　　　实用新型
申 请 日：　　　2000-11-09
申请（专利权）人：江西省铜鼓县腾达竹木业有限公司
地　　址：　　　336200 江西省铜鼓县城北路137号
发明（设计）人：王贤成
法律状况：　　　已授权
专 利 号：　　　ZL00259128.6
公开（公告）号：CN 2445041
转让方式：　　　普通许可 独占许可 技术入股 专利权转让

5.2.46 新结构复合竹地板

本实用新型涉及的是一种新结构复合竹地板，该竹地板为上、中、下三层结构板，上、下两层为顺竹纤维排列的竹片材，中层的两端为顺向排列的竹片材，中段为横向排列的竹块，其特征是：中间层中段设有与地楞相对应的顺向排列的竹块段，本实用新型复合竹地板设计科学，结构合理，竹地板中间层增设的顺向排列的竹块段，可有效地提高复合竹地板的抗静弯曲强度，并减少其瓦上变形，并可提高复合竹地板的负荷能力，延长使用寿命。是一种结构更趋合理的复合竹地板。

专利种类：　　　实用新型
申 请 日：　　　1999-07-14
申请（专利权）人：江西省铜鼓县竹木化工制品总厂
地　　址：　　　336200 江西省铜鼓县城北路137号
发明（设计）人：王贤成
法律状况：　　　已授权
专 利 号：　　　ZL99227887.2
公开（公告）号：CN 2382781
转让方式：　　　普通许可 独占许可 技术入股 专利权转让

5.2.47 一种竹材集成板及其制作方法

本发明主要是涉及一种建筑材料及其制作方法，特别是一种面底用竹丝，中间杂竹片压制的竹材集成板及其制作方法。它由竹竿中的竹丝、杂竹材和胶料混合制成的层状结构，此集成板的上下层面是由材料为竹丝构成的竹丝面层、竹丝底层，此集成板的中间层是由材料为杂竹片构成的竹材夹层；或者此集成板的材料全部由竹丝构成。本发明与现有技术相比，具有如下优点：广泛用于各种家具面板等；可任意锯切，具有不变形、不开裂、不霉变、强度高、可弯曲；防水性能好，可塑性强；生产工艺简化，降低了生产成本；绿色环保产品。

专利种类：　　　实用新型
申 请 日：　　　2008-01-31
申请（专利权）人：钟三明
地　　址：　　　336300江西省宜丰县良岗工业园(江西康替龙竹业有限公司)
发明（设计）人：钟三明
法律状况：　　　已授权
专 利 号：　　　ZL200810006769.9
公开（公告）号：CN 2382781
转让方式：　　　普通许可 独占许可 技术入股 专利权转让

5.2.48 一种竹材集成板

本实用新型主要是涉及一种建筑材料，特别是一种面底用竹丝，中间杂竹片压制的竹材集成板。它为竹材制成的层状结构，此集成板的上下层面是由材料为竹丝构成的竹丝面层、竹丝底层；此集成板的中间层是由材料为杂竹片构成的杂竹夹层；此集成板通过层叠胶合并压制制成。本实用新型与现有技术相比，具有如下优点：广泛用于各种家具面板等；可任意锯切，具有不变形、不开裂、不霉变、强度高、可弯曲；防水性能好，可塑性强；生产工艺简化，降低了生产成本；绿色环保产品。

专利种类：实用新型
申 请 日：2008-01-31
申请（专利权）人：钟三明
地　　址：336300江西省宜丰县良岗工业园（江西康替龙竹业有限公司）
发明（设计）人：钟三明
法律状况：已授权
专 利 号：ZL200820001271.9
公开（公告）号：CN 201154508
转让方式：普通许可 独占许可 技术入股 专利权转让

5.2.49 一种竹材集成板

本实用新型涉及一种建筑材料，尤其是一种用杂竹丝压制的竹材集成板。此集成板的材料由杂竹丝构成；此竹丝可采用可平行、交错或无序的排列方式。此竹丝的直径为0.5~5mm间。此集成板是由竹材经粘胶热合行成。本实用新型与现有技术相比有如下的优点：广泛用于各种家具面板；可任意锯切，具有不变形，不开裂，不霉变，强度高，可弯曲；防水性能好，可塑性强；生产工艺简化，大大降低了生产成本；此竹材板为绿色环保产品。窗体底端

专利种类：实用新型
申 请 日：2008-01-31
申请（专利权）人：钟三明
地　　址：336300江西省宜丰县良岗工业园（江西康替龙竹业有限公司）
发明（设计）人：钟三明
法律状况：已授权
专 利 号：ZL200820001272.3
公开（公告）号：CN 201154509
转让方式：普通许可 独占许可 技术入股 专利权转让

5.2.50 地热地板

本实用新型涉及一种地热地板，它的背面设有互相错开、整齐排列、不穿透其正面的孔。这些孔的良好效果是：热传导性好，能很好地将地热系统产生的热能传导给地板表面，使整个地板大面积向房间散热；热稳定性好，能蓄热储热，可平抑温度的变化，克服了采用一般地板产生的温度剧烈起伏的缺点；形变稳定性好，均布的孔，特别是平底圆孔没有应力集中，不会像长条槽那样造成直线型薄弱断面，导致地板沿条槽变形或爆裂，它可以平抑地板热胀冷缩引起的变形。

专利种类：实用新型
申 请 日：2005-08-17
申请（专利权）人：赵斌
地　　址：330001江西省南昌市京山南路28号
发明（设计）人：赵斌
法律状况：已授权
专 利 号：ZL200520014261.5
公开（公告）号：CN 2818641
转让方式：普通许可 独占许可 技术入股 专利权转让

5.2.51 抗变形层叠胶粘竹木板材

本实用新型涉及一种抗变形层叠胶粘竹木板材，它由竹木薄片垂直于竹木板材平面，胶黏叠压而成。在竹木板材内，起点在竹木板材的侧面，沿竹木板材的宽度方向设有贯通竹木板材全宽度的通孔，位于通孔中的栓杆与通孔紧配合，栓杆的长度等于竹木板材的宽度。也可在竹木板材内，起点在竹木板材的两个侧面，沿竹木板材的宽度方向设有相向错开的盲孔，位于盲孔中的栓杆与盲孔紧配合，栓杆的长度小于竹木板材的宽度，大于竹木板材宽度的一半。本实用新型的有益效果是：栓杆与竹木板材的通孔或盲孔紧配合，一是栓杆把竹木薄片串联成一体，加强了它们的结合力度；二是栓杆好似横向龙骨，提高了相对处于薄弱环节的横向截面的强度，有效地抵抗和防止横向变形。

专利种类：实用新型
申 请 日：2007-10-10

申请（专利权）人：赵斌
地　　址：330001江西省南昌市京山南路28号
发明（设计）人：赵斌
法律状况：已授权
专　利号：ZL200720184301.X
公开（公告）号：CN 201098931
转让方式：普通许可 独占许可 技术入股 专利权转让

5.2.52 层叠胶粘竹木板材立式压机

摘要：本实用新型涉及一种层叠胶粘竹木板材立式压机，它的机架由立柱、框架和机台固定连接成一体，在框架内设有立式油缸，立式油缸的活塞杆顶端与活动框架铰接。在机台的伸出端定位安装卧式油缸，在位于活动框架之下的机台的另一端设有固定垫铁；在机台上安放与卧式油缸的活塞杆顶端相接触的活动垫铁以及重复交替竖立放置的空心加热板和压铁；空心加热板的端头设有热油或蒸气进口管和出口管，压铁放置在层叠胶黏竹木板材之上。活动框架的一端设有行程标杆，套装在行程标杆上的可调横杆位于定位安装在立柱上的两个行程开关之间。本实用新型一次能压制多块层叠胶黏竹木板材，成倍地提高生产效率、节约劳动力、降低生产成本。

专利种类：实用新型
申 请 日：2008-01-09
申请（专利权）人：赵斌
地　　址：330001江西省南昌市京山南路28号
发明（设计）人：赵斌
法律状况：已授权
专 利 号：ZL200820082237.9
公开（公告）号：CN 201143709
转让方式：普通许可 独占许可 技术入股 专利权转让

5.2.53 一种内腔含炭的竹、木板材

本实用新型涉及一种内腔含炭的竹、木板材，竹、木长条形底框的内腔沿长轴分成3～10个隔间，在隔间中放置竹、木炭；竹、木面板的长度及宽度与竹、木长条形底框的长度及宽度相等，竹、木面板的底面与内腔平置竹、木炭的竹、木长条形底框的顶面配合并紧密黏合为一体，组成内腔含炭的竹、木板材；竹、木面板设有透气通孔，竹、木面板的表面设有花纹图案层。用本实用新型的内腔含炭的竹、木板材制成建筑物室内的地板、踢脚线、腰线或者橱柜，其内腔所含的木炭或竹炭是良好的吸潮剂和空气净化剂；竹、木面板的表面图案可根据客户需要设计或者利用透气通孔编排各式花纹图案或浮雕图案。

专利种类：实用新型
申 请 日：2011-04-12
申请（专利权）人：赵斌
地　　址：330001江西省南昌市京山南路28号
发明（设计）人：赵斌
法律状况：已授权
专 利 号：ZL201120105813.9
公开（公告）号：CN 202011048U
转让方式：普通许可 独占许可 技术入股 专利权转让

5.2.54 一种组合式彩色竹板材

本实用新型涉及一种组合式彩色竹板材，将已对表面和中心深部通透染成红、黄、蓝、绿、青、橙或者紫色的竹片材，逐片叠加、胶黏加压组合成一体的彩色竹板材。所述红、黄、蓝、绿、青、橙或者紫色的竹片材叠加时，不同颜色的竹片材间隔排列，也可以只选其中一部分颜色的竹片材逐片叠加、胶粘加压组合成一体的彩色竹板材。本实用新型可直接用作装饰地板，也可刨切成多彩薄片，用作墙壁或家具表面的贴面装饰或者二次加工成绚丽多彩的工艺品。

专利种类：实用新型
申 请 日：2011-04-12
申请（专利权）人：赵斌
地　　址：330001江西省南昌市京山南路28号
发明（设计）人：赵斌
法律状况：已授权
专 利 号：ZL201120105821.3
公开（公告）号：CN 202219523U
转让方式：普通许可 独占许可 技术入股 专利权转让

5.2.55 地板用龙骨锁扣块

本实用新型涉及一种地板用龙骨锁扣块，它的横断面为工字形，工字的上横梁两端加工成梯形燕尾或圆弧形燕尾，工字的上横梁中间低、两端高；工字的上横梁的中部设有薄型垂直舌片，避免地板之间发生摩擦而产生噪音；工字的下横梁的底面设有凹凸纹路，以利于与水泥地面的牢固定位。本实用新型采用塑胶制成，具有弹性，可适应地板材的胀缩，行走舒适无杂音；可替代现有地板一侧的凸出公槽及垫在地板下面的现有木料龙骨，节省森林资源，降低成本，且比木料龙骨薄，地板的架空距离低，可提高房间的净空层高；本实用新型沿地板的长度方向间隔排列，节省用量；安装时不用钉子，无噪音、操作简便、易于装折、不损坏楼层的地面和地板侧面。

专利种类：实用新型
申 请 日：2008-04-16
申请（专利权）人：赵斌
地 址：330001江西省南昌市京山南路28号
发明（设计）人：赵斌
法律状况：已授权
专 利 号：ZL200820112814.4
公开（公告）号：CN 201184046
转让方式：普通许可 独占许可 技术入股 专利权转让

5.2.56 多层式木地板

一种多层式木地板，它包括饰面板、芯板、底板，其特征是带波纹状的饰面板与芯板胶接合为一体，芯板和底板之间通过平衡板胶接合为一体，木地板的一侧设有凹槽，另一侧设有相配的凸块，饰面板一侧带有凹槽沟，饰面板另一侧设有凸台。本实用新型的技术效果是：拆装方便，板面平整度高，不同凹槽和凸块的组合使用提高了木地板的稳定性。

专利种类：实用新型
申 请 日：2009-08-19
申请（专利权）人：张勛文
地 址：330700 江西省宜春市奉新县澡溪乡下坳村罗坑组
发明（设计）人：张勛文
法律状况：已授权
专 利 号：ZL200920188640.4
公开（公告）号：CN 201502162U
转让方式：普通许可 独占许可 技术入股 专利权转让

5.2.57 一种竹木地板

一种竹木地板，由形状与大小都相同的面、中间、底层板组成，面层板与底层板是纵向同竹纤维走向的全竹片拼接板，其特征是中间层板的两端，是与面层板、底层板竹片排列拼接方向相同的纵向同竹纤维走向的竹片拼接板，而中间层板的中间部分，是横向同竹纤维走向的竹片拼接板与横向木片交错的拼接板。结构新颖合理，抗静弯曲强度高，光滑耐磨，冬暖夏凉，轻便舒适，成本较低。本实用新型降低了竹地板顺弯幅度，尤其是中间层板是竹片、木片横向交错拼接板，相对加强了中间层板胶接的牢固度，不易发生松脱现象，确保了整块竹木地板的结构牢固度，并从结构上完全解决了全竹地板弯曲和矫翘变形等质量问题，在地面与环境因素发生变化时，不会出现瓦状变形。

专利种类：实用新型
申 请 日：2003.07.
申请（专利权）人：赖学桂
地 址：江西省奉新县冯田工业区康达木竹制品有限公司
发明（设计）人：赖学桂
法律状况：已授权
专 利 号：ZL 03266437.0
公开（公告）号：CN 2632209
转让方式：普通许可 独占许可 技术入股 专利权转让

5.2.58 一种锁扣地板

本实用新型公开了一种锁扣地板，包括基材本体、分别设在基材本体两个侧边的榫头和榫槽，两两相邻的基材本体的两个侧边的榫头和榫槽配对结合，相互拼装。基材本体一侧榫头切面轮廓线由11段线条组成，基材本体一侧榫槽切面轮廓线由7段线条组成。本实用新型在锁扣关键部位采用宽而深的凸扣设计，在拼装后多处保留间隙，既便于安装，又可以增加地板拼装后的镶嵌紧密性，不会松动，更不会反弹脱扣，还不会造成地板咬死，从结构上保证地板铺垫稳固，拆卸方便，可重复利用。本实用新型锁扣的耗材宽度约5mm，比直扣槽榫减少宽度近4mm的槽榫损耗，相对增加了宽度近4mm的的可用面积。1000m的板材能增加约40m²的可用面积，明显提高材料利用率。

专利种类：　　实用新型
申 请 日：　　2005.11.
申请（专利权）人：赖学通
地　　址：　　330700江西省奉新县冯田工业区
发明（设计）人：赖学通
法律状况：　　已授权
专 利 号：　　ZL200520132350.X
公开(公告)号：　CN 2856249
转让方式：　　普通许可 独占许可 技术入股 专利权转让

5.2.59 一种拼合竹地板

本实用新型公告了一种拼合竹地板，包括板体、分别设在板体两个侧边的榫头和榫槽，板体包括面板、中间板和底板，面板与底板分别胶合固定在中间板的上下表面。面板是由多条相对较窄的单层竹片侧压的拼合片，中间板和底板是分别由多条相对较宽的单层竹片平压的拼合片；侧压面板拼合片与平压中间板拼合片和平压底板拼合片，错位或同位叠层呈“上”字型胶合热压。具有弹性模量高，不易变形，不易松脱，易伏贴地面的特点，板体保留了侧压板的抗弯、抗压特性，兼有平压板的稳定性与牢固度。尤其是能制成超宽幅长条型地板，长度为0.65～1.5m、宽度为90～280mm、厚度为18～26mm，翘曲度≤1.5%。铺装后地板纹理清新高雅，线条流畅，美观性更突出，档次品位更高。

专利种类：　　实用新型
申 请 日：　　2005.11.
申请（专利权）人：赖学通
地　　址：　　330700江西省奉新县冯田工业区
发明（设计）人：赖学通
法律状况：　　已授权
专 利 号：　　ZL200620005188.X
公开（公告）号：CN 2880973
转让方式：　　普通许可 独占许可 技术入股 专利权转让

5.2.60 一种带筷架的筷子

本实用新型公开了一种带筷架的筷子，由筷杆与筷头组成，筷杆末端与筷头连为一体，筷头的一表面开设有截面呈弧形凹槽，以便当将筷头折下后，可做筷架用。本实用新型的筷杆与筷头连接部一侧开设截沟，或两侧相对开设一对截沟，以便更轻易地将连接部折断，分离筷杆与筷头。本实用新型既满足了人们使用上的需求，又是保持了整体的美观完整，折下筷头后可用作筷子和筷架二功能，而且结构简单、实用、成本低、效果好。本实用新型结构简单、实用、成本低、效果好，广泛适用于人们日常生活。

专利种类：　　实用新型
申 请 日：　　2002-03-29
申请（专利权）人：邱亦令
地　　址：　　330009江西省南昌市洪城路777号远东世纪花园1-2-232
发明（设计）人：邱亦令
法律状况：　　已授权
专 利 号：　　ZL02216506.1
公开（公告）号：CN 2538226
转让方式：　　普通许可 独占许可 技术入股 专利权转让

5.2.61 纵横双槽复合竹地板

本实用新型公开了一种纵横双槽复合竹地板，它由上、中、下三层竹块组成，三层竹块通过胶粘接成一体，特征是在中层竹块上加工有两条平行的凸榫和与两条凸榫相配合的两条凹槽，中层竹块由三块呈横向排列的竹块段和三块呈竖向排列的竹块段组成，三块呈横向排列的竹块段与三块呈竖向排列的竹块段间隔放置。中层竹块中的三块呈横向排列的竹块段与三块呈竖向排列的竹块段呈间隔放置，构成了多筋型排列，这样就杜绝了复合竹地板的静弯曲度和瓦上变形。在中层竹块上加工有两条平行的凸榫和与两条凸榫相配合的两条凹槽，这样相邻竹地板之间就能够拼合得非常紧密，不会出现裂缝。本实用新型还具有安装方便、使用寿命长的优点，是一种新型建材装饰材料。

专利种类：　实用新型
申 请 日：　2002-03-29
申请（专利权）人：王贤亮 曾军
地　　址：　336200江西省铜鼓县排埠镇工业区金仁竹地板厂
发明（设计）人：王贤亮 曾军
法律状况：　已授权
专 利 号：　ZL02216505.3
公开（公告）号：CN 2533193
转让方式：　普通许可 独占许可 技术入股 专利权转让

5.2.62 双槽多筋复合竹地板

本实用新型公开了一种双槽多筋复合竹地板，它由上、中、下三层竹块组成，上、中、下三层竹块通过胶黏接成一体，特征是中层竹块由呈横向排列且放置在中层竹块两边的横竹块段和呈竖向排列的竖竹块段组成，横竹块段与竖竹块段垂直，竖竹块段放置在二块横竹块段之间，在横竹块段上加工有两条凸榫和与两条凸榫相配合的两条凹槽。中层竹块的横竹块段和竖竹块段垂直，竖竹块段放置在二块横竹块段之间，从而构成了多筋型排列，这样就杜绝了复合竹地板的静弯曲度，防止了瓦上变形。本实用新型还具有能够拼合得非常紧密、不会出现裂缝开企口和安装均很方便、不易损坏板面从而保持了地板的完整性、节省竹资源的优点，是一种新型建材装饰材料。

专利种类：　实用新型
申 请 日：　2002-09-25
申请（专利权）人：王贤亮 曾军
地　　址：　336200江西省铜鼓县排埠镇工业区金仁竹地板厂
发明（设计）人：王贤亮 曾军
法律状况：　已授权
专 利 号：　ZL02260390.5
公开（公告）号：CN 2571893
转让方式：　普通许可 独占许可 技术入股 专利权转让

5.2.63 防变形聚热复合竹地板

本实用新型公开了一种防变形聚热复合竹地板，它型由上层竹块、中层竹块和下层竹块组成，特征是在中层竹块的中间加工有导气孔，在下层竹块上加工有进气孔。导气孔与进气孔的形状均为长条形，且长条形导气孔与长条形进气孔相互垂直。本实用新型拼贴在铺于地面的暖水管上，暖水管产生的热量通过下层竹块上的进气孔进入中层竹块的导气孔，然后将热量有效聚集在上层竹块的底部，加热上层竹块，热量传至上层竹块的上表面，与空气进行热交换，加热室内空间，并且本实用新型也不会因受热而变形。因此本实用新型具有能够有效聚集热量并将热量传递给地板表面、不变形、结构简单、安装方便、拼合紧密、无裂缝的优点，适于在天气较寒冷的地区使用。

专利种类：　实用新型
申 请 日：　2004-04-29
申请（专利权）人：王贤亮 曾军
地　　址：　336200江西省铜鼓县排埠镇工业区金仁竹地板厂
发明（设计）人：王贤亮 曾军
法律状况：　已授权
专 利 号：　ZL200420022574.0
公开（公告）号：CN 2743457
转让方式：　普通许可 独占许可 技术入股 专利权转让

5.2.64 平侧式防变形复合竹地板

本实用新型公开了一种平侧式防变形复合竹地板，它由面板、中层板和底板组成，面板、中层板和底板通过胶和压机黏接成一体，在中层板两端的边沿上加工有两条平行的凸榫和与两条凸榫相配合的两条凹槽，特征是中层板由横竹块和竖竹块组成，横竹块放置在中层板的两端，横竹块由一片或一片以上并排放置的横向竹块段叠加构成；与横竹块垂直的竖竹块放置在中层板两端的横竹块中间，竖竹块由三片或三片以上并排放置的竖向竹块段拼接构成。因此本实用新型具有面板永久性不开裂和不瓦变、竹地板不弯曲和不曲跷、不变形、结构简单、拼合紧密、无裂缝的优点，是一种新型竹地板。

专利种类：　实用新型
申 请 日：　2007-02-07
申请（专利权）人：蔡煌远
地　　址：　330700江西省奉新县奉新工业园江西华昌竹业有限公司

发明（设计）人：蔡煌远
法律状况：已授权
专 利 号：ZL200720083539.3
公开（公告）号：CN 201011101
转让方式：普通许可 独占许可 技术入股 专利权转让

5.3 外观设计专利

5.3.1 键盘（竹键盘）

①仰视图与俯视图对称，省略仰视图。②右视图与左视图对称，省略右视图。③后视图无设计要点省略后视图。④请求保护的外观设计包含色彩。

专利种类：外观设计
申 请 日：2009.04.20
申请（专利权）人：江西铜鼓江桥竹木业有限责任公司
地　　址：336200 江西省铜鼓县定江西路658号
发明（设计）人：冯绪泉；冯先书
法律状况：已授权
专 利 号：ZL 200930216755.5
公开（公告）号：CN301234794S
转让方式：普通许可 独占许可 技术入股 专利权转让

5.3.2 鼠标（竹鼠标）

①请求保护的外观设计包含色彩；②左视图与右视图对称，省略左视图；③后视图无设计要点，省略后视图。

专利种类：外观设计
申 请 日：2009-11-13
申请（专利权）人：江西铜鼓江桥竹木业有限责任公司
地　　址：336200 江西省铜鼓县定江西路658号
发明（设计）人：冯绪泉
法律状况：已授权
专 利 号：ZL 200930271927.9
公开（公告）号：CN 301254081S
转让方式：普通许可 独占许可 技术入股 专利权转让

5.3.3 竹键盘

①后视图无设计要点省略后视图。②右视图与左视图对称，省略右视图。

专利种类：外观设计
申 请 日：2009-04-20
申请（专利权）人：江西铜鼓江桥竹木业有限责任公司
地　　址：336200 江西省铜鼓县定江西路658号
发明（设计）人：冯绪泉 冯先书
法律状况：已授权
专 利 号：ZL 200930271933.4
公开（公告）号：CN200930216754.0
转让方式：普通许可 独占许可 技术入股 专利权转让

5.3.4 竹键盘（一）

后视图无设计要点，省略后视图。

专利种类：外观设计
申 请 日：2009.11.14
申请（专利权）人：江西铜鼓江桥竹木业有限责任公司
地　　址：336200 江西省铜鼓县定江西路658号
发明（设计）人：冯绪泉
法律状况：已授权
专 利 号：ZL 200930271933.4
公开（公告）号：CN301254083S
转让方式：普通许可 独占许可 技术入股 专利权转让

5.3.5 竹键盘（二）

后视图无设计要点，省略后视图。

专利种类：外观设计
申 请 日：2009-11-14
申请（专利权）人：江西铜鼓江桥竹木业有限责任公司

地　　址：　　　336200 江西省铜鼓县定江西路658号
发明（设计）人：冯绪泉
法律状况：　　　已授权
专 利 号：　　　ZL 200930271934.9
公开（公告）号：CN 301254084S
转让方式：　　　普通许可 独占许可 技术入股 专利权转让

5.3.6 竹键盘（三）

后视图无设计要点，省略后视图。
专利种类：　　　外观设计
申 请 日：　　　2009-11-14
申请（专利权）人：江西铜鼓江桥竹木业有限责任公司
地　　址：　　　336200 江西省铜鼓县定江西路658号
发明（设计）人：冯绪泉
法律状况：　　　已授权
专 利 号：　　　ZL200930271935.3 申请日：
公开（公告）号：CN301254085S
转让方式：　　　普通许可 独占许可 技术入股 专利权转让

5.3.7 竹鼠标

后视图无设计要点，省略后视图。
专利种类：　　　外观设计
申 请 日：　　　2009-11-13
申请（专利权）人：江西铜鼓江桥竹木业有限责任公司
地　　址：　　　336200 江西省铜鼓县定江西路658号
发明（设计）人：冯绪泉
法律状况：　　　已授权
专 利 号：　　　ZL200930271928.3
公开（公告）号：CN 301254082S
转让方式：　　　普通许可 独占许可 技术入股 专利权转让

5.3.8 显示器

①本外观设计产品的名称：显示器；②本外观设计产品的用途：用于电视机、电脑、仪器仪表等电子电器设备的显示器；③本外观设计的设计要点：竹质显示器壳体；④最能表明设计要点的图片或者照片：主视图；⑤左视图与右视图对称、省略左视图，仰视图无设计要点、省略仰视图。
专利种类：　　　外观设计
申 请 日：　　　2011-03-24
申请（专利权）人：江西铜鼓江桥竹木业有限责任公司
地　　址：　　　336200 江西省铜鼓县定江西路658号
发明（设计）人：张小轲 邱铭庄 肖强 刘丹金
法律状况：　　　已授权
专　利号：　　　ZL201130054824.4
公开（公告）号：CN 301665474S
转让方式：　　　普通许可 独占许可 技术入股 专利权转让

5.3.9 曲线纹理竹地板

①右视图与左视图对称，省略右视图。②请求保护的外观设计包含有色彩。
专利种类：　　　外观设计
申 请 日：　　　2008-10-31
申请（专利权）人：赵 斌
地　　址：　　　330001江西省南昌市京山南路28号
发明（设计）人：赵 斌
法律状况：　　　已授权
专 利 号：　　　ZL200830261175.3
公开（公告）号：CN 301022772
转让方式：　　　普通许可 独占许可 技术入股 专利权转让

5.3.10 坐垫（1）

①本外观设计产品的名称：坐垫（1）；②本外观设计产品的用途：用于垫至各种坐位上，采用竹子编织，夏天使用凉爽；③本外观设计的设计要点：主

视图的色彩组合图案；④最能表明设计要点的图片或者照片：主视图；⑤指定视图：主视图；⑥请求保护的外观设计包含有色彩。

专利种类：外观设计
申请日：2011-06-17
申请（专利权）人：江西南丰振宇实业集团有限公司
地址：344500 江西省抚州市南丰县工业园区888号
发明（设计）人：林垂伍
法律状况：已授权
专利号：ZL 201130177375.2
公开（公告）号：CN 301811823S
转让方式：普通许可 独占许可 技术入股 专利权转让

5.3.11 坐垫（2）

①本外观设计产品的名称：坐垫（2）；②本外观设计产品的用途：本产品为竹席坐垫，可用于多种坐位；③本外观设计的设计要点：主视图的色彩图案的组合；④最能表明设计要点的图片或者照片：主视图；⑤请求保护色彩。

专利种类：外观设计
申请日：2011-06-21
申请（专利权）人：江西南丰振宇实业集团有限公司
地址：344500 江西省抚州市南丰县工业园区888号
发明（设计）人：林垂伍
法律状况：已授权
专利号：ZL 201130182692.3
公开（公告）号：CN 301712592S
转让方式：普通许可 独占许可 技术入股 专利权转让

5.3.12 山水画竹地板

①本外观设计产品的名称：山水画竹地板；②本外观设计产品的用途：用于家庭居室、各种场地的装修和装饰；③本外观设计的设计要点：设计要点在于主视图表面上的图案；④最能表明设计要点的图片或者照片：主视图；⑤指定公告视图：主视图；⑥后视图无设计要点，省略后视图。

专利种类：外观设计
申请日：2011-06-17
申请（专利权）人：江西南丰振宇实业集团有限公司
地址：344500 江西省抚州市南丰县工业园区888号
发明（设计）人：林垂伍 龚金寿
法律状况：已授权
专利号：ZL 201130177384.1
公开（公告）号：CN 301729703S
转让方式：普通许可 独占许可 技术入股 专利权转让

5.3.13 双人竹席

①本外观设计产品的名称：双人竹席；②本外观设计产品的用途：属于床上用品，是夏季为凉爽而铺垫的竹席；③本外观设计的设计要点：本外观设计的产品为双面复合凉席，其主要设计要点在于主视图中编制出的席面图案、后视图中编制出的席面图案以及主视图图案与后视图图案的结合；④最能表明设计要点的图片或者照片：主视图；⑤指定视图：主视图。

专利种类：外观设计
申请日：2011-06-17
申请（专利权）人：江西南丰振宇实业集团有限公司
地址：344500 江西省抚州市南丰县工业园区888号
发明（设计）人：林垂伍
法律状况：已授权
专利号：ZL 201130177364.4
公开（公告）号：CN 301748940S
转让方式：普通许可 独占许可 技术入股 专利权转让

5.3.14 仿古竹节竹地板

①本外观设计产品的名称：仿古竹节竹地板；②本外观设计产品的用途：用于家庭居室、各种场地的装修和装饰；③本外观设计的设计要点：设计要点在于主视图表面上的图案；④最能表明设计

要点的图片或者照片：主视图；⑤指定视图：主视图；⑥后视图无设计要点，省略后视图；⑦省略其他视图。

专利种类：　　外观设计
申 请 日：　　2011-06-17
申请（专利权）人：江西南丰振宇实业集团有限公司
地　　址：　　344500 江西省抚州市南丰县工业园区888号
发明（设计）人：林垂伍 龚金寿
法律状况：　　已授权
专 利 号：　　ZL 201130177377.1
公开（公告）号：CN 301778241S
转让方式：　　普通许可 独占许可 技术入股 专利权转让

5.3.15 人字形竹地板

①本外观设计产品的名称：人字形竹地板；②本外观设计产品的用途：用于家庭居室、各种场地的装修和装饰；③本外观设计的设计要点：设计要点在于表面上的图案；④最能表明设计要点的图片或者照片：主视图；⑤后视图无设计要点，省略后视图。

专利种类：　　外观设计
申 请 日：　　2011-06-21
申请（专利权）人：江西南丰振宇实业集团有限公司
地　　址：　　344500 江西省抚州市南丰县工业园区888号
发明（设计）人：林垂伍 龚金寿
法律状况：　　已授权
专 利 号：　　ZL 201130182669.4
公开（公告）号：CN 301787639S
转让方式：　　普通许可 独占许可 技术入股 专利权转让

5.3.16 竹地板（手抓纹红木）

①本外观设计产品的名称：竹地板（手抓纹红木）。②本外观设计产品的用途：用于室内外的装修和装饰。③本外观设计的设计要点：地板表面的图案。④最能表明设计要点的图片或者照片：主视图。⑤后视图无设计要点，省略后视图。

专利种类：　　外观设计
申 请 日：　　2011-12-22
申请（专利权）人：江西南丰振宇实业集团有限公司
地　　址：　　344500 江西省抚州市南丰县工业园区888号
发明（设计）人：林垂伍 龚金寿
法律状况：　　已授权
专 利 号：　　ZL 201130494614.7
公开（公告）号：CN 301903454S
转让方式：　　普通许可 独占许可 技术入股 专利权转让

5.3.17 竹地板（浮雕枪托色）

①本外观设计产品的名称：竹地板（浮雕枪托色）。②本外观设计产品的用途：用于室内外的装修和装饰。③本外观设计的设计要点：地板表面的图案。④最能表明设计要点的图片或者照片：主视图。⑤后视图无设计要点，省略后视图。

专利种类：　　外观设计
申 请 日：　　2011-12-22
申请（专利权）人：江西南丰振宇实业集团有限公司
地　　址：　　344500 江西省抚州市南丰县工业园区888号
发明（设计）人：林垂伍 龚金寿
法律状况：　　已授权
专 利 号：　　ZL201130494617.0
公开（公告）号：CN 301903455S
转让方式：　　普通许可 独占许可 技术入股 专利权转让

5.3.18 竹地板（浮雕暗红色）

①本外观设计产品的名称：竹地板（浮雕暗红色）。②本外观设计产品的用途：主要用于室内外的装修和装饰。③本外观设计的设计要点：地板表面的图案。④最能表明设计要点的图片或者照片：主视图。⑤后视图无设计要点，省略后视图。

专利种类：　　外观设计
申 请 日：　　2011-12-22

申请（专利权）人：江西南丰振宇实业集团有限公司
地　　址：344500 江西省抚州市南丰县工业园区888号
发明（设计）人：林垂伍 龚金寿

法律状况：已授权
专 利 号：ZL201130494618.5
公开（公告）号：CN 301903456S
转让方式：普通许可 独占许可 技术入股 专利权转让

江西竹资源与产品图志

JIANGXI ZHUZIYUAN YU CHANPIN TUZHI

第六章 江西竹产品

JIANGXI ZHUCHANPIN

6.1 竹地板

6.1.1 按用料情况分

6.1.1.1 全竹地板

坚林地板采用专有技术加工生产而成的新型高科技环保材——竹材重组成型材，具有密度高、抗霉变、耐磨损、不蛀虫、不变形、防火阻燃等特点。此产品实用于住宅、办公室、宾馆、体育场所和休闲娱乐场所。

品　　牌：“坚林”牌
产品名称：竹地板
产品特点：环保地板，荣获实用新陈代谢型专利证书

品　　牌：“坚林”牌
产品名称：竹地板
产品特点：带锁扣条，此产品荣获实用新型专利

6.1.1.2 竹木复合地板

品　　牌：“坚林”牌
产品名称：竹木复合地板
产品特点：采用专有技术加工生产而成的新型高科技环保材——竹材重组成型材，具有密度高、抗霉变、耐磨损、不蛀虫、不变形、防火阻燃等特点

品　　牌：“康替龙”牌
产品名称：侧拼竹木地板

6.1.1.3 竹塑复合地板

竹塑复合板是将毛竹加工剩余物——竹屑与废旧HDPE熔融混合，加入特殊助剂，形成的一种防水、抗紫外线、抗老化等性能的地板和园林材料

品　　牌：“坚林”牌
产品名称：户外地板
产品特点：可切割、黏接、用钉子或螺栓连接固定，可涂漆，产品规格形状可根据用户要求调整，灵活性大；不怕虫蛀、耐老化、耐腐蚀、吸水性小，不会吸湿变形，能重复使用和回收再利用，维修保养费用低廉

6.1.1.4 铝覆膜竹地板

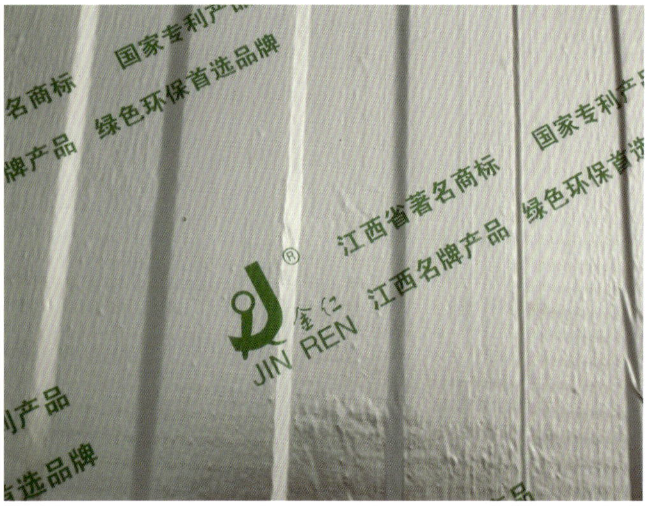

品　　牌：“金仁”牌
产品名称：铝覆膜竹地板
规　　格：1020mm × 142mm × 17mm

品　　牌：“鑫华昌”牌
产品名称：“工”字竹地板
产品特点：独特的“工”字结构，蕴藏了桥梁力学原理，厚重的纵横网络，既有粗犷之风，又具高雅之韵，颇具王者风范。该系列地板超承重、超坚固，被广泛用于运动场所和人群密集的公共场所

6.1.2 按表面结构分

6.1.2.1 平压竹地板

品　　牌：“贵竹”牌
产品名称：竹地板
产品特点：锁扣静音平压炭化地板

品　　牌：“金仁”牌
产品名称：平压本色竹地板
规　　格：1000mm × 104mm × 15mm
　　　　　1020mm × 142mm × 17mm

品　　牌：“金仁”牌
产品名称：平压耐散
规　　格：1000mm × 104mm × 15mm

品　　牌："山友"牌
产品名称：炭化平压对节亮光竹地板
产品特点：高温炭化，脱糖脱脂，防虫防蛀，制作精良，竹节清晰一致，亮光靓丽，居家环保

品　　牌："山友"牌
产品名称：炭化平压对节亚光竹地板
产品特点：高温炭化，脱糖脱脂，防虫防蛀，制作精良，竹节清晰一致，亚光耐磨，居家环保

品　　牌："山友"牌
产品名称：炭化平压散节金刚漆竹地板
产品特点：高温炭化，脱糖脱脂，防虫防蛀，制作精良，竹节清晰自然，漆面光滑平整，居家环保

品　　牌："山友"牌
产品名称：炭化平压散节亮光竹地板
产品特点：高温炭化，脱糖脱脂，防虫防蛀，制作精良，竹节清晰自然，亮光靓丽，居家环保

品　　牌：“山友”牌
产品名称：炭化平压散节亚光竹地板
产品特点：高温炭化，脱糖脱脂，防虫防蛀，制作精良，竹节清新自然，亚光耐磨，居家环保

品　　牌：“定江”牌
产品名称：对节亮光竹地板

品　　牌：“定江”牌
产品名称：对节亚光竹地板

品　　牌：“定江”牌
产品名称：散节亮光竹地板

品　　牌："定江"牌
产品名称：散节亚光竹地板

6.1.2.2　侧（竖）压竹地板

品　　牌："贵竹"牌
产品名称：竹地板
产品特点：锁扣静音竖压本色竹地板

品　　牌："贵竹"牌
产品名称：竹地板
产品特点：锁扣静音竖压炭化地板

品　　牌："鑫华昌"牌
产品名称：炭化侧压系列
产品特点：竹纹细腻柔和密度大，不易膨胀，坚固耐用，抗拉力，稳定性好

品　　牌："金仁"牌
产品名称：侧压本色竹地板
规　　格：100mm × 104mm × 15mm

品　　牌："金仁"牌
产品名称：侧压炭化竹地板
规　　格：1000mm × 104mm × 15mm

6.1.2.3　重竹地板

品　　牌："鑫华昌"牌
产品名称：重竹地板
产品特点：炭化重竹本色质地坚硬，超强密度，自然与现代的结合，突出与众不同的情调和风格，让生活更自然

品　　牌：“贵竹”牌
产品名称：重竹地板
产品特点：锁扣静音重竹虎皮纹竹地板

品　　牌：“贵竹”牌
产品名称：重竹炭化地板
产品特点：锁扣静音重竹炭化竹地板

品　　牌：“振宇”牌
产品名称：富贵红重竹地板

品　　牌：“振宇”牌
产品名称：本色重竹地板

品　　牌：“振宇”牌
产品名称：本色重竹地板

品　　牌：“山友”牌
产品名称：炭化重竹地板
产品特点：防虫防蛀，耐磨防水，美观坚实，历久弥新

品　　牌：“山友”牌
产品名称：重竹黄花梨
产品特点：表面平整光滑，色泽高雅，纹理美观大方，同时密度大，硬度高，不变形，耐冲击，耐磨损

品　　牌：“山友”牌
产品名称：重竹红檀木
产品特点：重竹地板俗称竹丝板，选材严格，制作流程规整，成品密度大，硬度高，耐冲击，耐磨损．重竹地板平整光洁，无虫无蛀，纹理清爽悦目，色泽高雅

品　　牌："山友"牌
产品名称：重竹橡木地板
产品特点：纹理丰富自然，冬暖夏凉，脚感舒适

品　　牌："映山"牌
产品名称：重竹染色系列
产品特点：组织致密、质感细腻、密度大、强度大、稳定性好，绿色环保、健康无毒害，耐磨性及耐冲击性好，使用更持久、防虫防霉变、保养简单、应用广泛

品　　牌：“映山”牌

产品名称：坚林重竹地板

产品特点：绿色环保，健康无毒害耐磨耐污，使用更持久，防虫防霉变，多重色系供选择，安卸方便，保养简单，应用广泛

红檀色

柚木色

黄檀色

紫檀色

中国红

本色

6.1.3 按表面颜色分

6.1.3.1 本色竹地板

品　　牌：“春红”牌
产品名称：竹地板
产品特点：本色对节亮光，本色竹地板，尽显竹韵味，质量达到国家标准GBT20240—2006

品　　牌：“春红”牌
产品名称：本色竹地板
产品特点：本色重竹耐磨竹地板，密度高，更耐磨，质量达到国家标准GBT20240—2006

品　　牌：“贵竹”牌
产品名称：竹地板
产品特点：锁扣静音平压本色地板

品　　牌：“金仁”牌
产品名称：平压亮光散节锁扣
规　　格：1020mm × 142mm × 17mm

6.1.3.2 漂白竹地板

品　　牌：“贵竹”牌
产品名称：竹地板
产品特点：锁扣静音平压漂白地板

6.1.3.3 炭化竹地板

品　　牌：“春红”牌
产品名称：竹地板
产品特点：炭化侧压亚光竹地板，竹子的侧向排列工艺，还原秀竹纹理，柔和温馨，尽显竹之亮节与格调。质量达到国家标准GBT20240-2006

品　　牌：“春红”牌
产品名称：竹地板
产品特点：炭化对节亚光竹地板：高温蒸煮、高温炭化，脱糖脱脂，板面精心打磨，表面呈现较宽大的竹节纹理，质量达到国家标准GBT20240-2006

品　　牌：“坚林”牌
产品名称：炭化竹地板
产品特点：炭化色差竹地板，荣获发明专利证书

品　　牌：“映山”牌
产品名称：炭化亚光竹地板

品　　牌：“映山”牌
产品名称：实竹炭化平压系列
产品特点：竹纹理清爽悦目，结构合理、稳定性好、韧性好、坚固耐用，环保性好、保养简单

6.1.3.4 着色竹地板

品　　牌：“定江”牌
产品名称：红檀色竹地板

品　　牌：“春红”牌
产品名称：竹地板
产品特点：手抓纹咖啡色竹地板，款式舒适大气，内涵古朴不失时尚之美，质量达到国家标准GBT20240－2006

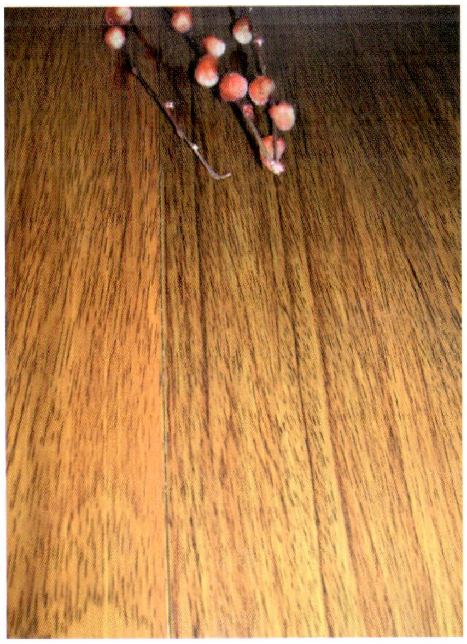

品　　牌：“定江”牌
产品名称：菠萝格竹地板

品　　牌：“定江”牌
产品名称：水曲柳竹地板

品　　牌：“贵竹”牌
产品名称：重竹地板
产品特点：锁扣静音胡桃木色竹地板

品　　牌：“贵竹”牌
产品名称：竹地板
产品特点：锁扣静音花梨色竹地板

品　　牌：“贵竹”牌
产品特点：锁扣静音深紫檀色地板

品　　牌：“振宇”牌
产品名称：富贵红重竹地板

6.1.4 按表面有无涂饰分

6.1.4.1 涂饰竹地板

品　　牌：“振宇”牌
产品名称：竹地板
产品特点：仿古竹节青铜色，表面采用进口高级UV 漆紫外光固化处理，防火阻燃，质地精密坚硬，耐磨不变形而富有弹性，抗干湿度强

品　　牌：“竹涛”牌
产品名称：有色竹地板
产品特点：具有多种颜色，让我们生活在色彩绚丽多彩的世界中，享受多彩世界给我们带来的优质生活

6.1.4.2 素板

品　　牌：“竹涛”牌
产品名称：原竹系列
产品特点：具有自然美观、外观自然清晰、纹理细腻流畅等突出特点，保留了天然原色的自然与灵秀

6.1.5 按用途不同分

6.1.5.1 普通竹地板

品　　牌："通贵"牌

产品名称：皇廷地板王

产品特点：特有的专利设计，是当今国内唯一一款超大幅室用竹地板，采用6年生大径优质楠竹，凭借竹材天然灵动的纹理，诠释奢华生活的品位，营造热情而不浮华、浓郁而不浓重的风格，板体尽显稳重内敛、雍容华贵之美

品　　牌："通贵"牌

产品名称：拼合竹地板

产品特点：本实用新型竹地板，包括板体、分别设在板体两个侧边的榫头和榫槽，板体包括面板、中间板和底板，面板与底板分别胶合固定在中间的上下表面。面板是由多条相对较窄的单层竹片侧压的拼合片，中间板和底板是分别由多少条相对较宽的单层竹片平压的拼合片；侧压面板拼合片与平压中间板拼合片和平压底板拼合片，错位或同位叠层呈"上"字型胶合热压。具有弹性模量高，不易变形，不易松脱，易伏贴地面的特点，板体保留了侧压板的抗弯、抗压特性，兼有平压板的稳定性与牢固度。铺装后地板纹理清新高雅，线条流畅，美观性更突出，档次品位更高

品　　牌："通贵"牌

产品名称：竹木锁扣地板

产品特点：本实用新型竹木锁扣地板，包括基材本体，其中：榫头和榫槽分别位于基材本体的两端，一个基材本体的榫头插入在相对的另一个基材本体的榫槽中。基材本体一侧榫头切面轮廓线由11段线条组成，基材本体一侧榫槽切面轮廓线由9段线条组成。本实用新型在锁扣关键部位采用凸扣设计，在拼接后多处保留间隙，既便于安装，又可以增加地板拼装后的镶嵌紧密性，不会松动，更不会反弹脱扣，还不会造成地板咬死，从结构上保证地板铺垫稳固，拆卸方便，可重复利用。本实用新型锁扣设计合理，能更多的节约材料

品　　牌：“竹涛”牌

产品名称：浮雕系列

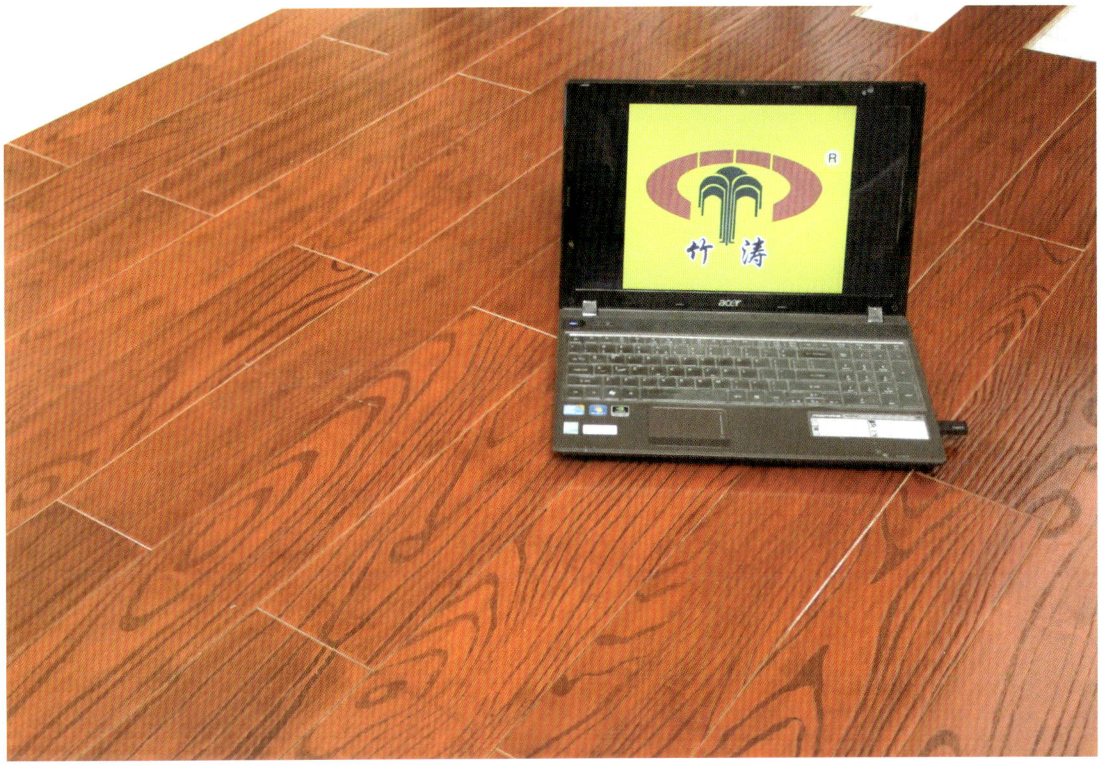

品　　牌：“竹涛”牌

产品名称：水晶系列

品　　牌："通鑫华昌"牌

产品名称：水晶系列竹地板

产品特点：纹理清晰、艺术感强、水晶漆面、永不褪色

品　　牌："百嘉"牌

产品名称：恋之水晶系列竹地板

产品特点：浪漫的色彩，给人如梦幻般的感觉，原来地板也是可以浪漫的！恋之水晶系列竹地板为您倾心打造一片舒适、高雅的浪漫空间

品　　牌：“百嘉”牌

产品名称：上帝指纹系列

产品特点：原生态的竹基材，配以丰富、自然的生态木纹理，宛如上帝的指纹给人以极大的心灵震撼，高贵、富丽堂皇而又自然

品　　牌：“百嘉”牌

产品名称：时尚新贵系列

产品特点：新生活、新时代、新贵族、新享受，时尚新贵系列给您的生活添加色彩

品　　牌：“百嘉”牌
产品名称：新古典系列
产品特点：传承自中华五千年传统文化的经典，融入新现代时尚精髓，古代文明与现代文化交相辉映。复古而不失现代时尚的风格带给您古典、高贵、华丽享受，行走其上，让人仿佛穿梭在古代与现代之间，给人绝妙的时空轮回感

品　　牌：“竹涛”牌
产品名称：钛金面系列

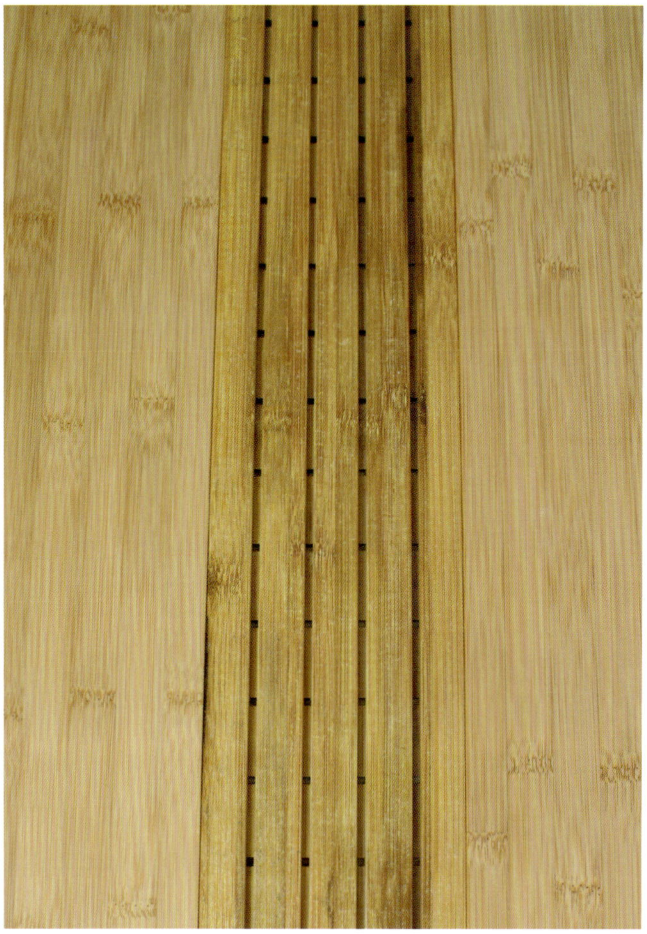

6.1.5.2 地热竹地板

品　　牌：“通贵”牌

产品名称：地热采暖木地板

产品特点：包括由底层、中间层和面层叠合的基材本体、分别设在基材本体两侧与两端的榫头和榫槽，两两相邻的基材本体的两侧的榫头和榫槽配对结合，相互拼装，在基材本体的中间层与底层分别设有通风导热槽；两侧与两端的榫头和榫槽是相互拼装成通风导热循环构造的槽榫。耗材少，热能损耗少，导热性能佳，热能可以迅速传导，能高效率地将地热系统产生的热量传导到至地表。可以广泛用于作为以水循环供热的地热采暖方式的地板

品　　牌：“鑫华昌”牌

产品名称：地热专用竹地板

产品特点：采用井字结构使竹纤维排列一致，加速了热能的传播与流转。中底层的通风导热槽能蓄养足够的能量，能较长时间保持热量，减少热能的损耗与浪费。产品具有地热节能、4网百余孔、导热快、不变形、不开裂、不收缩、不扒缝等特点

专利号：ZL 2010 2 0552665.0

6.1.5.3 体育场馆竹地板

品　　牌："鑫华昌"牌
产品名称：竹地板

6.1.5.4 公共场所竹地板

品　　牌："贵竹"牌
产品名称：户外实竹地板
产品特点：在外观上古朴大方，在性能上可耐日晒雨淋、耐虫蛀、抗腐

品　　牌："振宇"牌
产品名称：户外重竹地板
产品特点：具有密度大，硬度高，耐冲击，耐磨损等特点

品　　牌："映山"牌
产品名称：户外重竹
产品特点：高强度、高密度、抗紫外线、耐水防霉

6.2 竹胶合板

品　　牌：“华森王”牌

产品名称：竹胶合板模板

产品特点：该产品主要用于高层建筑的水平模板和垂直模板以及高速公路、立交桥、高架桥、水电站大坝、隧道、城市基础设施等浇砼工程施工中，也可作为火车、汽车的车箱底板、集装箱底板和活动房屋墙板、包装箱板等。产品质量位居全国之首。2011年被中国竹产业协会评为中国竹文化节中国竹业博览会产品金奖

未封边竹胶合板模板

完封竹胶合板模板

双面覆膜

双面覆木

竹胶合板生产线

该设备生产的“华森王”牌竹胶合板模板，具有幅面大、拼缝少，板面光滑平整；强度高、韧性好，静曲强度相当于木材强度的8～10倍，为木胶合板的4～5倍，可减少模板支撑的使用数量，装、拆简便，脱模容易，耐水性好，水煮4小时不开胶，在混凝土养护过程中遇水受潮不变形；防腐、防蛀；使用周转次数高，可双面倒换使用，无边框竹胶合板模板能使用30～50次，比小块钢模成本低50%

产品市场

“华森王”牌竹胶合板模板被广泛用于国内重大建筑工程，如奥运会水立方工程、北京东方广场、北京四环、五环、六环路、首都国际机场、上海浦东金融大厦、南昌新八一大桥、南昌昌北机场等工程，形成了以北京市场为中心，向全国各大中城市辐射的稳定的销售网络，还出口到新加坡、叙利亚、利比亚、刚果（布、金）、多哥、沙特阿拉伯等地，销售量在同行处领先水平

品　　牌："春红"牌
产品名称：中餐桌
产品特点：侧压

6.3　竹家具

6.3.1　室内竹家具

品　　牌："春红"牌
产品名称：西餐桌
产品特点：侧压

品　　牌：“春红”牌
产品名称：雕花鼓桌七件套
产品特点：由一张桌子与六张凳子组成，桌子和凳呈圆鼓形，四周雕刻着花纹图案装饰。仿古圆鼓桌继承和发扬古代艺人的手法，附以现代的工艺，经名师巧手的精雕细刻之下，产品精工细作，别具特色，呈现出极具现代气息又不失古典韵味，适用于各大、中型会议室、宾馆、酒店、茶楼室等室内装饰

品　　牌：“春红”牌
产品名称：圆餐桌
产品特点：桌面为冰盘攒框装板，无束腰。桌面下与四腿足间装霸王，桌腿间罗锅上加矮老装饰，四腿为圆柱直脚

品　　牌：“春红”牌
产品名称：祥云餐桌
产品特点：桌面赞框镶板，方柱直腿。四腿间装有简洁明朗的线条装饰，方便就餐者，体现了人性化的设计

品　　牌：“春红”牌
产品名称：玫瑰椅全套
产品特点：椅子靠搭脑的弧度向后弯出，搭脑和后柱处装有角牙。素面“S”形靠背板，扶手中间配以鼠尾式联帮棍。落膛硬屉坐面，椅下做壶门口牙字，管脚下带素牙条。整套椅子风格简约，工艺精美细腻，尽显简练朴素之美

品　　牌：“春红”牌
产品名称：折叠圆餐桌
产品特点：做工细致，圆桌面，又可折叠正方形形状，节省空间

品　　牌：“春红”牌
产品名称：皇宫椅
产品特点：皇宫椅是中华民族家具文化的杰出代表作，承载着中华民族的艺术智慧和厚重文化底蕴。皇宫椅的制作要求较为严格，必须全部榫接结构，环环相扣。雕刻部分要求精美而不影响人体的舒适需要，让人端坐其上，尽显主人“内圣外王”的非凡气度

品　　牌：“春红”牌
产品名称：圈椅全套
产品特点：椅脚收分明显，靠背板有盘龙寿字图案。椅盘下壶门券口上细雕卷草纹，椅脚下横仗做成步步高赶杖式。椅圈自搭脑处顺延而下成扶手，背板呈“S”形。线条流畅，端庄大方

品　　牌：“春红”牌
产品名称：仿清 大理石雕花太师椅(DH——18)
产品特点：理石座面，有束腰，四腿展腿式，外翻式足，阴刻回纹。腿间安四面平式管腿仗，牙条下另安透雕双喜如意纹。面上三面椅围，搭脑处雕展翼的蝙蝠相饰，搭脑下圆行开光，镶嵌山水仿大理石心，两侧透雕折枝桃花，其余各部门均嵌以折枝花卉，两椅中间相配展腿式石面茶儿，做法与椅子相同，镶嵌工艺精湛，豪华富丽

品　　牌：“春红”牌
产品名称：九龙椅 仿清拐子龙纹扶手椅 DH——09
产品特点：此椅搭配为卷书式，攒框上镶浮雕火龙纹心板，各屏风均置双龙头雕刻，坐面下装有小束腰，真牙方脚，有阴刻回纹，四脚由横相连，造型精致，彰显宝座至尊

品　　牌：“春红”牌
产品名称：官帽椅全套
产品特点：椅子靠背板与扶手曲线的造型语言来传达坐者的威仪与端庄。上下无一丝装饰，结构简练之极，完全采用线条和弧度来处理，线条曲直相同，方中带圆，充分体现了明式家具简洁明快的特点

品　　牌：“春红”牌
产品名称：双凤戏牡丹七件套
产品特点：扶手以云纹浮雕饰左右，扶手椅面整吊龙头相连接，椅角龙头相装饰。背板以整板透雕双凤戏牡丹纹板，雕工讲究雍容华贵，整套椅子以做工精湛、造型华丽堪称一绝

品　　牌：“春红”牌
产品名称：八件套
产品特点：采用牡丹雕刻为主体，做工精美，雕刻精细，用料讲究，整体秀气大方。

品　　牌：“春红”牌

产品名称：沙发八件套

产品特点：仿明清款式，雕工精美，整体庄重大气。达到企业标准Q4JFY 001—2008

品　　牌：“春红”牌

产品名称：罗汉床

产品特点：此床供数人同坐大榻，具备坐卧功能，坐面左右及后面装有围栏。围栏用整块板料浮雕花纹或小木块攒成曲尺纹样，冰盘沿攒素床面，带束腰直脚，内翻马蹄足。床身结构精致，更显幽雅、朴素。

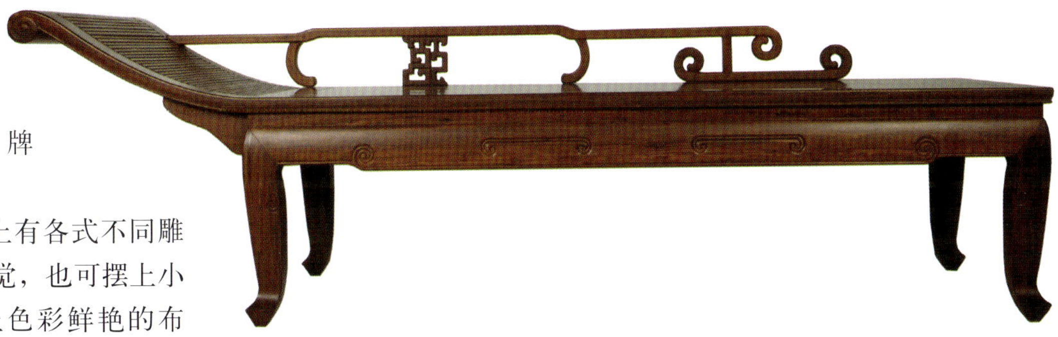

品　　牌：“春红”牌

产品名称：贵妃床

产品特点：贵妃床上有各式不同雕刻花纹，可用来睡觉，也可摆上小茶儿品茗，若铺上色彩鲜艳的布艺，更会使贵妃床增添妩媚多娇，另外如果在床柱上围上丝绸，当清风吹拂的时候，她的温柔气质绝对是不可忽略的一种美！

品　　牌：“春红”牌
产品名称：六柱架子床
产品特点：架子床显得宽厚有力而典雅精美。床面上立六柱，三面围栏，前设门围，围栏上精雕吉祥图纹，皆寄意着“多福多寿”。顶部装横楣，四周挂檐由镂空绦环板组成。并配有脚踏

品　　牌：“春红”牌
产品名称：1.5m/1.8m标准床
产品特点：由基本的床头板、床尾板、床板、加上骨架为结构，采用榫卯结构连接。床板使用细板拼装组成，平面与直线相衬，使得此床简单，实用

品　　牌：“春红”牌
产品名称：雕花小供桌
产品特点：靠墙陈设用具，案面两头装翘外撇，牙板宽阔，承座简洁，整张案桌体形设计精巧，有精美图案相饰，雕工精美绝伦

品　　牌：“春红”牌
产品名称：祥云餐桌
产品特点：桌面攒框镶板，方柱直腿。四腿间装有简洁明朗的线条装饰，方便就餐者，体现了人性化的设计

品　　牌：“春红”牌
产品名称：罗格书桌
产品特点：大班台采用组合式，由桌面、立柜、脚踏板组成。桌面采用攒框镶板式，并行相配四抽屉，每个抽屉配有仿古铜拉环。立柜采用抽屉和托盘上下呼应，相得益彰。整张大班台造型优雅，线条流畅，雕刻精美，博众青睐

品　　牌：“春红”牌
产品名称：鼓桌
产品特点：由一张桌子与四张凳子组成，桌子和凳呈圆鼓形。仿古圆鼓桌继承和发扬古代艺人的手法，附以现代的工艺，产品精工细作，别具特色，呈现出极具现代气息又不失古典韵味
产品规格：81cm × 81cm × 78cm
　　　　　30cm × 30cm × 46cm

品　　牌："春红"牌
产品名称：插式屏风
产品特点：采用传统的手工雕刻，以山水雕刻为主，通过精雕细琢，展现出一幅完美的画面

品　　牌："春红"牌
产品名称：衣帽架
产品特点：采用传统工艺流程，精工制作，榫卯结构，做工一流。两端龙头相呼应

品　　牌："春红"牌
产品名称：组合多宝架
产品特点：器形由两个半圆组合而成，也可单独使用，整体由多个不规则亮格榫接而成，架格为全敞开式，矩形轻巧疏朗，简洁明快，通体光素，设计独特而实用

品　　牌：“春红”牌

产品名称：沙发

产品特点：现代简约，达到企业标准Q4JFY 001—2008

品　　牌：“通贵”牌

产品名称：餐桌

品　　牌：“通贵”牌

产品名称：茶儿与沙发

品　　牌：“康替龙”牌
产品名称：竹家具三件

品　　牌：“康替龙”牌
产品名称：竹沙发

品　　牌：“康替龙”牌
产品名称：竹沙发与竹椅

品　　牌：“贵竹”牌

产品名称：仿古明清竹家具

产品特点：中国明清古典家具在现代中国家具历史上留下了辉煌的一页，但由于现代家具工厂向西方学习工业化、数字化生产管理，导致了其生产的家具虽然外观优美、品质优秀，但失去了作为艺术品的灵魂，无法达到古典明清家具的高度。又因现代环境因素，古典家具的高档树种（黄花梨、红木、紫檀等）生长非常缓慢，经过多年的砍伐已濒临灭绝。我公司本着传承发扬中国古典家具文化，并使之与竹这种蕴含丰富中国文化底蕴的材料相融合的使命，开发了仿古明清竹家具。此款家具是我公司高薪聘请中原手工家具制作大师，纯手工打造的一系列仿古家具，其材料使用5龄毛竹，经过技术工艺处理的异型板材、异型转角等竹材在各种环境下无开裂、全实竹榫卯结构制作，雕刻精细、质感细腻、手感温润，既保留了竹材的特殊性质又体现了古典家具深厚的文化底蕴

韩式客厅

韩式餐厅

品　　牌：“贵竹”牌

产品名称：韩式系列家具

产品特点：韩式系列家具是我司高薪聘请韩国设计师，根据竹的特殊材料性质结合韩国流行的家具风格特别设计的一系列家具，包括了韩式客厅系列、韩式餐厅系列、韩式卧室系列。此产品在外观设计上具有稳重、古朴、大方、素雅等特点，融合了韩国与中国一脉相连的东方文化，将竹的成熟、刚毅、卓尔不群等文化特点发挥到了极致

韩式卧室

竹叶系列卧室

竹叶系列客厅

品　　牌：“贵竹”牌

产品名称：竹叶系列家具

产品特点：竹叶系列家具是我公司设计师出自于对竹叶的爱好，从而开发出的一套包含客厅家具、餐厅家具、卧房家具等在内的一系列家具。此款产品外观设计精美简约，既有竹叶的飘逸特性，也有竹节的刚毅性格。产品在材质上使用的是全竹材料，在工艺上使用的是全手工工艺，使产品既有现代环保理念，又有古典艺术气质

竹叶系列餐厅

品　　牌："康替龙"牌
产品名称：竹楼梯椅
产品特点：椅子和梯子两用

品　　牌："贵竹"牌
产品名称：竹折叠椅
产品特点：该产品已荣获国家实用新型专利，适合居家旅行，节约空间的理念设计生产了此款产品。产品展开时座位高度适中，与地面接触范围稳定，收起时呈平面状并设计有悬挂孔，方便携带。此款产品使用的是全竹材料，对现在日益恶化的生态环境起到了非常好的保护作用

6.3.2 户外竹家具

品　　牌："康替龙"牌

产品名称：重竹户外家具系列

产品特点：高强度、高密度、抗紫外线、耐水防霉、简单不失高雅

品　　牌："贵竹"牌

产品名称：户外实竹家具

产品特点：长时间在户外环境下无开裂、霉变、腐朽等问题，开创了竹材在户外环境下的应用范围

6.4 竹厨房餐具系列

6.4.1 一次性竹筷系列

品　　牌：“山友”牌

产品特点：一次性竹筷是随着我国社会经济现代化的步伐——高铁、写字楼的兴起，旅游业、户外运动、大量流动性人口的需求而长足发展。我公司作为全国该行业的领头企业，在制定一次性竹筷国标，研发市场适销品种，创新工艺和包装，指导推广新技术等方面做了大量工作，取得可喜成绩。防滑筷、带枕筷等都是我公司技术人员研发完成的，其中带枕筷获国家实用新型专利CN02216506.1；创导的竹天削筷从无节到带节技术在我省广泛应用，使毛竹资源利用率提高50%以上，产品价格下降约30%

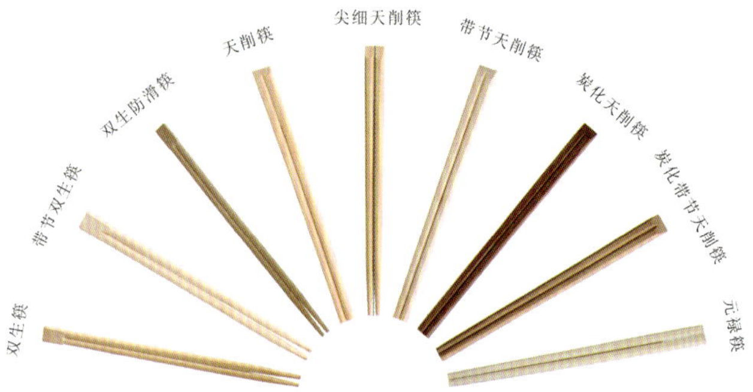

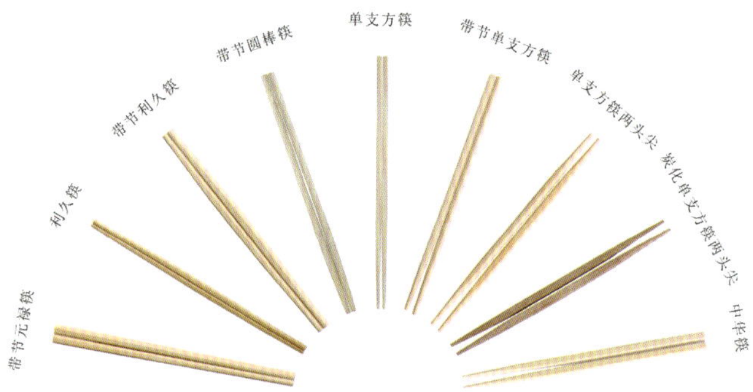

品　　牌：“山友”牌

产品名称：带枕元禄筷

产品特点：获国家实用新型专利CN02216506.1

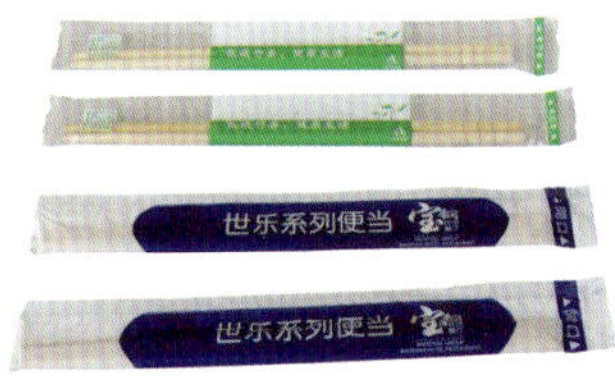

品　　牌：“山友”牌

产品名称：OPP完封竹筷

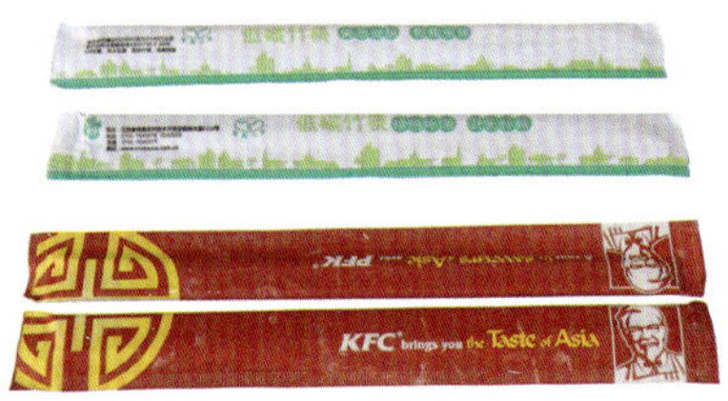

品　　牌：“山友”牌

产品名称：纸完封竹筷

品　　牌：“山友”牌

产品名称：竹筷裸包装

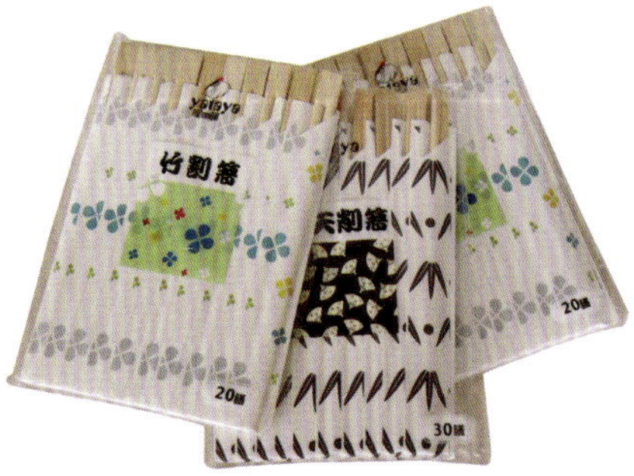

品　　牌：“山友”牌

产品名称：竹筷纸套包装

品　　牌：“山友”牌

产品特点：箸是中华文化园中的一朵绚丽奇葩，历经数千年和地大物博的熏陶，箸的品种规格十分丰富

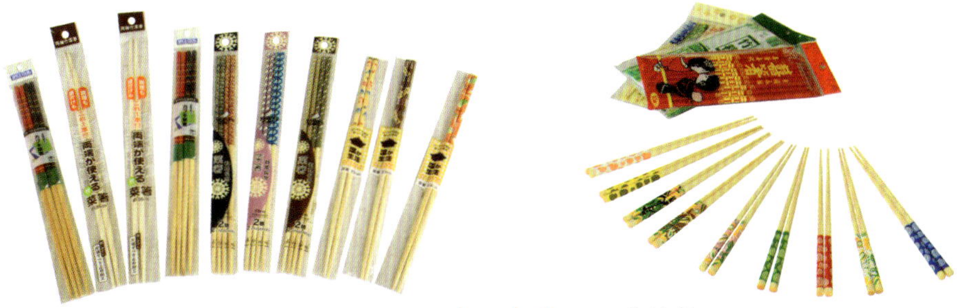

产品名称：工艺漆筷

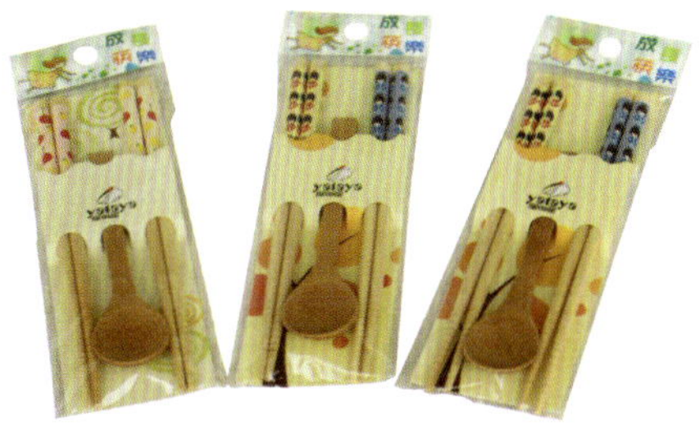

产品名称：儿童筷

产品名称：情侣筷

产品名称：工艺箸

6.4.2 其他

品　　牌：“美竹”牌
产品名称：竹菜板
产品特点：纯天然竹制品，食品级胶黏合成型，配硅胶垫，产品美观实用、绿色环保。

品　　牌：“美竹”牌
产品名称：调味架
产品特点：竹制，环保胶黏合成型

品　　牌：“美竹”牌
产品名称：沙拉碗
产品特点：竹制双色，食品级胶黏合成型

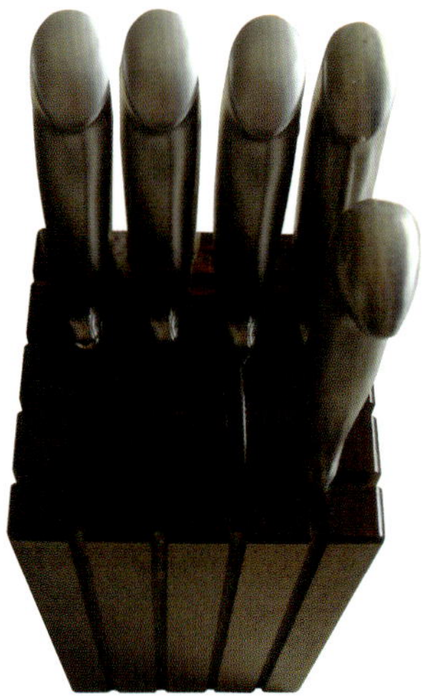

品　　牌：“美竹”牌
产品名称：套刀架
产品特点：竹制，多功能型随意插

品　　牌：“美竹”牌
产品名称：厨房用具系列

品　　牌：“通贵”牌
产品名称：套刀架系列

品　　牌："通贵"牌
产品名称：刀盒

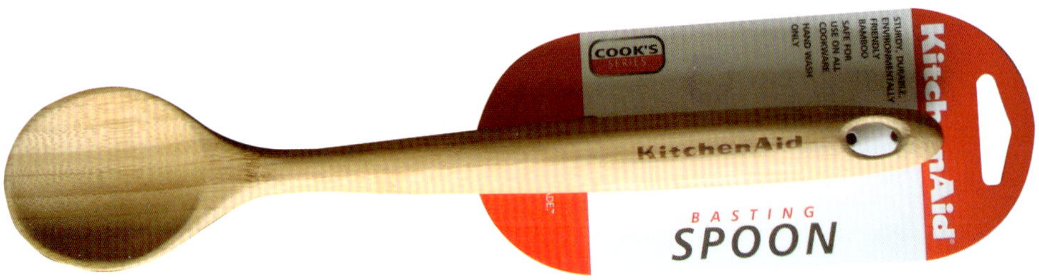

品　　牌："美竹"牌
产品名称：勺子
产品特点：竹制，食品级环保胶黏合成型

“三友”牌竹厨房餐具系列，新近携同美国、日本专家研发的连锁餐饮店系列竹餐具、沙拉碗盆系列，以及儿童用具系列等产品，给人耳目一新的感觉

品　　牌：“三友”牌
产品名称：调味托

品　　牌：“三友”牌
产品名称：方沙拉碗

品　　牌：“三友”牌
产品名称：方型筷筒

品　　牌：“三友”牌
产品名称：卧式筷盒

品　　牌：“三友”牌
产品名称：圆沙拉碗

品　　牌：“三友”牌
产品名称：竹杯

品　　牌：“三友”牌
产品名称：竹杯及竹叉

品　　牌：“三友”牌
产品名称：竹储物筒

品　　牌：“三友”牌
产品名称：竹碗

品　　牌：“三友”牌
产品名称：组合餐具

6.5 竹工艺

“中彩”竹瓷系列产品

彩竹玉瓷，又名竹玉、竹瓷，精选湘赣边界高山之巅珍稀的金镶玉竹，通过纯天然生物诱导素，使其内在纹理自然凸显的同时，幻化出天然的色素精华，绚丽沉静，色泽温润，表里如一，浑然天成！由金镶玉竹制成的彩竹玉瓷先天就具有养身之效，对人可扶助气运，温养身心！而在其傲骨天生的基础上，通过一系列的高温高压先进工艺，其硬度与恒久可媲美天然钻石！

品　　牌：“中彩”牌

产品名称：竹瓷艺术花瓶系列

产品特点：以彩竹玉瓷为原料制成的竹瓷花瓶系列，采用了目前世界上最先进的工艺技术，经过了近千道复杂的研磨工艺，精琢细磨，确保每一件成品都是独一无二的至宝！竹瓷艺术花瓶之“古玉系列”共10个品种，分别为“少阳、瓔琅、雷颐、凤山、璞珏、苍璧、琚珏、珑翔、琮瓔、苍琪”；象征着完美无瑕与十全十美

品　　牌："中彩"牌

产品名称：竹玉盘系列

产品特点：以彩竹玉瓷为原料的竹玉茶盘系列更是国家殿堂级雕刻大师呕心沥血之作，不单单其原料极其珍贵，内涵的雕刻工艺本身就是价值无法估量的艺术珍品

品　　牌："中彩"牌

产品名称：竹瓷笔筒

品　　牌：“中彩”牌
产品名称：竹瓷纸巾盒

品　　牌：“中彩”牌
产品名称：物华竹玉鼎

品　　牌：“中彩”牌
产品名称：竹瓷烟灰缸

品　　牌：“中彩”牌

产品名称：竹玉茶台系列

6.6 竹纤维

6.6.1 床上用品系列

品　　牌：“庐山恋”牌

产品名称：竹纤维豪华四件套

产品特点：正面龙凤图案选用竹纤维、棉花和聚酯纤维经纳米微分子技术处理，鲜亮光泽，传统龙凤图案提花，吉祥富贵。贴身面均选用100%竹纤维，同时保证其优越的低碳健康性，是高档的豪华床上四件套

品　　牌：“庐山恋”牌

产品名称：竹纤维呼吸毯

产品特点：采用100%竹纤维精工制造，最大限度保留竹纤维的天然特性，抗菌，除螨，抗静电；透气性极佳，凉爽、舒适，是空调房必备的高档床上用品

品　　牌：“庐山恋”牌

产品名称：竹纤维康定情歌四件套

产品特点：精工艺的印花色彩鲜艳分明，优雅大方，100%竹纤维材质抗菌性强，除螨，抗静电，具有良好的保健作用，是款健康、高档、大方的床上四件套

品　　牌："庐山恋"牌
产品名称：竹纤维凉席
产品特点：竹纤维凉席的网状工艺特点是全国首创。其显著特点是透气凉爽、排热迅速，经SGS权威机构检测其抗菌值高达5.8以上，抗菌率大于99%，是低碳型、健康性的高档产品

6.6.2 服饰用品系列

品　　牌："庐山恋"牌
产品名称：竹纤维男士长袖衬衫
产品特点：版型庄重典雅，沉稳高贵，选用高品质竹纤维面料，为肌肤带来至高享受。手感细腻柔软，优越的吸湿性和透气性，穿着一整天都一样舒适自然；具有很强的悬垂感，穿着自然有形

品　　牌："庐山恋"牌
产品名称：竹纤维男士睡衣套装
产品特点：采用100%竹纤维材质，柔滑垂软，透气舒爽不沉闷，抗静电，除螨，抗菌性强，成熟的样式在保障健康、舒适的同时更显稳重，是高档的男士精品

品　　牌：“庐山恋”牌

产品名称：竹纤维男士条纹短袖衬衫

产品特点：具有天然的吸湿性和排汗透气性，给皮肤贴身的呵护，抗菌亲肤，穿着舒爽，色泽光亮，洗水不变形，是商务白领人士追求环保、健康的时尚首选

品　　牌：“庐山恋”牌

产品名称：竹纤维男士圆领系扣T恤

产品特点：在竹纤维的基础上添加了新型吸湿排汗纤维，除竹纤维原有的抗菌、抗紫外线性能外，增强了其吸湿排汗性，质感柔软，修身的造型搭配独特的系扣设计，休闲时尚

品　　牌：“庐山恋”牌

产品名称：竹纤维女式保暖内衣

产品特点：添加了5%的氨纶使整个套装柔软舒适有弹性，高含量的竹纤维在保障柔软舒适的同时也保留了良好的抗菌、抗静电性，贴身穿着非常舒适，加上斑马纹的设计，深受大众喜爱

6.7 竹造纸

6.7.1 文化用纸

品　　牌：“华劲”牌

产品名称：彩色双胶纸（象牙白色）

品　　牌：“华劲”牌

产品名称：高白胶版印刷纸（原纸）

品　　牌：“华劲”牌

产品名称：胶版纸（复卷包装系列）

品　　牌：“华劲”牌

产品名称：胶版纸（平板包装系列）

6.7.2 生活用纸

品　　牌：“华劲”牌
产品名称：高级生活用纸分盘纸

品　　牌：“华劲”牌
产品名称：高级生活用纸原纸（仓库拍摄）

品　　牌：“华劲”牌
产品名称：高级生活用纸原纸（车间生产现场拍摄）

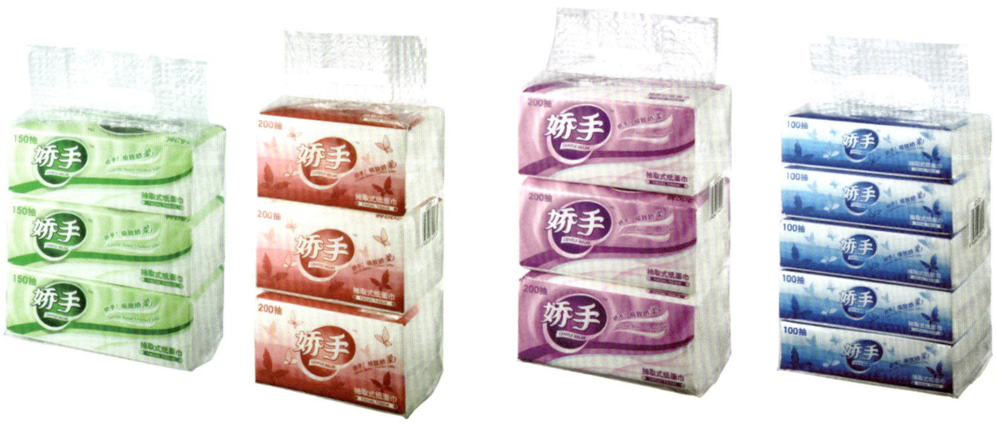

品　　牌：“妙手”牌
产品名称：抽取式纸面巾

品　　牌：“妙手”牌
产品名称：卷筒卫生纸（2卷装）

品　　牌：“华劲”牌
产品名称：手帕纸

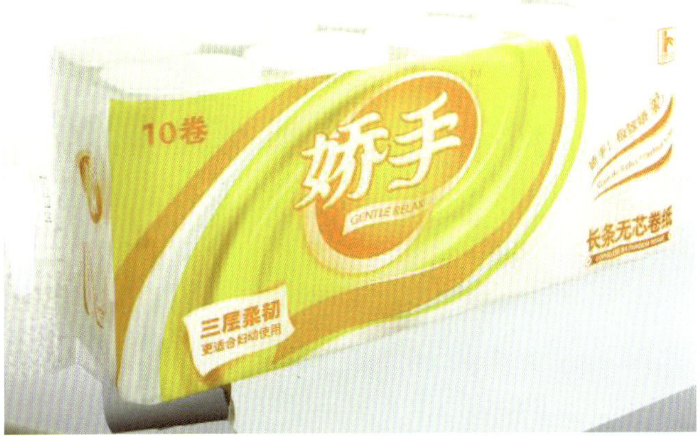

品　　牌：“华劲”牌
产品名称：长条无芯卷纸

6.8 竹乐器

品　　牌：“贵竹”牌

产品名称：竹乐器

产品特点：将竹作为材料，研发了一套以编钟为模版，以钢琴为目标的新一代打击乐器“竹板琴”，“竹板琴”根据三大音域分为高音琴、中音琴和低音琴，高音琴声音清脆悦耳，其音色有高山流水之意，中音琴声音悠扬圆润，其音色有穿透空间之感，低音琴声音浑厚饱满，其音色有声潜九渊之重，它即将成为中国竹文化与中国古典音乐文化相交融的代表

品　　牌：“中彩”牌

产品名称：电子琴

产品特点：彩竹集成材密度大，稳定性好，故制成乐器后共鸣性很好，最大限度地保证音色的纯正

品　　牌：“中彩”牌

产品名称：吉它

品　　牌：“中彩”牌

产品名称：音箱

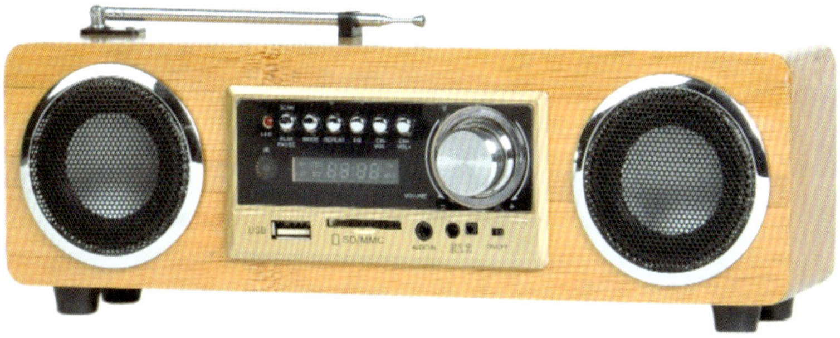

品　　牌：“奔步科技”牌

产品名称：高保真竹制音箱

产品特点：是以优质楠竹为原材料，自行设计，小巧、方便携带

6.9　竹家居用品系列

随着竹材加工技术的进步，居家处处“见竹影闻竹香”。

6.9.1　竹凉席

品　　牌：“振宇、恬馨”牌

产品名称：水磨玉席

产品特点：选用5年以上优质毛竹，经过漂白等处理和十几道工序加工编织制成。质地光滑、洁白如玉、手感光滑，特具防虫、耐磨、防霉、散热等优点。夏季使用舒适凉爽，是防暑降温之佳品；冬春使用，则有增强床、沙发垫弹性，清洁去尘等效用。经专家鉴定，产品对人体皮肤有着良好的保护作用，无任何副作用，达到国家甲级标准

品　　牌：“振宇、恬馨”牌

产品名称：天然青席

产品特点：天然青竹席：为集团独创产品，获国家发明专利。采用5年以上天然优质毛竹，经高科技精练拉丝加工制成，产品自然环保、色泽鲜亮，给人以“天然去雕饰”、返璞归真、回归大自然的感觉，很有“绿色装修”的味道，给人视觉以清凉舒爽之感，常视之可消除眼疲劳。竹席具有手感光滑、不起毛、不变色、透气凉爽、不黏汗、不卷曲、不生虫、不发霉、抗静电、抗折断、美观大方、耐用性好等优点，是理想的环保健康夏凉产品

品　　牌："振宇、恬馨"牌
产品名称：镜面折叠席
产品特点：采用5年生上等毛竹，保留光滑竹青，无氧高温干馏炭化自然变色而成，表面光滑呈咖啡色，款式新颖大方，色泽光亮，且有淡淡竹香，能吸附体汗、体臭，具有防腐、防臭；能释放负氧离子，远红外线产生热能，阻挡对人体有害的电磁波及辐射等，能促进睡眠、安神，改善头部、颈部、肩部、背部的血液循环；对消除肩酸背痛、耳鸣、气喘、打鼾失眠等症状有良好的改善作用，尤其对皮肤病防治、皮肤保护有明显的好处。竹席手感光滑凉爽、凉而不寒、消除疲劳、全身轻松，是夏季纳凉保健佳品

品　　牌："振宇、恬馨"牌
产品名称：富贵席
产品特点：精选5年以上优质毛竹，经多种技术处理精制而成。产品色泽鲜活、美观大方。其特点为竹丝细腻、柔软轻松而富有弹性，能吸附蒸发水分，清热除燥，改善静电对人体的侵害，具有放松神经达到平衡，促进人体血液循环，提高睡眠质量的功效，有益于健康。尤其适宜老人和小孩使用

6.9.2 化妆盒

品　　牌："三友"牌
产品名称：化妆盒
产品特点：采用同一竹龄和经养生原理处理的竹材，加之精心设计制作，竹居家生活用品不断推陈出新

6.9.3 水果盘

品　　牌：“三友”牌
产品名称：水果盘

品　　牌：“山友”牌
产品名称：竹盘
产品特点：造型简朴，大方实用，居家环保

苹果型竹蓝

竹篮金鱼

品　　牌：“山友”牌
产品名称：竹蓝
产品特点：形态逼真，造型简朴，实用大方，居家环保

品　　牌：“金福昌王”牌
产品名称：水果盘

品　　牌：“金福昌王”牌
产品名称：水果篮

6.9.4 储柜架

品　　牌：“金福昌王”牌
产品名称：储物盒

品　　牌：“金福昌王”牌
产品名称：鞋柜

品　　牌：“金福昌王”牌
产品名称：鞋架

品　　牌：“金福昌王”牌
产品名称：纸盒

品　　牌：“金福昌王”牌
产品名称：竹笔、竹笔盒

品　　牌：“金福昌王”牌
产品名称：竹笔筒

品　　牌：“金福昌王”牌
产品名称：竹笔筒
产品特点：造型别致，实用大方，油然而生书卷气息

品　　牌：“金福昌王”牌
产品名称：竹遥控器架

6.9.5 桌凳

品　　牌：“金福昌王”牌
产品名称：竹凳子

品　　牌：“金福昌王”牌
产品名称：竹展架

品　　牌：“金福昌王”牌
产品名称：竹电脑桌

品　　牌：“金福昌王”牌
产品名称：竹电脑桌
产品特点：绿色天然，环保居家，制作精良。竹节纹路清新自然，格调雅致，风格独特

6.9.6 其他

品　　牌：“金福昌王”牌
产品名称：竹电脑桌
产品特点：绿色天然，环保居家，制作精良。竹节纹路清新自然，格调雅致，风格独特

品　　牌：“金福昌王”牌
产品名称：竹烟灰缸

6.10 办公用品系列

品　　牌："奔步科技"牌

产品名称：竹键盘

产品特点：全球第一款半竹半塑有线竹键盘，经典的红与黑搭配，历经时间的洗礼成就永不落幕的时尚

品　　牌："奔步科技"牌

产品名称：竹键盘

产品特点：全竹无线竹键盘，获国家发明专利，完美结合艺术与工程设计，全激光雕刻字符，永不褪色；具有防辐射、防静电、缓解疲劳、敲击声小的特点，产品节能环保

品　　牌："奔步科技"牌

产品名称：竹键盘

产品特点：全竹有线竹键盘，获国家发明专利，完美结合艺术与工程设计，全激光雕刻字符，冬暖夏凉、吸汗防滑、自然触感，永不褪色；产品节能环保

品　　牌："奔步科技"牌

产品名称：鼠标

产品特点：全竹鼠标，雕刻花纹亦可根据企业或个人用户的要求进行个性化设计，如企业专属LOGO，个人生肖、星座甚至是个人头像等

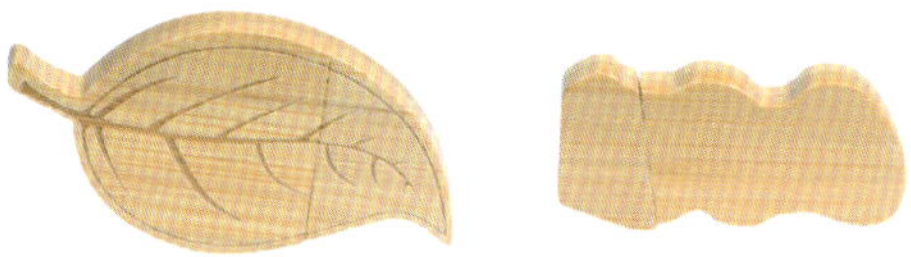

品　　牌：“奔步科技”牌
产品名称：U盘
产品特点：竹U盘是以优质楠竹为原材料，设计源于自然，艺术，小巧、方便携带

品　　牌：“奔步科技”牌
产品名称：计算器
产品特点：竹计算器，以全竹材精心设计制作而成，采取太阳能充电，精致小巧、按键敏捷，方便携带

品　　牌：“奔步科技”牌
产品名称：电脑显示器
产品特点：竹制电脑显示器外壳是由公司自主创新，自行设计，天然本色，环保时尚

品　　牌：“奔步科技”牌
产品名称：电视机竹外壳
产品特点：具有耐高温特性，经久耐用，深受国内外家庭的喜爱；天然竹材，可回收、可降解

6.11 其他

6.11.1 竹炭系列

竹子全身是宝，小竹子、边角碎料、竹屑都可成为人们生活中的“伴侣”。如竹炭，而且它又可去味、吸附异物，起着“清洁工、清洁夫”的妙用，用竹炭一起煮出来的饭还别有风味呢！

品　　牌：“山友”牌
产品名称：机制炭
产品特点：它既能在燃烧中产生高效热能，同时散发出竹的味道

品　　牌：“山友”牌
产品名称：竹片炭、颗粒炭
产品特点：可去味、吸附异物，起着“清洁工、清洁夫”的妙用

6.11.2 竹箨系列

竹箨是竹子综合利用的重要方面，其纯植物、可自然降解的特性，把它制成各类餐饮用品，正满足了人类绿色发展的需要。

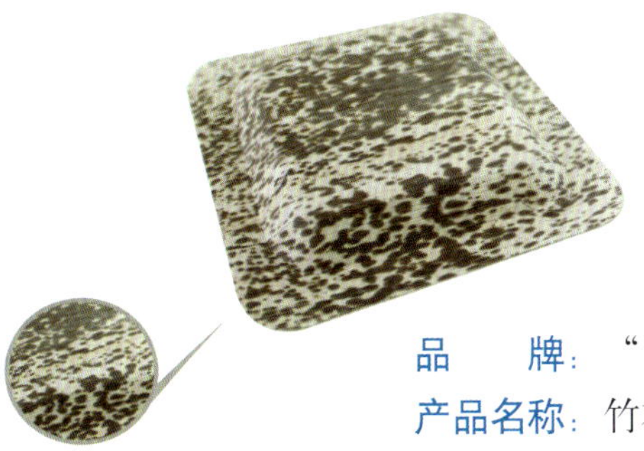

品　　牌：“山友”牌
产品名称：竹衣方盘

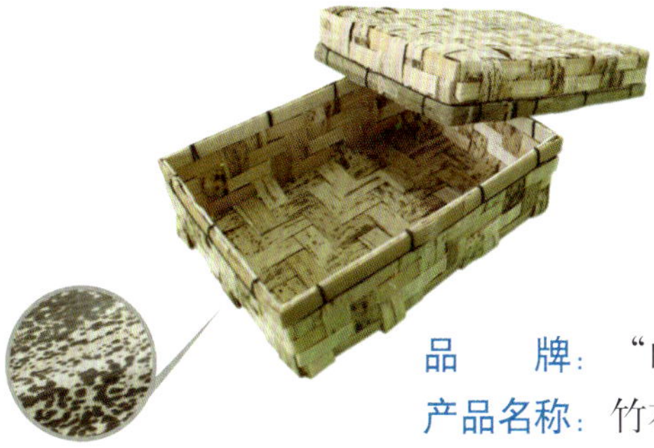

品　　牌：“山友”牌
产品名称：竹衣盒

品　　牌：“山友”牌
产品名称：竹衣勺子

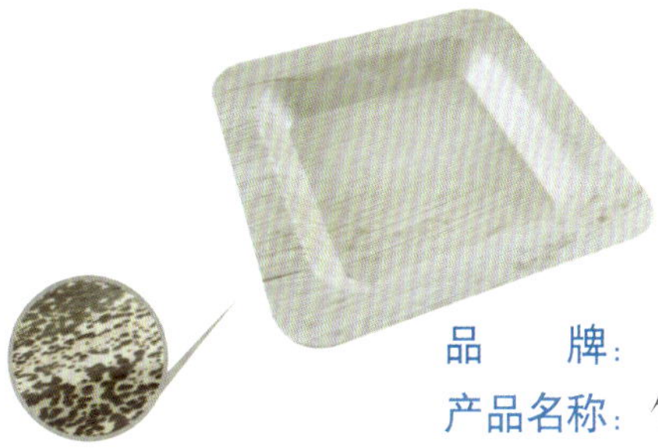

品　　牌：“山友”牌
产品名称：竹衣托盘

品　　牌：“山友”牌
产品名称：竹衣圆盘

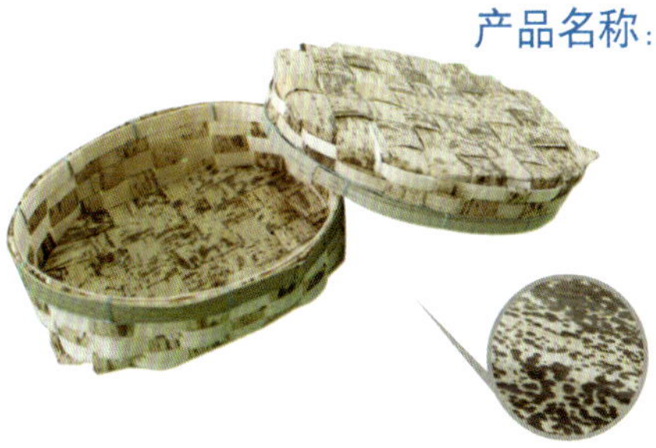

品　　牌：“山友”牌
产品名称：竹叶及竹衣

6.11.3 竹串签系列

各种烧烤、火锅正蔓延为当今人们的饮食时尚，其中小小竹串（签）不可少，而且使用效果好。

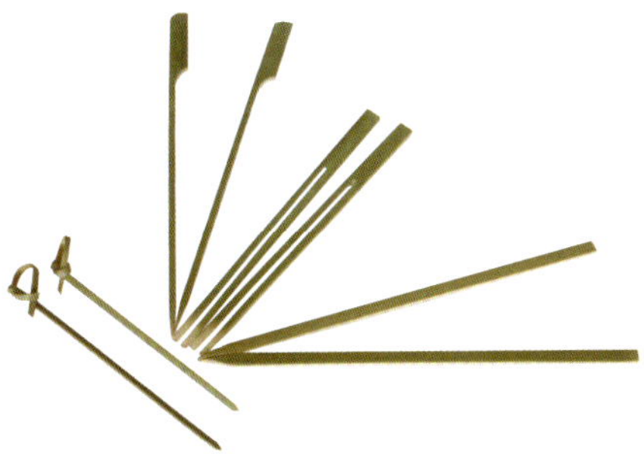

品　　牌：“山友”牌
产品名称：竹串

品　　牌：“山友”牌
产品名称：竹串

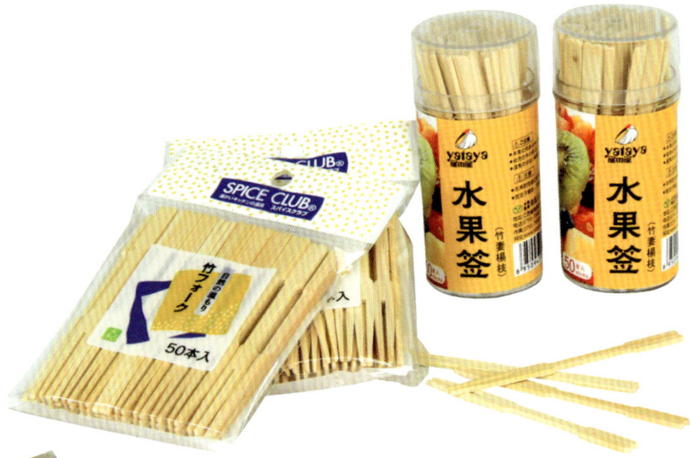

品　　牌：“山友”牌
产品名称：竹签

6.11.4 竹茶具系列

品　　牌：“山友”牌
产品名称：竹茶具系列
产品特点：竹茶具品茶，将使人感觉“马放南山”的悠然舒坦。竹茶具是人们茶道不可或缺的精美器皿

品　　牌：“山友”牌
产品名称：竹寿司卷

6.11.5 竹装修材料系列

品　　牌：“山友”牌
产品名称：炭化地脚线
产品特点：产品高温炭化，脱糖脱脂，防虫防蛀，制作精良，居家环保

品　　牌：“山友”牌
产品名称：转高板
产品特点：表面平整光滑，纹理自然大方，不变形，耐冲击，耐磨损

品　　牌：“山友”牌
产品名称：T型压条
产品特点：表面光滑，纹理自然大方，防虫防蛀，不变形，耐冲击，耐磨损

品　　牌：“山友”牌
产品名称：楼梯扣板
产品特点：纹理自然大方，制作精良，不变形，耐冲击，耐磨损

参考文献

1. 江西省林木种苗和林场管理局.江西林木种质资源[M].北京:中国林业出版社,2011.
2. 陆文明.八十年代的中国竹业[J].竹子研究汇刊,1992,11（1）:75-86.
3. 马乃训.国产丛生竹类资源与利用[J].竹子研究汇刊,2004,23（1）:1-5.
4. 樊宝敏,李智勇.黄河流域竹类资源历史分布状况研究[J].林业科学,2005,41（3）:75-81.
5. 杨光耀.江西部分竹类植物研究[J].江西农业大学学报,1999,21（4）:585.
6. 杨鹤筹.江西省竹类资源的加工利用[J].竹子研究汇刊,1999,18（4）:11-16.
7. 彭九生,罗宜新,刘光正,等.江西中小型竹类资源在竹产业中的地位及发展对策[J].江西林业科技,2000,5:29-32.
8. 彭九生,俞明光,刘光正,等.江西竹类研究和开发利用现状与发展方向[J].江西林业科技,1999,1:36-44.
9. 杨光耀,黎祖尧.江西竹类植物地理新分布[J].竹子研究汇刊,1993,12（3）:61-63.
10. 杨光耀,黎祖尧.江西竹类植物区系研究[J].江西农业大学学报,1995,17（4）:466-470.
11. 杨光耀,黎祖尧.毛竹新栽培变种——厚皮毛竹[J].江西农业大学学报,1997,19（4）.
12. 方楷,杨清培,赵广东,等.江西主要竹类植物碳密度的时空差异分析[J].江西科学,2010,28（8）:449-452.
13. 刘白杨.明代江西森林变迁研究[D].华中师范大学,2007.
14. 窦营,余学军.世界竹产业的发展与比较[J].世界农业,2008,351（7）:18-21.
15. 傅懋毅,杨校生.我国竹类研究展望和竹林生境利用[J].竹子研究汇刊,2003,22（2）:1-8.
16. 谢贻发,谢贵水,姚庆群,等.我国竹类资源综合利用现状与前景[J].热带农业科学,2004,24（6）:46-52.
17. 夏有根,徐尔娜,许翠华.我国竹子研究概述[J].江苏林业科技,2000,27（3）:44-48.
18. 李智勇,王登举,樊宝敏.中国竹产业发展现状及其政策分析[J].北京林业大学学报,2005,4（4）:50-54.
19. 辉朝茂,胡冀珍,张国学,等.中国竹类多样性及其可持续利用研究现状和展望[J].世界林业研究,2004,17（1）:50-54.
20. 李华,辉朝茂.中国竹类多样性特征及其保护研究进展[J].云南大学学报,2008,30（S1）:443-445.
21. 王树东.中国竹业的发展与全面创新[J].竹子研究汇刊,2004,23（1）:6-8.
22. 邱尔发,洪伟,郑郁善.中国竹子多样性及其利用评述[J].竹子研究汇刊,2001,20（2）:11-14.
23. 汪奎宏,李琴,高小辉.竹类资源利用现状及深度开发[J].竹子研究汇刊,2000,19（4）:172-75.
24. 周玉卿,彭九生.竹业与江西林业经济可持续发展[J].林业科技开发,2002,16（6）:3-6.
25. 何明.中国竹文化小史[J].寻根,1999,(2):13-16.
26. 关传友.中华竹文化概览[J].竹子研究汇刊,2001,(3):48-51.
27. 徐延平,徐龙梅.源远流长的竹文化[J].当代矿工,1996,(7):35.
28. 王富德,李群伟.中国竹文化旅游资源解析[J].北京第二外国语学院学报,2006,(3):63-75.
29. 关传友.从历史文献看竹的城防作用[J].农业考古,1994,(1):304-305.
30. 何明,廖国强.中国竹文化[M].北京:人民出版社,2007.
31. 李世东,颜容.中国竹文化若干基本问题研究[J].北京林业大学学报（社会科学版）,2007,(1):6-10.
32. 王乾.《竹谱》和我早期的竹文化[J].古今农业,1988,(1):53-58.
33. 张弘.韩帅.两汉时期的竹文化[J].济南大学学报(社会科学版)2009,(3):43-48.
34. 蓝晓光.从马王堆看中国汉代的“竹子文明”[J].竹子研究汇刊,2003,(1):70-75.
35. 李文艺.先秦至魏晋南北朝竹文学研究[D].福建师范大学,2010.
36. 王乾.从《竹谱》看中国古代对竹子的利用[J].古今农业,1993,(3):35-40.
37. 关传友.中国竹纸史考探[J].竹子研究汇刊,2002,(2):71-78.
38. [美]托马斯·哈定等著、韩建军等译. 文化与进化[M].杭州:杭州人民出版社,1987-09. 38.
39. (美)克莱德·伍兹著,施堆达、胡华生译. 文化变迁[M].昆明:云南教育出版社,1989.31-32.
40. 李挺著.中国封建经济史论集[M].昆明:云南社会科学出版社,1988.
41. 郭正忠.隋唐宋元之际的量器与量制[J].中国经济史研究,1987,(01):63-78.
42. 蒋秀碧.浅析我国竹文化与竹精神[J].时代文学(下半月),2008,(11):140-141.
43. 那若虚.图画见闻录[M].北京:人民美术出版社,1963.
44. 周维权.中国古典园林史[M].北京:清华大学出版社,2008.
45. 岑家梧.图腾艺术史[M].北京:学林出版社,1987.
46. 辉朝茂,杜凡,杨宇明.竹类栽培与利用[M].北京:中国林业出版社,1996.70.
47. 刘海燕.我国南方建筑环境中竹文化的研究[D].湖南大学,2007.
48. 廖国强.唐代竹文化初论[J].云南学术探索,1996,(02):53-58.
49. 袁静芳.民族器乐欣赏手册[M].北京:中国文联出版公司,1986.
50. 关传友.中国竹子造园史考[J].竹子研究汇刊,1994,(03):53-63.
51. 刘金,谢孝福.观赏竹[M].北京:中国农业出版社,2000.
52. 陈菊香.竹文化与戏曲[J].岱宗学刊,2008,12(3):23-24.
53. 蓝晓光.中国佛教里的竹[J].世界竹业通讯,2003,1(1):39-

42.
54. 刘金,谢孝福.观赏竹[M].北京:中国农业出版社,2000.
55. 李渔.李渔全集[M].杭州:浙江古籍出版社,1992.
56. 李时珍.本草纲目[M].天津:天津古籍出版社,2006.
57. 徐华铛.明清时期的竹刻艺术[J].世界竹藤通讯,2005,(02):44-46.
58. 刘静.竹刻艺术在明清两代的发展[J].故宫博物院院刊,1991,（4）:20-26.
59. 储兆文.中国园林史[M].上海:中国出版集团东方出版中心,2008.
60. 鲍振兴.中国竹文化及园林应用[D].福建农林大学,2011.
61. 胡邦炜.《红楼梦》里的竹与梅——兼与盛孝玲女士商榷[J].红楼梦学刊,1983,(01):207-208.
62. 李晶."潇湘馆"的竹子与流水[J].红楼梦学刊,010,(3):117-119.
63. 覃圣敏.竹子与宗教习俗——竹文化研究（上）[J].广西民族研究,1993,(4)95-96.
64. 张跃西.中国佛教文化与竹文化[J].池州师专学报,1997,(2):58-59.
65. 黄伟素,陆柏益.竹笋深加工利用技术现状及趋势[J].林业科学,2008,44(8):118-122.
66. 赵荣光.中国人的"竹笋"食用及其文化意义[J].农业考古,2007,(1):185-195.
67. 陈玉惠,刘翠,王文久.云南12种食用竹笋营养成分研究[J].天然产物研究与开发,1998,10(1):25-29.
68. 王正,郭文静.新型竹建筑材料的开成利用[J].世界竹藤研究,2003,1(3):7-11.
69. 吕天娥.竹材集成材家具的开发研究[D].中南林学院,2005.
70. 陈哲.传统竹家具的结构改进研究[D].中南林学院,2005.
71. 彭九生,俞明光,刘光正等.江西竹类研究和开发利用现状与发展方向[J].江西林业科技,1999,(1):36-44.
72. 刘庭风.民国园林特征[J].建筑师,2005,(1):42-47.
73. 居阅时.晚清民国园林建筑装饰风格的变迁与特征[J].中国园林,2009,(3):56-58.
74. 高师.中国竹文化与园林利用[D].福州.福建农林大学,2011.
75. 何苗灿,徐华铛,朱能钧.中国工艺竹编简介[J].竹子研究汇刊,1987,6(4):60-64.
76. 杨鹤筹.江西省竹类资源的加工利用[J].竹子研究汇刊,1999,18(4):12-16.
77. 许围卡.试论中国文人绘画中"墨竹"形象的内涵[J].吉林艺术学院学报·学术经纬,2004,(3):4-9.
78. 赵明,杨雪莲.江西竹枝词的史料价值[J].上饶师范学院学报,2007,27(2):35-38.
79. 王爱民,李新国.井冈山竹文化与竹经济[J].竹子研究汇刊,2009,28(1):61-62.
80. 中国保护知识产权网站
81. 澳大利亚知识产权局网站;
82. WIPO网站
83. http://www.plantphoto.com
84. 欧盟内部市场协调局

JIANGXI ZHUZIYUAN YU
CHANPIN TUZHI
江西竹资源与产品图志

附录

FULU

附录1　中华人民共和国专利法

（2008修订）

（1984年3月12日第六届全国人民代表大会常务委员会第四次会议通过　根据1992年9月4日第七届全国人民代表大会常务委员会第二十七次会议《关于修改〈中华人民共和国专利法〉的决定》第一次修正　根据2000年8月25日第九届全国人民代表大会常务委员会第十七次会议《关于修改〈中华人民共和国专利法〉的决定》第二次修正　根据2008年12月27日第十一届全国人民代表大会常务委员会第六次会议《关于修改〈中华人民共和国专利法〉的决定》第三次修正）

中华人民共和国专利法

（修正）

第一章　总　则

第一条　为了保护专利权人的合法权益，鼓励发明创造，推动发明创造的应用，提高创新能力，促进科学技术进步和经济社会发展，制定本法。

第二条　本法所称的发明创造是指发明、实用新型和外观设计。

发明，是指对产品、方法或者其改进所提出的新的技术方案。

实用新型，是指对产品的形状、构造或者其结合所提出的适于实用的新的技术方案。外观设计，是指对产品的形状、图案或者其结合以及色彩与形状、图案的结合所作出的富有美感并适于工业应用的新设计。

第三条　国务院专利行政部门负责管理全国的专利工作；统一受理和审查专利申请，依法授予专利权。省、自治区、直辖市人民政府管理专利工作的部门负责本行政区域内的专利管理工作。

第四条　申请专利的发明创造涉及国家安全或者重大利益需要保密的，按照国家有关规定办理。

第五条　对违反法律、社会公德或者妨害公共利益的发明创造，不授予专利权。对违反法律、行政法规的规定获取或者利用遗传资源，并依赖该遗传资源完成的发明创造，不授予专利权。

第六条　执行本单位的任务或者主要是利用本单位的物质技术条件所完成的发明创造为职务发明创造。职务发明创造申请专利的权利属于该单位；申请被批准后，该单位为专利权人。

非职务发明创造，申请专利的权利属于发明人或者设计人；申请被批准后，该发明人或者设计人为专利权人。

利用本单位的物质技术条件所完成的发明创造，单位与发明人或者设计人订有合同，对申请专利的权利和专利权的归属作出约定的，从其约定。

第七条　对发明人或者设计人的非职务发明创造专利申请，任何单位或者个人不得压制。

第八条　两个以上单位或者个人合作完成的发明创造、一个单位或者个人接受其他单位或者个人委托所完成的发明创造，除另有协议的以外，申请专利的权利属于完成或者共同完成的单位或者个人；申请被批准后，申请的单位或者个人为专利权人。

第九条　同样的发明创造只能授予一项专利权。但是，同一申请人同日对同样的发明创造既申请实用新型专利又申请发明专利，先获得的实用新型专利权尚未终止，且申请人声明放弃该实用新型专利权的，可以授予发明专利权。

两个以上的申请人分别就同样的发明创造申请专利的，专利权授予最先申请的人。

第十条　专利申请权和专利权可以转让。

中国单位或者个人向外国人、外国企业或者外国其他组织转让专利申请权或者专利权的，应当依照有关法律、行政法规的规定办理手续。

转让专利申请权或者专利权的，当事人应当订立书面合同，并向国务院专利行政部门登记，由国务院专利行政部门予以公告。专利申请权或者专利权的转让自登记之日起生效。

第十一条　发明和实用新型专利权被授予后，除本法另有规定的以外，任何单位或者个人未经专利权人许可，都不得实施其专利，即不得为生产经营目的制造、使用、许诺销售、销售、进口其专利产品，或者使用其专利方法以及使用、许诺销售、销售、进口依照该专利方法直接获得的产品。

外观设计专利权被授予后，任何单位或者个人未经专利权人许可，都不得实施其专利，即不得为生产经营目的制造、许诺销售、销售、进口其外观设计专利产品。

第十二条　任何单位或者个人实施他人专利的，应当与专利权人订立实施许可合同，向专利权人支付专利使用费。被许可人无权允许合同规定以外的任何单位或者个人实施该专利。

第十三条　发明专利申请公布后，申请人可以要求实施其发明的单位或者个人支付适当的费用。

第十四条　国有企业事业单位的发明专利，对国家利益或者公共利益具有重大意义的，国务院有关主管部门和省、自治区、直辖市人民政府报经国务院批准，可以决定在批准的范围内推广应用，允许指定的单位实施，由实施单位按照国家规定向专利权人支付使用费。

第十五条　专利申请权或者专利权的共有人对权利的行使有约定的，从其约定。没有约定的，共有人可以单独实施或者以普通许可方式许可他人实施该专利；许可他人实施该专利的，收取的使用费应当在共有人之间分配。

除前款规定的情形外，行使共有的专利申请权或者专利权应当取得全体共有人的同意。

第十六条　被授予专利权的单位应当对职务发明创造的发明人或者设计人给予奖励；发明创造专利实施后，根据其推广应用的范围和取得的经济效益，对发明人或者设计人给予合理的报酬。

第十七条　发明人或者设计人有权在专利文件中写明自己是发明人或者设计人。

专利权人有权在其专利产品或者该产品的包装上标明专利标识。

第十八条　在中国没有经常居所或者营业所的外国人、外国企业或者外国其他组织在中国申请专利的，依照其所属国同中国签订的协议或者共同参加的国际条约，或者依照互惠原则，根据本法办理。

第十九条 在中国没有经常居所或者营业所的外国人、外国企业或者外国其他组织在中国申请专利和办理其他专利事务的，应当委托依法设立的专利代理机构办理。

中国单位或者个人在国内申请专利和办理其他专利事务的，可以委托依法设立的专利代理机构办理。

专利代理机构应当遵守法律、行政法规，按照被代理人的委托办理专利申请或者其他专利事务；对被代理人发明创造的内容，除专利申请已经公布或者公告的以外，负有保密责任。专利代理机构的具体管理办法由国务院规定。

第二十条 任何单位或者个人将在中国完成的发明或者实用新型向外国申请专利的，应当事先报经国务院专利行政部门进行保密审查。保密审查的程序、期限等按照国务院的规定执行。

中国单位或者个人可以根据中华人民共和国参加的有关国际条约提出专利国际申请。申请人提出专利国际申请的，应当遵守前款规定。

国务院专利行政部门依照中华人民共和国参加的有关国际条约、本法和国务院有关规定处理专利国际申请。

对违反本条第一款规定向外国申请专利的发明或者实用新型，在中国申请专利的，不授予专利权。

第二十一条 国务院专利行政部门及其专利复审委员会应当按照客观、公正、准确、及时的要求，依法处理有关专利的申请和请求。

国务院专利行政部门应当完整、准确、及时发布专利信息，定期出版专利公报。

在专利申请公布或者公告前，国务院专利行政部门的工作人员及有关人员对其内容负有保密责任。

第二章 授予专利权的条件

第二十二条 授予专利权的发明和实用新型，应当具备新颖性、创造性和实用性。

新颖性，是指该发明或者实用新型不属于现有技术；也没有任何单位或者个人就同样的发明或者实用新型在申请日以前向国务院专利行政部门提出过申请，并记载在申请日以后公布的专利申请文件或者公告的专利文件中。

创造性，是指与现有技术相比，该发明具有突出的实质性特点和显著的进步，该实用新型具有实质性特点和进步。

实用性，是指该发明或者实用新型能够制造或者使用，并且能够产生积极效果。

本法所称现有技术，是指申请日以前在国内外为公众所知的技术。

第二十三条 授予专利权的外观设计，应当不属于现有设计；也没有任何单位或者个人就同样的外观设计在申请日以前向国务院专利行政部门提出过申请，并记载在申请日以后公告的专利文件中。

授予专利权的外观设计与现有设计或者现有设计特征的组合相比，应当具有明显区别。

授予专利权的外观设计不得与他人在申请日以前已经取得的合法权利相冲突。

本法所称现有设计，是指申请日以前在国内外为公众所知的设计。

第二十四条 申请专利的发明创造在申请日以前六个月内，有下列情形之一的，不丧失新颖性：

（一）在中国政府主办或者承认的国际展览会上首次展出的；

（二）在规定的学术会议或者技术会议上首次发表的；

（三）他人未经申请人同意而泄露其内容的。

第二十五条 对下列各项，不授予专利权：

（一）科学发现；

（二）智力活动的规则和方法；

（三）疾病的诊断和治疗方法；

（四）动物和植物品种；

（五）用原子核变换方法获得的物质；

（六）对平面印刷品的图案、色彩或者二者的结合作出的主要起标识作用的设计。

对前款第（四）项所列产品的生产方法，可以依照本法规定授予专利权。

第三章 专利的申请

第二十六条 申请发明或者实用新型专利的，应当提交请求书、说明书及其摘要和权利要求书等文件。

请求书应当写明发明或者实用新型的名称，发明人的姓名，申请人姓名或者名称、地址，以及其他事项。

说明书应当对发明或者实用新型作出清楚、完整的说明，以所属技术领域的技术人员能够实现为准；必要的时候，应当有附图。摘要应当简要说明发明或者实用新型的技术要点。

权利要求书应当以说明书为依据，清楚、简要地限定要求专利保护的范围。

依赖遗传资源完成的发明创造，申请人应当在专利申请文件中说明该遗传资源的直接来源和原始来源；申请人无法说明原始来源的，应当陈述理由。

第二十七条 申请外观设计专利的，应当提交请求书、该外观设计的图片或者照片以及对该外观设计的简要说明等文件。

申请人提交的有关图片或者照片应当清楚地显示要求专利保护的产品的外观设计。

第二十八条 国务院专利行政部门收到专利申请文件之日为申请日。如果申请文件是邮寄的，以寄出的邮戳日为申请日。

第二十九条 申请人自发明或者实用新型在外国第一次提出专利申请之日起十二个月内，或者自外观设计在外国第一次提出专利申请之日起六个月内，又在中国就相同主题提出专利申请的，依照该外国同中国签订的协议或者共同参加的国际条约，或者依照相互承认优先权的原则，可以享有优先权。

申请人自发明或者实用新型在中国第一次提出专利申请之

日起十二个月内，又向国务院专利行政部门就相同主题提出专利申请的，可以享有优先权。

第三十条 申请人要求优先权的，应当在申请的时候提出书面声明，并且在三个月内提交第一次提出的专利申请文件的副本；未提出书面声明或者逾期未提交专利申请文件副本的，视为未要求优先权。

第三十一条 一件发明或者实用新型专利申请应当限于一项发明或者实用新型。属于一个总的发明构思的两项以上的发明或者实用新型，可以作为一件申请提出。

一件外观设计专利申请应当限于一项外观设计。同一产品两项以上的相似外观设计，或者用于同一类别并且成套出售或者使用的产品的两项以上外观设计，可以作为一件申请提出。

第三十二条 申请人可以在被授予专利权之前随时撤回其专利申请。

第三十三条 申请人可以对其专利申请文件进行修改，但是，对发明和实用新型专利申请文件的修改不得超出原说明书和权利要求书记载的范围，对外观设计专利申请文件的修改不得超出原图片或者照片表示的范围。

第四章　专利申请的审查和批准

第三十四条 国务院专利行政部门收到发明专利申请后，经初步审查认为符合本法要求的，自申请日起满十八个月，即行公布。国务院专利行政部门可以根据申请人的请求早日公布其申请。

第三十五条 发明专利申请自申请日起三年内，国务院专利行政部门可以根据申请人随时提出的请求，对其申请进行实质审查；申请人无正当理由逾期不请求实质审查的，该申请即被视为撤回。

国务院专利行政部门认为必要的时候，可以自行对发明专利申请进行实质审查。

第三十六条 发明专利的申请人请求实质审查的时候，应当提交在申请日前与其发明有关的参考资料。

发明专利已经在外国提出过申请的，国务院专利行政部门可以要求申请人在指定期限内提交该国为审查其申请进行检索的资料或者审查结果的资料；无正当理由逾期不提交的，该申请即被视为撤回。

第三十七条 国务院专利行政部门对发明专利申请进行实质审查后，认为不符合本法规定的，应当通知申请人，要求其在指定的期限内陈述意见，或者对其申请进行修改；无正当理由逾期不答复的，该申请即被视为撤回。

第三十八条 发明专利申请经申请人陈述意见或者进行修改后，国务院专利行政部门仍然认为不符合本法规定的，应当予以驳回。

第三十九条 发明专利申请经实质审查没有发现驳回理由的，由国务院专利行政部门作出授予发明专利权的决定，发给发明专利证书，同时予以登记和公告。发明专利权自公告之日起生效。

第四十条 实用新型和外观设计专利申请经初步审查没有发现驳回理由的，由国务院专利行政部门作出授予实用新型专利权或者外观设计专利权的决定，发给相应的专利证书，同时予以登记和公告。实用新型专利权和外观设计专利权自公告之日起生效。

第四十一条 国务院专利行政部门设立专利复审委员会。专利申请人对国务院专利行政部门驳回申请的决定不服的，可以自收到通知之日起三个月内，向专利复审委员会请求复审。专利复审委员会复审后，作出决定，并通知专利申请人。

专利申请人对专利复审委员会的复审决定不服的，可以自收到通知之日起三个月内向人民法院起诉。

第五章　专利权的期限、终止和无效

第四十二条 发明专利权的期限为二十年，实用新型专利权和外观设计专利权的期限为十年，均自申请日起计算。

第四十三条 专利权人应当自被授予专利权的当年开始缴纳年费。

第四十四条 有下列情形之一的，专利权在期限届满前终止：

（一）没有按照规定缴纳年费的；

（二）专利权人以书面声明放弃其专利权的。

专利权在期限届满前终止的，由国务院专利行政部门登记和公告。

第四十五条 自国务院专利行政部门公告授予专利权之日起，任何单位或者个人认为该专利权的授予不符合本法有关规定的，可以请求专利复审委员会宣告该专利权无效。

第四十六条 专利复审委员会对宣告专利权无效的请求应当及时审查和作出决定，并通知请求人和专利权人。宣告专利权无效的决定，由国务院专利行政部门登记和公告。

对专利复审委员会宣告专利权无效或者维持专利权的决定不服的，可以自收到通知之日起三个月内向人民法院起诉。人民法院应当通知无效宣告请求程序的对方当事人作为第三人参加诉讼。

第四十七条 宣告无效的专利权视为自始即不存在。

宣告专利权无效的决定，对在宣告专利权无效前人民法院作出并已执行的专利侵权的判决、调解书，已经履行或者强制执行的专利侵权纠纷处理决定，以及已经履行的专利实施许可合同和专利权转让合同，不具有追溯力。但是因专利权人的恶意给他人造成的损失，应当给予赔偿。

依照前款规定不返还专利侵权赔偿金、专利使用费、专利权转让费，明显违反公平原则的，应当全部或者部分返还。

第六章　专利实施的强制许可

第四十八条 有下列情形之一的，国务院专利行政部门根据具备实施条件的单位或者个人的申请，可以给予实施发明专利或者实用新型专利的强制许可：

（一）专利权人自专利权被授予之日起满三年，且自提出专利申请之日起满四年，无正当理由未实施或者未充分实施其专利的；

（二）专利权人行使专利权的行为被依法认定为垄断行为，为消除或者减少该行为对竞争产生的不利影响的。

第四十九条 在国家出现紧急状态或者非常情况时，或者为了公共利益的目的，国务院专利行政部门可以给予实施发明专利或者实用新型专利的强制许可。

第五十条 为了公共健康目的，对取得专利权的药品，国务院专利行政部门可以给予制造并将其出口到符合中华人民共和国参加的有关国际条约规定的国家或者地区的强制许可。

第五十一条 一项取得专利权的发明或者实用新型比前已经取得专利权的发明或者实用新型具有显著经济意义的重大技术进步，其实施又有赖于前一发明或者实用新型的实施的，国务院专利行政部门根据后一专利权人的申请，可以给予实施前一发明或者实用新型的强制许可。

在依照前款规定给予实施强制许可的情形下，国务院专利行政部门根据前一专利权人的申请，也可以给予实施后一发明或者实用新型的强制许可。

第五十二条 强制许可涉及的发明创造为半导体技术的，其实施限于公共利益的目的和本法第四十八条第（二）项规定的情形。

第五十三条 除依照本法第四十八条第（二）项、第五十条规定给予的强制许可外，强制许可的实施应当主要为了供应国内市场。

第五十四条 依照本法第四十八条第（一）项、第五十一条规定申请强制许可的单位或者个人应当提供证据，证明其以合理的条件请求专利权人许可其实施专利，但未能在合理的时间内获得许可。

第五十五条 国务院专利行政部门作出的给予实施强制许可的决定，应当及时通知专利权人，并予以登记和公告。

给予实施强制许可的决定，应当根据强制许可的理由规定实施的范围和时间。强制许可的理由消除并不再发生时，国务院专利行政部门应当根据专利权人的请求，经审查后作出终止实施强制许可的决定。

第五十六条 取得实施强制许可的单位或者个人不享有独占的实施权，并且无权允许他人实施。

第五十七条 取得实施强制许可的单位或者个人应当付给专利权人合理的使用费，或者依照中华人民共和国参加的有关国际条约的规定处理使用费问题。付给使用费的，其数额由双方协商；双方不能达成协议的，由国务院专利行政部门裁决。

第五十八条 专利权人对国务院专利行政部门关于实施强制许可的决定不服的，专利权人和取得实施强制许可的单位或者个人对国务院专利行政部门关于实施强制许可的使用费的裁决不服的，可以自收到通知之日起三个月内向人民法院起诉。

第七章　专利权的保护

第五十九条 发明或者实用新型专利权的保护范围以其权利要求的内容为准，说明书及附图可以用于解释权利要求的内容。

外观设计专利权的保护范围以表示在图片或者照片中的该产品的外观设计为准，简要说明可以用于解释图片或者照片所表示的该产品的外观设计。

第六十条 未经专利权人许可，实施其专利，即侵犯其专利权，引起纠纷的，由当事人协商解决；不愿协商或者协商不成的，专利权人或者利害关系人可以向人民法院起诉，也可以请求管理专利工作的部门处理。管理专利工作的部门处理时，认定侵权行为成立的，可以责令侵权人立即停止侵权行为，当事人不服的，可以自收到处理通知之日起十五日内依照《中华人民共和国行政诉讼法》向人民法院起诉；侵权人期满不起诉又不停止侵权行为的，管理专利工作的部门可以申请人民法院强制执行。进行处理的管理专利工作的部门应当事人的请求，可以就侵犯专利权的赔偿数额进行调解；调解不成的，当事人可以依照《中华人民共和国民事诉讼法》向人民法院起诉。

第六十一条 专利侵权纠纷涉及新产品制造方法的发明专利的，制造同样产品的单位或者个人应当提供其产品制造方法不同于专利方法的证明。

专利侵权纠纷涉及实用新型专利或者外观设计专利的，人民法院或者管理专利工作的部门可以要求专利权人或者利害关系人出具由国务院专利行政部门对相关实用新型或者外观设计进行检索、分析和评价后作出的专利权评价报告，作为审理、处理专利侵权纠纷的证据。

第六十二条 在专利侵权纠纷中，被控侵权人有证据证明其实施的技术或者设计属于现有技术或者现有设计的，不构成侵犯专利权。

第六十三条 假冒专利的，除依法承担民事责任外，由管理专利工作的部门责令改正并予公告，没收违法所得，可以并处违法所得四倍以下的罚款；没有违法所得的，可以处二十万元以下的罚款；构成犯罪的，依法追究刑事责任。

第六十四条 管理专利工作的部门根据已经取得的证据，对涉嫌假冒专利行为进行查处时，可以询问有关当事人，调查与涉嫌违法行为有关的情况；对当事人涉嫌违法行为的场所实施现场检查；查阅、复制与涉嫌违法行为有关的合同、发票、账簿以及其他有关资料；检查与涉嫌违法行为有关的产品，对有证据证明是假冒专利的产品，可以查封或者扣押。

管理专利工作的部门依法行使前款规定的职权时，当事人应当予以协助、配合，不得拒绝、阻挠。

第六十五条 侵犯专利权的赔偿数额按照权利人因被侵权所受到的实际损失确定；实际损失难以确定的，可以按照侵权人因侵权所获得的利益确定。权利人的损失或者侵权人获得的利益难以确定的，参照该专利许可使用费的倍数合理确定。赔偿数额还应当包括权利人为制止侵权行为所支付的合理开支。

权利人的损失、侵权人获得的利益和专利许可使用费均难以确定的，人民法院可以根据专利权的类型、侵权行为的性质和情节等因素，确定给予一万元以上一百万元以下的赔偿。

第六十六条 专利权人或者利害关系人有证据证明他人正在实施或者即将实施侵犯专利权的行为，如不及时制止将会使其合法权益受到难以弥补的损害的，可以在起诉前向人民法院申请采取责令停止有关行为的措施。

申请人提出申请时，应当提供担保；不提供担保的，驳回申请。

人民法院应当自接受申请之时起四十八小时内作出裁定；

有特殊情况需要延长的，可以延长四十八小时。裁定责令停止有关行为的，应当立即执行。当事人对裁定不服的，可以申请复议一次；复议期间不停止裁定的执行。

申请人自人民法院采取责令停止有关行为的措施之日起十五日内不起诉的，人民法院应当解除该措施。

申请有错误的，申请人应当赔偿被申请人因停止有关行为所遭受的损失。

第六十七条 为了制止专利侵权行为，在证据可能灭失或者以后难以取得的情况下，专利权人或者利害关系人可以在起诉前向人民法院申请保全证据。

人民法院采取保全措施，可以责令申请人提供担保；申请人不提供担保的，驳回申请。

人民法院应当自接受申请之时起四十八小时内作出裁定；裁定采取保全措施的，应当立即执行。

申请人自人民法院采取保全措施之日起十五日内不起诉的，人民法院应当解除该措施。

第六十八条 侵犯专利权的诉讼时效为二年，自专利权人或者利害关系人得知或者应当得知侵权行为之日起计算。

发明专利申请公布后至专利权授予前使用该发明未支付适当使用费的，专利权人要求支付使用费的诉讼时效为二年，自专利权人得知或者应当得知他人使用其发明之日起计算，但是，专利权人于专利权授予之日前即已得知或者应当得知的，自专利权授予之日起计算。

第六十九条 有下列情形之一的，不视为侵犯专利权：

（一）专利产品或者依照专利方法直接获得的产品，由专利权人或者经其许可的单位、个人售出后，使用、许诺销售、销售、进口该产品的；

（二）在专利申请日前已经制造相同产品、使用相同方法或者已经作好制造、使用的必要准备，并且仅在原有范围内继续制造、使用的；

（三）临时通过中国领陆、领水、领空的外国运输工具，依照其所属国同中国签订的协议或者共同参加的国际条约，或者依照互惠原则，为运输工具自身需要而在其装置和设备中使用有关专利的；

（四）专为科学研究和实验而使用有关专利的；

（五）为提供行政审批所需要的信息，制造、使用、进口专利药品或者专利医疗器械的，以及专门为其制造、进口专利药品或者专利医疗器械的。

第七十条 为生产经营目的使用、许诺销售或者销售不知道是未经专利权人许可而制造并售出的专利侵权产品，能证明该产品合法来源的，不承担赔偿责任。

第七十一条 违反本法第二十条规定向外国申请专利，泄露国家秘密的，由所在单位或者上级主管机关给予行政处分；构成犯罪的，依法追究刑事责任。

第七十二条 侵夺发明人或者设计人的非职务发明创造专利申请权和本法规定的其他权益的，由所在单位或者上级主管机关给予行政处分。

第七十三条 管理专利工作的部门不得参与向社会推荐专利产品等经营活动。

管理专利工作的部门违反前款规定的，由其上级机关或者监察机关责令改正，消除影响，有违法收入的予以没收；情节严重的，对直接负责的主管人员和其他直接责任人员依法给予行政处分。

第七十四条 从事专利管理工作的国家机关工作人员以及其他有关国家机关工作人员玩忽职守、滥用职权、徇私舞弊，构成犯罪的，依法追究刑事责任；尚不构成犯罪的，依法给予行政处分。

第八章　附则

第七十五条 向国务院专利行政部门申请专利和办理其他手续，应当按照规定缴纳费用。

第七十六条 本法自1985年4月1日起施行。

附录2　中华人民共和国专利法实施细则

(2010修订)

（2001年6月15日中华人民共和国国务院令第306号公布　根据2002年12月28日《国务院关于修改〈中华人民共和国专利法实施细则〉的决定》第一次修订　根据2010年1月9日《国务院关于修改〈中华人民共和国专利法实施细则〉的决定》第二次修订）

第一章　总　则

第一条 根据《中华人民共和国专利法》（以下简称专利法），制定本细则。

第二条 专利法和本细则规定的各种手续，应当以书面形式或者国务院专利行政部门规定的其他形式办理。

第三条 依照专利法和本细则规定提交的各种文件应当使用中文；国家有统一规定的科技术语的，应当采用规范词；外国人名、地名和科技术语没有统一中文译文的，应当注明原文。

依照专利法和本细则规定提交的各种证件和证明文件是外文的，国务院专利行政部门认为必要时，可以要求当事人在指定期限内附送中文译文；期满未附送的，视为未提交该证件和证明文件。

第四条 向国务院专利行政部门邮寄的各种文件，以寄出的邮戳日为递交日；邮戳日不清晰的，除当事人能够提出证明外，以国务院专利行政部门收到日为递交日。

国务院专利行政部门的各种文件，可以通过邮寄、直接送交或者其他方式送达当事人。当事人委托专利代理机构的，文件送交专利代理机构；未委托专利代理机构的，文件送交请求书中指明的联系人。

国务院专利行政部门邮寄的各种文件，自文件发出之日起满15日，推定为当事人收到文件之日。

根据国务院专利行政部门规定应当直接送交的文件，以交付日为送达日。

文件送交地址不清，无法邮寄的，可以通过公告的方式送达当事人。自公告之日起满1个月，该文件视为已经送达。

第五条 专利法和本细则规定的各种期限的第一日不计算

在期限内。期限以年或者月计算的，以其最后一月的相应日为期限届满日；该月无相应日的，以该月最后一日为期限届满日；期限届满日是法定休假日的，以休假日后的第一个工作日为期限届满日。

第六条 当事人因不可抗拒的事由而延误专利法或者本细则规定的期限或者国务院专利行政部门指定的期限，导致其权利丧失的，自障碍消除之日起2个月内，最迟自期限届满之日起2年内，可以向国务院专利行政部门请求恢复权利。

除前款规定的情形外，当事人因其他正当理由延误专利法或者本细则规定的期限或者国务院专利行政部门指定的期限，导致其权利丧失的，可以自收到国务院专利行政部门的通知之日起2个月内向国务院专利行政部门请求恢复权利。

当事人依照本条第一款或者第二款的规定请求恢复权利的，应当提交恢复权利请求书，说明理由，必要时附具有关证明文件，并办理权利丧失前应当办理的相应手续；依照本条第二款的规定请求恢复权利的，还应当缴纳恢复权利请求费。

当事人请求延长国务院专利行政部门指定的期限的，应当在期限届满前，向国务院专利行政部门说明理由并办理有关手续。

本条第一款和第二款的规定不适用专利法第二十四条、第二十九条、第四十二条、第六十八条规定的期限。

第七条 专利申请涉及国防利益需要保密的，由国防专利机构受理并进行审查；国务院专利行政部门受理的专利申请涉及国防利益需要保密的，应当及时移交国防专利机构进行审查。经国防专利机构审查没有发现驳回理由的，由国务院专利行政部门作出授予国防专利权的决定。

国务院专利行政部门认为其受理的发明或者实用新型专利申请涉及国防利益以外的国家安全或者重大利益需要保密的，应当及时作出按照保密专利申请处理的决定，并通知申请人。保密专利申请的审查、复审以及保密专利权无效宣告的特殊程序，由国务院专利行政部门规定。

第八条 专利法第二十条所称在中国完成的发明或者实用新型，是指技术方案的实质性内容在中国境内完成的发明或者实用新型。

任何单位或者个人将在中国完成的发明或者实用新型向外国申请专利的，应当按照下列方式之一请求国务院专利行政部门进行保密审查：

（一）直接向外国申请专利或者向有关国外机构提交专利国际申请的，应当事先向国务院专利行政部门提出请求，并详细说明其技术方案；

（二）向国务院专利行政部门申请专利后拟向外国申请专利或者向有关国外机构提交专利国际申请的，应当在向外国申请专利或者向有关国外机构提交专利国际申请前向国务院专利行政部门提出请求。

向国务院专利行政部门提交专利国际申请的，视为同时提出了保密审查请求。

第九条 国务院专利行政部门收到依照本细则第八条规定递交的请求后，经过审查认为该发明或者实用新型可能涉及国家安全或者重大利益需要保密的，应当及时向申请人发出保密审查通知；申请人未在其请求递交日起4个月内收到保密审查通知的，可以就该发明或者实用新型向外国申请专利或者向有关国外机构提交专利国际申请。

国务院专利行政部门依照前款规定通知进行保密审查的，应当及时作出是否需要保密的决定，并通知申请人。申请人未在其请求递交日起6个月内收到需要保密的决定的，可以就该发明或者实用新型向外国申请专利或者向有关国外机构提交专利国际申请。

第十条 专利法第五条所称违反法律的发明创造，不包括仅其实施为法律所禁止的发明创造。

第十一条 除专利法第二十八条和第四十二条规定的情形外，专利法所称申请日，有优先权的，指优先权日。

本细则所称申请日，除另有规定的外，是指专利法第二十八条规定的申请日。

第十二条 专利法第六条所称执行本单位的任务所完成的职务发明创造，是指：

（一）在本职工作中作出的发明创造；

（二）履行本单位交付的本职工作之外的任务所作出的发明创造；

（三）退休、调离原单位后或者劳动、人事关系终止后1年内作出的，与其在原单位承担的本职工作或者原单位分配的任务有关的发明创造。

专利法第六条所称本单位，包括临时工作单位；专利法第六条所称本单位的物质技术条件，是指本单位的资金、设备、零部件、原材料或者不对外公开的技术资料等。

第十三条 专利法所称发明人或者设计人，是指对发明创造的实质性特点作出创造性贡献的人。在完成发明创造过程中，只负责组织工作的人、为物质技术条件的利用提供方便的人或者从事其他辅助工作的人，不是发明人或者设计人。

第十四条 除依照专利法第十条规定转让专利权外，专利权因其他事由发生转移的，当事人应当凭有关证明文件或者法律文书向国务院专利行政部门办理专利权转移手续。

专利权人与他人订立的专利实施许可合同，应当自合同生效之日起3个月内向国务院专利行政部门备案。

以专利权出质的，由出质人和质权人共同向国务院专利行政部门办理出质登记。

第二章 专利的申请

第十五条 以书面形式申请专利的，应当向国务院专利行政部门提交申请文件一式两份。

以国务院专利行政部门规定的其他形式申请专利的，应当符合规定的要求。申请人委托专利代理机构向国务院专利行政部门申请专利和办理其他专利事务的，应当同时提交委托书，写明委托权限。

申请人有2人以上且未委托专利代理机构的，除请求书中另有声明的外，以请求书中指明的第一申请人为代表人。

第十六条 发明、实用新型或者外观设计专利申请的请求书应当写明下列事项：

（一）发明、实用新型或者外观设计的名称；

（二）申请人是中国单位或者个人的，其名称或者姓名、地址、邮政编码、组织机构代码或者居民身份证件号码；申请人是外国人、外国企业或者外国其他组织的，其姓名或者名称、国籍或者注册的国家或者地区；

（三）发明人或者设计人的姓名；

（四）申请人委托专利代理机构的，受托机构的名称、机构代码以及该机构指定的专利代理人的姓名、执业证号码、联系电话；

（五）要求优先权的，申请人第一次提出专利申请（以下简称在先申请）的申请日、申请号以及原受理机构的名称；

（六）申请人或者专利代理机构的签字或者盖章；

（七）申请文件清单；

（八）附加文件清单；

（九）其他需要写明的有关事项。

第十七条 发明或者实用新型专利申请的说明书应当写明发明或者实用新型的名称，该名称应当与请求书中的名称一致。说明书应当包括下列内容：

（一）技术领域：写明要求保护的技术方案所属的技术领域；

（二）背景技术：写明对发明或者实用新型的理解、检索、审查有用的背景技术；有可能的，并引证反映这些背景技术的文件；

（三）发明内容：写明发明或者实用新型所要解决的技术问题以及解决其技术问题采用的技术方案，并对照现有技术写明发明或者实用新型的有益效果；

（四）附图说明：说明书有附图的，对各幅附图作简略说明；

（五）具体实施方式：详细写明申请人认为实现发明或者实用新型的优选方式；必要时，举例说明；有附图的，对照附图。

发明或者实用新型专利申请人应当按照前款规定的方式和顺序撰写说明书，并在说明书每一部分前面写明标题，除非其发明或者实用新型的性质用其他方式或者顺序撰写能节约说明书的篇幅并使他人能够准确理解其发明或者实用新型。

发明或者实用新型说明书应当用词规范、语句清楚，并不得使用“如权利要求……所述的……”一类的引用语，也不得使用商业性宣传用语。

发明专利申请包含一个或者多个核苷酸或者氨基酸序列的，说明书应当包括符合国务院专利行政部门规定的序列表。申请人应当将该序列表作为说明书的一个单独部分提交，并按照国务院专利行政部门的规定提交该序列表的计算机可读形式的副本。

实用新型专利申请说明书应当有表示要求保护的产品的形状、构造或者其结合的附图。

第十八条 发明或者实用新型的几幅附图应当按照“图1，图2，……”顺序编号排列。

发明或者实用新型说明书文字部分中未提及的附图标记不得在附图中出现，附图中未出现的附图标记不得在说明书文字部分中提及。申请文件中表示同一组成部分的附图标记应当一致。

附图中除必需的词语外，不应当含有其他注释。

第十九条 权利要求书应当记载发明或者实用新型的技术特征。

权利要求书有几项权利要求的，应当用阿拉伯数字顺序编号。

权利要求书中使用的科技术语应当与说明书中使用的科技术语一致，可以有化学式或者数学式，但是不得有插图。除绝对必要的外，不得使用“如说明书……部分所述”或者“如图……所示”的用语。

权利要求中的技术特征可以引用说明书附图中相应的标记，该标记应当放在相应的技术特征后并置于括号内，便于理解权利要求。附图标记不得解释为对权利要求的限制。

第二十条 权利要求书应当有独立权利要求，也可以有从属权利要求。

独立权利要求应当从整体上反映发明或者实用新型的技术方案，记载解决技术问题的必要技术特征。

从属权利要求应当用附加的技术特征，对引用的权利要求作进一步限定。

第二十一条 发明或者实用新型的独立权利要求应当包括前序部分和特征部分，按照下列规定撰写：

（一）前序部分：写明要求保护的发明或者实用新型技术方案的主题名称和发明或者实用新型主题与最接近的现有技术共有的必要技术特征；

（二）特征部分：使用“其特征是……”或者类似的用语，写明发明或者实用新型区别于最接近的现有技术的技术特征。这些特征和前序部分写明的特征合在一起，限定发明或者实用新型要求保护的范围。

发明或者实用新型的性质不适于用前款方式表达的，独立权利要求可以用其他方式撰写。

一项发明或者实用新型应当只有一个独立权利要求，并写在同一发明或者实用新型的从属权利要求之前。

第二十二条 发明或者实用新型的从属权利要求应当包括引用部分和限定部分，按照下列规定撰写：

（一）引用部分：写明引用的权利要求的编号及其主题名称；

（二）限定部分：写明发明或者实用新型附加的技术特征。

从属权利要求只能引用在前的权利要求。引用两项以上权利要求的多项从属权利要求，只能以择一方式引用在前的权利要求，并不得作为另一项多项从属权利要求的基础。

第二十三条 说明书摘要应当写明发明或者实用新型专利申请所公开内容的概要，即写明发明或者实用新型的名称和所属技术领域，并清楚地反映所要解决的技术问题、解决该问题的技术方案的要点以及主要用途。

说明书摘要可以包含最能说明发明的化学式；有附图的专利申请，还应当提供一幅最能说明该发明或者实用新型技术特征的附图。附图的大小及清晰度应当保证在该图缩小到4厘米×6厘米时，仍能清晰地分辨出图中的各个细节。摘要文字部分不得超过300个字。摘要中不得使用商业性宣传用语。

第二十四条 申请专利的发明涉及新的生物材料，该生物材料公众不能得到，并且对该生物材料的说明不足以使所属领域的技术人员实施其发明的，除应当符合专利法和本细则的有关规定外，申请人还应当办理下列手续：

（一）在申请日前或者最迟在申请日（有优先权的，指优先权日），将该生物材料的样品提交国务院专利行政部门认可的保藏单位保藏，并在申请时或者最迟自申请日起4个月内提交保藏单位出具的保藏证明和存活证明；期满未提交证明的，该样品视为未提交保藏；

（二）在申请文件中，提供有关该生物材料特征的资料；

（三）涉及生物材料样品保藏的专利申请应当在请求书和说明书中写明该生物材料的分类命名（注明拉丁文名称）、保藏该生物材料样品的单位名称、地址、保藏日期和保藏编号；申请时未写明的，应当自申请日起4个月内补正；期满未补正的，视为未提交保藏。

第二十五条 发明专利申请人依照本细则第二十四条的规定保藏生物材料样品的，在发明专利申请公布后，任何单位或者个人需要将该专利申请所涉及的生物材料作为实验目的使用的，应当向国务院专利行政部门提出请求，并写明下列事项：

（一）请求人的姓名或者名称和地址；

（二）不向其他任何人提供该生物材料的保证；

（三）在授予专利权前，只作为实验目的使用的保证。

第二十六条 专利法所称遗传资源，是指取自人体、动物、植物或者微生物等含有遗传功能单位并具有实际或者潜在价值的材料；专利法所称依赖遗传资源完成的发明创造，是指利用了遗传资源的遗传功能完成的发明创造。

就依赖遗传资源完成的发明创造申请专利的，申请人应当在请求书中予以说明，并填写国务院专利行政部门制定的表格。

第二十七条 申请人请求保护色彩的，应当提交彩色图片或者照片。

申请人应当就每件外观设计产品所需要保护的内容提交有关图片或者照片。

第二十八条 外观设计的简要说明应当写明外观设计产品的名称、用途，外观设计的设计要点，并指定一幅最能表明设计要点的图片或者照片。省略视图或者请求保护色彩的，应当在简要说明中写明。

对同一产品的多项相似外观设计提出一件外观设计专利申请的，应当在简要说明中指定其中一项作为基本设计。

简要说明不得使用商业性宣传用语，也不能用来说明产品的性能。

第二十九条 国务院专利行政部门认为必要时，可以要求外观设计专利申请人提交使用外观设计的产品样品或者模型。样品或者模型的体积不得超过30厘米×30厘米×30厘米，重量不得超过15公斤。易腐、易损或者危险品不得作为样品或者模型提交。

第三十条 专利法第二十四条第（一）项所称中国政府承认的国际展览会，是指国际展览会公约规定的在国际展览局注册或者由其认可的国际展览会。

专利法第二十四条第（二）项所称学术会议或者技术会议，是指国务院有关主管部门或者全国性学术团体组织召开的学术会议或者技术会议。

申请专利的发明创造有专利法第二十四条第（一）项或者第（二）项所列情形的，申请人应当在提出专利申请时声明，并自申请日起2个月内提交有关国际展览会或者学术会议、技术会议的组织单位出具的有关发明创造已经展出或者发表，以及展出或者发表日期的证明文件。

申请专利的发明创造有专利法第二十四条第（三）项所列情形的，国务院专利行政部门认为必要时，可以要求申请人在指定期限内提交证明文件。

申请人未依照本条第三款的规定提出声明和提交证明文件的，或者未依照本条第四款的规定在指定期限内提交证明文件的，其申请不适用专利法第二十四条的规定。

第三十一条 申请人依照专利法第三十条的规定要求外国优先权的，申请人提交的在先申请文件副本应当经原受理机构证明。依照国务院专利行政部门与该受理机构签订的协议，国务院专利行政部门通过电子交换等途径获得在先申请文件副本的，视为申请人提交了经该受理机构证明的在先申请文件副本。要求本国优先权，申请人在请求书中写明在先申请的申请日和申请号的，视为提交了在先申请文件副本。

要求优先权，但请求书中漏写或者错写在先申请的申请日、申请号和原受理机构名称中的一项或者两项内容的，国务院专利行政部门应当通知申请人在指定期限内补正；期满未补正的，视为未要求优先权。

要求优先权的申请人的姓名或者名称与在先申请文件副本中记载的申请人姓名或者名称不一致的，应当提交优先权转让证明材料，未提交该证明材料的，视为未要求优先权。

外观设计专利申请的申请人要求外国优先权，其在先申请未包括对外观设计的简要说明，申请人按照本细则第二十八条规定提交的简要说明未超出在先申请文件的图片或者照片表示的范围的，不影响其享有优先权。

第三十二条 申请人在一件专利申请中，可以要求一项或者多项优先权；要求多项优先权的，该申请的优先权期限从最早的优先权日起计算。

申请人要求本国优先权，在先申请是发明专利申请的，可以就相同主题提出发明或者实用新型专利申请；在先申请是实用新型专利申请的，可以就相同主题提出实用新型或者发明专利申请。但是，提出后一申请时，在先申请的主题有下列情形之一的，不得作为要求本国优先权的基础：

（一）已经要求外国优先权或者本国优先权的；

（二）已经被授予专利权的；

（三）属于按照规定提出的分案申请的。

申请人要求本国优先权的，其在先申请自后一申请提出之日起即视为撤回。

第三十三条 在中国没有经常居所或者营业所的申请人，申请专利或者要求外国优先权的，国务院专利行政部门认为必要时，可以要求其提供下列文件：

（一）申请人是个人的，其国籍证明；

（二）申请人是企业或者其他组织的，其注册的国家或者地区的证明文件；

（三）申请人的所属国，承认中国单位和个人可以按照该国国民的同等条件，在该国享有专利权、优先权和其他与专利有关的权利的证明文件。

第三十四条 依照专利法第三十一条第一款规定，可以作为一件专利申请提出的属于一个总的发明构思的两项以上的发明或者实用新型，应当在技术上相互关联，包含一个或者多个相同或者相应的特定技术特征，其中特定技术特征是指每一项发明或者实用新型作为整体，对现有技术作出贡献的技术特征。

第三十五条 依照专利法第三十一条第二款规定，将同一产品的多项相似外观设计作为一件申请提出的，对该产品的其他设计应当与简要说明中指定的基本设计相似。一件外观设计专利申请中的相似外观设计不得超过10项。

专利法第三十一条第二款所称同一类别并且成套出售或者使用的产品的两项以上外观设计，是指各产品属于分类表中同一大类，习惯上同时出售或者同时使用，而且各产品的外观设计具有相同的设计构思。

将两项以上外观设计作为一件申请提出的，应当将各项外观设计的顺序编号标注在每件外观设计产品各幅图片或者照片的名称之前。

第三十六条 申请人撤回专利申请的，应当向国务院专利行政部门提出声明，写明发明创造的名称、申请号和申请日。

撤回专利申请的声明在国务院专利行政部门作好公布专利申请文件的印刷准备工作后提出的，申请文件仍予公布；但是，撤回专利申请的声明应当在以后出版的专利公报上予以公告。

第三章 专利申请的审查和批准

第三十七条 在初步审查、实质审查、复审和无效宣告程序中，实施审查和审理的人员有下列情形之一的，应当自行回避，当事人或者其他利害关系人可以要求其回避：

（一）是当事人或者其代理人的近亲属的；

（二）与专利申请或者专利权有利害关系的；

（三）与当事人或者其代理人有其他关系，可能影响公正审查和审理的；

（四）专利复审委员会成员曾参与原申请的审查的。

第三十八条 国务院专利行政部门收到发明或者实用新型专利申请的请求书、说明书（实用新型必须包括附图）和权利要求书，或者外观设计专利申请的请求书、外观设计的图片或者照片和简要说明后，应当明确申请日、给予申请号，并通知申请人。

第三十九条 专利申请文件有下列情形之一的，国务院专利行政部门不予受理，并通知申请人：

（一）发明或者实用新型专利申请缺少请求书、说明书（实用新型无附图）或者权利要求书的，或者外观设计专利申请缺少请求书、图片或者照片、简要说明的；

（二）未使用中文的；

（三）不符合本细则第一百二十一条第一款规定的；

（四）请求书中缺少申请人姓名或者名称，或者缺少地址的；

（五）明显不符合专利法第十八条或者第十九条第一款的规定的；

（六）专利申请类别（发明、实用新型或者外观设计）不明确或者难以确定的。

第四十条 说明书中写有对附图的说明但无附图或者缺少部分附图的，申请人应当在国务院专利行政部门指定的期限内补交附图或者声明取消对附图的说明。申请人补交附图的，以向国务院专利行政部门提交或者邮寄附图之日为申请日；取消对附图的说明的，保留原申请日。

第四十一条 两个以上的申请人同日（指申请日；有优先权的，指优先权日）分别就同样的发明创造申请专利的，应当在收到国务院专利行政部门的通知后自行协商确定申请人。

同一申请人在同日（指申请日）对同样的发明创造既申请实用新型专利又申请发明专利的，应当在申请时分别说明对同样的发明创造已申请了另一专利；未作说明的，依照专利法第九条第一款关于同样的发明创造只能授予一项专利权的规定处理。

国务院专利行政部门公告授予实用新型专利权，应当公告申请人已依照本条第二款的规定同时申请了发明专利的说明。

发明专利申请经审查没有发现驳回理由，国务院专利行政部门应当通知申请人在规定期限内声明放弃实用新型专利权。申请人声明放弃的，国务院专利行政部门应当作出授予发明专利权的决定，并在公告授予发明专利权时一并公告申请人放弃实用新型专利权声明。申请人不同意放弃的，国务院专利行政部门应当驳回该发明专利申请；申请人期满未答复的，视为撤回该发明专利申请。

实用新型专利权自公告授予发明专利权之日起终止。

第四十二条 一件专利申请包括两项以上发明、实用新型或者外观设计的，申请人可以在本细则第五十四条第一款规定的期限届满前，向国务院专利行政部门提出分案申请；但是，专利申请已经被驳回、撤回或者视为撤回的，不能提出分案申请。

国务院专利行政部门认为一件专利申请不符合专利法第三十一条和本细则第三十四条或者第三十五条的规定的，应当通知申请人在指定期限内对其申请进行修改；申请人期满未答复的，该申请视为撤回。

分案的申请不得改变原申请的类别。

第四十三条 依照本细则第四十二条规定提出的分案申请，可以保留原申请日，享有优先权的，可以保留优先权日，但是不得超出原申请记载的范围。

分案申请应当依照专利法及本细则的规定办理有关手续。

分案申请的请求书中应当写明原申请的申请号和申请日。提交分案申请时，申请人应当提交原申请文件副本；原申请享有优先权的，并应当提交原申请的优先权文件副本。

第四十四条 专利法第三十四条和第四十条所称初步审查，是指审查专利申请是否具备专利法第二十六条或者第二十七条规定的文件和其他必要的文件，这些文件是否符合规定的格式，并审查下列各项：

（一）发明专利申请是否明显属于专利法第五条、第二十五条规定的情形，是否不符合专利法第十八条、第十九条第一款、第二十条第一款或者本细则第十六条、第二十六条第二款的规定，是否明显不符合专利法第二条第二款、第二十六条第五款、第三十一条第一款、第三十三条或者本细则第十七条至第二十一条的规定；

（二）实用新型专利申请是否明显属于专利法第五条、第二十五条规定的情形，是否不符合专利法第十八条、第十九条第一款、第二十条第一款或者本细则第十六条至第十九条、第二十一条至第二十三条的规定，是否明显不符合专利法第二条第三款、第二十二条第二款、第四款、第二十六条第三款、第四款、第三十一条第一款、第三十三条或者本细则第二十条、第四十三条第一款的规定，是否依照专利法第九条规定不能取得专利权；

（三）外观设计专利申请是否明显属于专利法第五条、第二十五条第一款第（六）项规定的情形，是否不符合专利法第十八条、第十九条第一款或者本细则第十六条、第二十七条、第二十八条的规定，是否明显不符合专利法第二条第四款、第二十三条第一款、第二十七条第二款、第三十一条第二款、第三十三条或者本细则第四十三条第一款的规定，是否依照专利法第九条规定不能取得专利权；

（四）申请文件是否符合本细则第二条、第三条第一款的规定。

国务院专利行政部门应当将审查意见通知申请人，要求其在指定期限内陈述意见或者补正；申请人期满未答复的，其申请视为撤回。申请人陈述意见或者补正后，国务院专利行政部门仍然认为不符合前款所列各项规定的，应当予以驳回。

第四十五条　除专利申请文件外，申请人向国务院专利行政部门提交的与专利申请有关的其他文件有下列情形之一的，视为未提交：

（一）未使用规定的格式或者填写不符合规定的；

（二）未按照规定提交证明材料的。

国务院专利行政部门应当将视为未提交的审查意见通知申请人。

第四十六条　申请人请求早日公布其发明专利申请的，应当向国务院专利行政部门声明。国务院专利行政部门对该申请进行初步审查后，除予以驳回的外，应当立即将申请予以公布。

第四十七条　申请人写明使用外观设计的产品及其所属类别的，应当使用国务院专利行政部门公布的外观设计产品分类表。未写明使用外观设计的产品所属类别或者所写的类别不确切的，国务院专利行政部门可以予以补充或者修改。

第四十八条　自发明专利申请公布之日起至公告授予专利权之日止，任何人均可以对不符合专利法规定的专利申请向国务院专利行政部门提出意见，并说明理由。

第四十九条　发明专利申请人因有正当理由无法提交专利法第三十六条规定的检索资料或者审查结果资料的，应当向国务院专利行政部门声明，并在得到有关资料后补交。

第五十条　国务院专利行政部门依照专利法第三十五条第二款的规定对专利申请自行进行审查时，应当通知申请人。

第五十一条　发明专利申请人在提出实质审查请求时以及在收到国务院专利行政部门发出的发明专利申请进入实质审查阶段通知书之日起的3个月内，可以对发明专利申请主动提出修改。

实用新型或者外观设计专利申请人自申请日起2个月内，可以对实用新型或者外观设计专利申请主动提出修改。

申请人在收到国务院专利行政部门发出的审查意见通知书后对专利申请文件进行修改的，应当针对通知书指出的缺陷进行修改。

国务院专利行政部门可以自行修改专利申请文件中文字和符号的明显错误。国务院专利行政部门自行修改的，应当通知申请人。

第五十二条　发明或者实用新型专利申请的说明书或者权利要求书的修改部分，除个别文字修改或者增删外，应当按照规定格式提交替换页。外观设计专利申请的图片或者照片的修改，应当按照规定提交替换页。

第五十三条　依照专利法第三十八条的规定，发明专利申请经实质审查应当予以驳回的情形是指：

（一）申请属于专利法第五条、第二十五条规定的情形，或者依照专利法第九条规定不能取得专利权的；

（二）申请不符合专利法第二条第二款、第二十条第一款、第二十二条、第二十六条第三款、第四款、第五款、第三十一条第一款或者本细则第二十条第二款规定的；

（三）申请的修改不符合专利法第三十三条规定，或者分案的申请不符合本细则第四十三条第一款的规定的。

第五十四条　国务院专利行政部门发出授予专利权的通知后，申请人应当自收到通知之日起2个月内办理登记手续。申请人按期办理登记手续的，国务院专利行政部门应当授予专利权，颁发专利证书，并予以公告。

期满未办理登记手续的，视为放弃取得专利权的权利。

第五十五条　保密专利申请经审查没有发现驳回理由的，国务院专利行政部门应当作出授予保密专利权的决定，颁发保密专利证书，登记保密专利权的有关事项。

第五十六条　授予实用新型或者外观设计专利权的决定公告后，专利法第六十条规定的专利权人或者利害关系人可以请求国务院专利行政部门作出专利权评价报告。

请求作出专利权评价报告的，应当提交专利权评价报告请求书，写明专利号。每项请求应当限于一项专利权。

专利权评价报告请求书不符合规定的，国务院专利行政部门应当通知请求人在指定期限内补正；请求人期满未补正的，视为未提出请求。

第五十七条　国务院专利行政部门应当自收到专利权评价报告请求书后2个月内作出专利权评价报告。对同一项实用新型或者外观设计专利权，有多个请求人请求作出专利权评价报告的，国务院专利行政部门仅作出一份专利权评价报告。任何单位或者个人可以查阅或者复制该专利权评价报告。

第五十八条　国务院专利行政部门对专利公告、专利单行本中出现的错误，一经发现，应当及时更正，并对所作更正予以公告。

第四章　专利申请的复审与专利权的无效宣告

第五十九条　专利复审委员会由国务院专利行政部门指定的技术专家和法律专家组成，主任委员由国务院专利行政部门负责人兼任。

第六十条　依照专利法第四十一条的规定向专利复审委员会请求复审的，应当提交复审请求书，说明理由，必要时还应当附具有关证据。

复审请求不符合专利法第十九条第一款或者第四十一条第一款规定的，专利复审委员会不予受理，书面通知复审请求人并说明理由。

复审请求书不符合规定格式的，复审请求人应当在专利复审委员会指定的期限内补正；期满未补正的，该复审请求视为未提出。

第六十一条 请求人在提出复审请求或者在对专利复审委员会的复审通知书作出答复时，可以修改专利申请文件；但是，修改应当仅限于消除驳回决定或者复审通知书指出的缺陷。

修改的专利申请文件应当提交一式两份。

第六十二条 专利复审委员会应当将受理的复审请求书转交国务院专利行政部门原审查部门进行审查。原审查部门根据复审请求人的请求，同意撤销原决定的，专利复审委员会应当据此作出复审决定，并通知复审请求人。

第六十三条 专利复审委员会进行复审后，认为复审请求不符合专利法和本细则有关规定的，应当通知复审请求人，要求其在指定期限内陈述意见。期满未答复的，该复审请求视为撤回；经陈述意见或者进行修改后，专利复审委员会认为仍不符合专利法和本细则有关规定的，应当作出维持原驳回决定的复审决定。

专利复审委员会进行复审后，认为原驳回决定不符合专利法和本细则有关规定的，或者认为经过修改的专利申请文件消除了原驳回决定指出的缺陷的，应当撤销原驳回决定，由原审查部门继续进行审查程序。

第六十四条 复审请求人在专利复审委员会作出决定前，可以撤回其复审请求。

复审请求人在专利复审委员会作出决定前撤回其复审请求的，复审程序终止。

第六十五条 依照专利法第四十五条的规定，请求宣告专利权无效或者部分无效的，应当向专利复审委员会提交专利权无效宣告请求书和必要的证据一式两份。无效宣告请求书应当结合提交的所有证据，具体说明无效宣告请求的理由，并指明每项理由所依据的证据。

前款所称无效宣告请求的理由，是指被授予专利的发明创造不符合专利法第二条、第二十条第一款、第二十二条、第二十三条、第二十六条第三款、第四款、第二十七条第二款、第三十三条或者本细则第二十条第二款、第四十三条第一款的规定，或者属于专利法第五条、第二十五条的规定，或者依照专利法第九条规定不能取得专利权。

第六十六条 专利权无效宣告请求不符合专利法第十九条第一款或者本细则第六十五条规定的，专利复审委员会不予受理。

在专利复审委员会就无效宣告请求作出决定之后，又以同样的理由和证据请求无效宣告的，专利复审委员会不予受理。

以不符合专利法第二十三条第三款的规定为理由请求宣告外观设计专利权无效，但是未提交证明权利冲突的证据的，专利复审委员会不予受理。

专利权无效宣告请求书不符合规定格式的，无效宣告请求人应当在专利复审委员会指定的期限内补正；期满未补正的，该无效宣告请求视为未提出。

第六十七条 在专利复审委员会受理无效宣告请求后，请求人可以在提出无效宣告请求之日起1个月内增加理由或者补充证据。逾期增加理由或者补充证据的，专利复审委员会可以不予考虑。

第六十八条 专利复审委员会应当将专利权无效宣告请求书和有关文件的副本送交专利权人，要求其在指定的期限内陈述意见。

专利权人和无效宣告请求人应当在指定期限内答复专利复审委员会发出的转送文件通知书或者无效宣告请求审查通知书；期满未答复的，不影响专利复审委员会审理。

第六十九条 在无效宣告请求的审查过程中，发明或者实用新型专利的专利权人可以修改其权利要求书，但是不得扩大原专利的保护范围。

发明或者实用新型专利的专利权人不得修改专利说明书和附图，外观设计专利的专利权人不得修改图片、照片和简要说明。

第七十条 专利复审委员会根据当事人的请求或者案情需要，可以决定对无效宣告请求进行口头审理。

专利复审委员会决定对无效宣告请求进行口头审理的，应当向当事人发出口头审理通知书，告知举行口头审理的日期和地点。当事人应当在通知书指定的期限内作出答复。

无效宣告请求人对专利复审委员会发出的口头审理通知书在指定的期限内未作答复，并且不参加口头审理的，其无效宣告请求视为撤回；专利权人不参加口头审理的，可以缺席审理。

第七十一条 在无效宣告请求审查程序中，专利复审委员会指定的期限不得延长。

第七十二条 专利复审委员会对无效宣告的请求作出决定前，无效宣告请求人可以撤回其请求。

专利复审委员会作出决定之前，无效宣告请求人撤回其请求或者其无效宣告请求被视为撤回的，无效宣告请求审查程序终止。但是，专利复审委员会认为根据已进行的审查工作能够作出宣告专利权无效或者部分无效的决定的，不终止审查程序。

第五章　专利实施的强制许可

第七十三条 专利法第四十八条第（一）项所称未充分实施其专利，是指专利权人及其被许可人实施其专利的方式或者规模不能满足国内对专利产品或者专利方法的需求。

专利法第五十条所称取得专利权的药品，是指解决公共健康问题所需的医药领域中的任何专利产品或者依照专利方法直接获得的产品，包括取得专利权的制造该产品所需的活性成分以及使用该产品所需的诊断用品。

第七十四条 请求给予强制许可的，应当向国务院专利行政部门提交强制许可请求书，说明理由并附具有关证明文件。

国务院专利行政部门应当将强制许可请求书的副本送交专利权人，专利权人应当在国务院专利行政部门指定的期限内陈述意见；期满未答复的，不影响国务院专利行政部门作出决定。

国务院专利行政部门在作出驳回强制许可请求的决定或者给予强制许可的决定前，应当通知请求人和专利权人拟作出的决定及其理由。

国务院专利行政部门依照专利法第五十条的规定作出给予强制许可的决定，应当同时符合中国缔结或者参加的有关国际条约关于为了解决公共健康问题而给予强制许可的规定，但中国作出保留的除外。

第七十五条 依照专利法第五十七条的规定，请求国务院专利行政部门裁决使用费数额的，当事人应当提出裁决请求书，并附具双方不能达成协议的证明文件。国务院专利行政部门应当自收到请求书之日起3个月内作出裁决，并通知当事人。

第六章 对职务发明创造的发明人或者设计人的奖励和报酬

第七十六条 被授予专利权的单位可以与发明人、设计人约定或者在其依法制定的规章制度中规定专利法第十六条规定的奖励、报酬的方式和数额。

企业、事业单位给予发明人或者设计人的奖励、报酬，按照国家有关财务、会计制度的规定进行处理。

第七十七条 被授予专利权的单位未与发明人、设计人约定也未在其依法制定的规章制度中规定专利法第十六条规定的奖励的方式和数额的，应当自专利权公告之日起3个月内发给发明人或者设计人奖金。一项发明专利的奖金最低不少于3000元；一项实用新型专利或者外观设计专利的奖金最低不少于1000元。

由于发明人或者设计人的建议被其所属单位采纳而完成的发明创造，被授予专利权的单位应当从优发给奖金。

第七十八条 被授予专利权的单位未与发明人、设计人约定也未在其依法制定的规章制度中规定专利法第十六条规定的报酬的方式和数额的，在专利权有效期限内，实施发明创造专利后，每年应当从实施该项发明或者实用新型专利的营业利润中提取不低于2%或者从实施该项外观设计专利的营业利润中提取不低于0.2%，作为报酬给予发明人或者设计人，或者参照上述比例，给予发明人或者设计人一次性报酬；被授予专利权的单位许可其他单位或者个人实施其专利的，应当从收取的使用费中提取不低于10%，作为报酬给予发明人或者设计人。

第七章 专利权的保护

第七十九条 专利法和本细则所称管理专利工作的部门，是指由省、自治区、直辖市人民政府以及专利管理工作量大又有实际处理能力的设区的市人民政府设立的管理专利工作的部门。

第八十条 国务院专利行政部门应当对管理专利工作的部门处理专利侵权纠纷、查处假冒专利行为、调解专利纠纷进行业务指导。

第八十一条 当事人请求处理专利侵权纠纷或者调解专利纠纷的，由被请求人所在地或者侵权行为地的管理专利工作的部门管辖。

两个以上管理专利工作的部门都有管辖权的专利纠纷，当事人可以向其中一个管理专利工作的部门提出请求；当事人向两个以上有管辖权的管理专利工作的部门提出请求的，由最先受理的管理专利工作的部门管辖。

管理专利工作的部门对管辖权发生争议的，由其共同的上级人民政府管理专利工作的部门指定管辖；无共同上级人民政府管理专利工作的部门的，由国务院专利行政部门指定管辖。

第八十二条 在处理专利侵权纠纷过程中，被请求人提出无效宣告请求并被专利复审委员会受理的，可以请求管理专利工作的部门中止处理。

管理专利工作的部门认为被请求人提出的中止理由明显不能成立的，可以不中止处理。

第八十三条 专利权人依照专利法第十七条的规定，在其专利产品或者该产品的包装上标明专利标识的，应当按照国务院专利行政部门规定的方式予以标明。

专利标识不符合前款规定的，由管理专利工作的部门责令改正。

第八十四条 下列行为属于专利法第六十三条规定的假冒专利的行为：

（一）在未被授予专利权的产品或者其包装上标注专利标识，专利权被宣告无效后或者终止后继续在产品或者其包装上标注专利标识，或者未经许可在产品或者产品包装上标注他人的专利号；

（二）销售第（一）项所述产品；

（三）在产品说明书等材料中将未被授予专利权的技术或者设计称为专利技术或者专利设计，将专利申请称为专利，或者未经许可使用他人的专利号，使公众将所涉及的技术或者设计误认为是专利技术或者专利设计；

（四）伪造或者变造专利证书、专利文件或者专利申请文件；

（五）其他使公众混淆，将未被授予专利权的技术或者设计误认为是专利技术或者专利设计的行为。

专利权终止前依法在专利产品、依照专利方法直接获得的产品或者其包装上标注专利标识，在专利权终止后许诺销售、销售该产品的，不属于假冒专利行为。

销售不知道是假冒专利的产品，并且能够证明该产品合法来源的，由管理专利工作的部门责令停止销售，但免除罚款的处罚。

第八十五条 除专利法第六十条规定的外，管理专利工作的部门应当事人请求，可以对下列专利纠纷进行调解：

（一）专利申请权和专利权归属纠纷；

（二）发明人、设计人资格纠纷；

（三）职务发明创造的发明人、设计人的奖励和报酬纠纷；

（四）在发明专利申请公布后专利权授予前使用发明而未支付适当费用的纠纷；

（五）其他专利纠纷。

对于前款第（四）项所列的纠纷，当事人请求管理专利工作的部门调解的，应当在专利权被授予之后提出。

第八十六条 当事人因专利申请权或者专利权的归属发生纠纷，已请求管理专利工作的部门调解或者向人民法院起诉的，可以请求国务院专利行政部门中止有关程序。

依照前款规定请求中止有关程序的，应当向国务院专利行政部门提交请求书，并附具管理专利工作的部门或者人民法院的写明申请号或者专利号的有关受理文件副本。

管理专利工作的部门作出的调解书或者人民法院作出的判决生效后，当事人应当向国务院专利行政部门办理恢复有关程序的手续。自请求中止之日起1年内，有关专利申请权或者专利权归属的纠纷未能结案，需要继续中止有关程序的，请求人应当在该期限内请求延长中止。期满未请求延长的，国务院专利行政部门自行恢复有关程序。

第八十七条　人民法院在审理民事案件中裁定对专利申请权或者专利权采取保全措施的，国务院专利行政部门应当在收到写明申请号或者专利号的裁定书和协助执行通知书之日中止被保全的专利申请权或者专利权的有关程序。保全期限届满，人民法院没有裁定继续采取保全措施的，国务院专利行政部门自行恢复有关程序。

第八十八条　国务院专利行政部门根据本细则第八十六条和第八十七条规定中止有关程序，是指暂停专利申请的初步审查、实质审查、复审程序，授予专利权程序和专利权无效宣告程序；暂停办理放弃、变更、转移专利权或者专利申请权手续，专利权质押手续以及专利权期限届满前的终止手续等。

第八章　专利登记和专利公报

第八十九条　国务院专利行政部门设置专利登记簿，登记下列与专利申请和专利权有关的事项：

（一）专利权的授予；

（二）专利申请权、专利权的转移；

（三）专利权的质押、保全及其解除；

（四）专利实施许可合同的备案；

（五）专利权的无效宣告；

（六）专利权的终止；

（七）专利权的恢复；

（八）专利实施的强制许可；

（九）专利权人的姓名或者名称、国籍和地址的变更。

第九十条　国务院专利行政部门定期出版专利公报，公布或者公告下列内容：

（一）发明专利申请的著录事项和说明书摘要；

（二）发明专利申请的实质审查请求和国务院专利行政部门对发明专利申请自行进行实质审查的决定；

（三）发明专利申请公布后的驳回、撤回、视为撤回、视为放弃、恢复和转移；

（四）专利权的授予以及专利权的著录事项；

（五）发明或者实用新型专利的说明书摘要，外观设计专利的一幅图片或者照片；

（六）国防专利、保密专利的解密；

（七）专利权的无效宣告；

（八）专利权的终止、恢复；

（九）专利权的转移；

（十）专利实施许可合同的备案；

（十一）专利权的质押、保全及其解除；

（十二）专利实施的强制许可的给予；

（十三）专利权人的姓名或者名称、地址的变更；

（十四）文件的公告送达；

（十五）国务院专利行政部门作出的更正；

（十六）其他有关事项。

第九十一条　国务院专利行政部门应当提供专利公报、发明专利申请单行本以及发明专利、实用新型专利、外观设计专利单行本，供公众免费查阅。

第九十二条　国务院专利行政部门负责按照互惠原则与其他国家、地区的专利机关或者区域性专利组织交换专利文献。

第九章　费用

第九十三条　向国务院专利行政部门申请专利和办理其他手续时，应当缴纳下列费用：

（一）申请费、申请附加费、公布印刷费、优先权要求费；

（二）发明专利申请实质审查费、复审费；

（三）专利登记费、公告印刷费、年费；

（四）恢复权利请求费、延长期限请求费；

（五）著录事项变更费、专利权评价报告请求费、无效宣告请求费。

前款所列各种费用的缴纳标准，由国务院价格管理部门、财政部门会同国务院专利行政部门规定。

第九十四条　专利法和本细则规定的各种费用，可以直接向国务院专利行政部门缴纳，也可以通过邮局或者银行汇付，或者以国务院专利行政部门规定的其他方式缴纳。

通过邮局或者银行汇付的，应当在送交国务院专利行政部门的汇单上写明正确的申请号或者专利号以及缴纳的费用名称。不符合本款规定的，视为未办理缴费手续。

直接向国务院专利行政部门缴纳费用的，以缴纳当日为缴费日；以邮局汇付方式缴纳费用的，以邮局汇出的邮戳日为缴费日；以银行汇付方式缴纳费用的，以银行实际汇出日为缴费日。

多缴、重缴、错缴专利费用的，当事人可以自缴费日起3年内，向国务院专利行政部门提出退款请求，国务院专利行政部门应当予以退还。

第九十五条　申请人应当自申请日起2个月内或者在收到受理通知书之日起15日内缴纳申请费、公布印刷费和必要的申请附加费；期满未缴纳或者未缴足的，其申请视为撤回。

申请人要求优先权的，应当在缴纳申请费的同时缴纳优先权要求费；期满未缴纳或者未缴足的，视为未要求优先权。

第九十六条　当事人请求实质审查或者复审的，应当在专利法及本细则规定的相关期限内缴纳费用；期满未缴纳或者未缴足的，视为未提出请求。

第九十七条　申请人办理登记手续时，应当缴纳专利登记费、公告印刷费和授予专利权当年的年费；期满未缴纳或者未缴足的，视为未办理登记手续。

第九十八条　授予专利权当年以后的年费应当在上一年度期满前缴纳。专利权人未缴纳或者未缴足的，国务院专利行政部门应当通知专利权人自应当缴纳年费期满之日起6个月内补缴，同时缴纳滞纳金；滞纳金的金额按照每超过规定的缴费时间1个月，加收当年全额年费的5%计算；期满未缴纳的，专利权自应当缴纳年费期满之日起终止。

第九十九条　恢复权利请求费应当在本细则规定的相关期限内缴纳；期满未缴纳或者未缴足的，视为未提出请求。

延长期限请求费应当在相应期限届满之日前缴纳；期满未缴纳或者未缴足的，视为未提出请求。

著录事项变更费、专利权评价报告请求费、无效宣告请求费应当自提出请求之日起1个月内缴纳；期满未缴纳或者未缴足的，视为未提出请求。

第一百条 申请人或者专利权人缴纳本细则规定的各种费用有困难的，可以按照规定向国务院专利行政部门提出减缴或者缓缴的请求。减缴或者缓缴的办法由国务院财政部门会同国务院价格管理部门、国务院专利行政部门规定。

第十章 关于国际申请的特别规定

第一百零一条 国务院专利行政部门根据专利法第二十条规定，受理按照专利合作条约提出的专利国际申请。

按照专利合作条约提出并指定中国的专利国际申请（以下简称国际申请）进入国务院专利行政部门处理阶段（以下称进入中国国家阶段）的条件和程序适用本章的规定；本章没有规定的，适用专利法及本细则其他各章的有关规定。

第一百零二条 按照专利合作条约已确定国际申请日并指定中国的国际申请，视为向国务院专利行政部门提出的专利申请，该国际申请日视为专利法第二十八条所称的申请日。

第一百零三条 国际申请的申请人应当在专利合作条约第二条所称的优先权日（本章简称优先权日）起30个月内，向国务院专利行政部门办理进入中国国家阶段的手续；申请人未在该期限内办理该手续的，在缴纳宽限费后，可以在自优先权日起32个月内办理进入中国国家阶段的手续。

第一百零四条 申请人依照本细则第一百零三条的规定办理进入中国国家阶段的手续的，应当符合下列要求：

（一）以中文提交进入中国国家阶段的书面声明，写明国际申请号和要求获得的专利权类型；

（二）缴纳本细则第九十三条第一款规定的申请费、公布印刷费，必要时缴纳本细则第一百零三条规定的宽限费；

（三）国际申请以外文提出的，提交原始国际申请的说明书和权利要求书的中文译文；

（四）在进入中国国家阶段的书面声明中写明发明创造的名称，申请人姓名或者名称、地址和发明人的姓名，上述内容应当与世界知识产权组织国际局（以下简称国际局）的记录一致；国际申请中未写明发明人的，在上述声明中写明发明人的姓名；

（五）国际申请以外文提出的，提交摘要的中文译文，有附图和摘要附图的，提交附图副本和摘要附图副本，附图中有文字的，将其替换为对应的中文文字；国际申请以中文提出的，提交国际公布文件中的摘要和摘要附图副本；

（六）在国际阶段向国际局已办理申请人变更手续的，提供变更后的申请人享有申请权的证明材料；

（七）必要时缴纳本细则第九十三条第一款规定的申请附加费。

符合本条第一款第（一）项至第（三）项要求的，国务院专利行政部门应当给予申请号，明确国际申请进入中国国家阶段的日期（以下简称进入日），并通知申请人其国际申请已进入中国国家阶段。

国际申请已进入中国国家阶段，但不符合本条第一款第（四）项至第（七）项要求的，国务院专利行政部门应当通知申请人在指定期限内补正；期满未补正的，其申请视为撤回。

第一百零五条 国际申请有下列情形之一的，其在中国的效力终止：

（一）在国际阶段，国际申请被撤回或者被视为撤回，或者国际申请对中国的指定被撤回的；

（二）申请人未在优先权日起32个月内按照本细则第一百零三条规定办理进入中国国家阶段手续的；

（三）申请人办理进入中国国家阶段的手续，但自优先权日起32个月期限届满仍不符合本细则第一百零四条第（一）项至第（三）项要求的。

依照前款第（一）项的规定，国际申请在中国的效力终止的，不适用本细则第六条的规定；依照前款第（二）项、第（三）项的规定，国际申请在中国的效力终止的，不适用本细则第六条第二款的规定。

第一百零六条 国际申请在国际阶段作过修改，申请人要求以经修改的申请文件为基础进行审查的，应当自进入日起2个月内提交修改部分的中文译文。在该期间内未提交中文译文的，对申请人在国际阶段提出的修改，国务院专利行政部门不予考虑。

第一百零七条 国际申请涉及的发明创造有专利法第二十四条第（一）项或者第（二）项所列情形之一，在提出国际申请时作过声明的，申请人应当在进入中国国家阶段的书面声明中予以说明，并自进入日起2个月内提交本细则第三十条第三款规定的有关证明文件；未予说明或者期满未提交证明文件的，其申请不适用专利法第二十四条的规定。

第一百零八条 申请人按照专利合作条约的规定，对生物材料样品的保藏已作出说明的，视为已经满足了本细则第二十四条第（三）项的要求。申请人应当在进入中国国家阶段声明中指明记载生物材料样品保藏事项的文件以及在该文件中的具体记载位置。

申请人在原始提交的国际申请的说明书中已记载生物材料样品保藏事项，但是没有在进入中国国家阶段声明中指明的，应当自进入日起4个月内补正。期满未补正的，该生物材料视为未提交保藏。

申请人自进入日起4个月内向国务院专利行政部门提交生物材料样品保藏证明和存活证明的，视为在本细则第二十四条第（一）项规定的期限内提交。

第一百零九条 国际申请涉及的发明创造依赖遗传资源完成的，申请人应当在国际申请进入中国国家阶段的书面声明中予以说明，并填写国务院专利行政部门制定的表格。

第一百一十条 申请人在国际阶段已要求一项或者多项优先权，在进入中国国家阶段时该优先权要求继续有效的，视为已经依照专利法第三十条的规定提出了书面声明。

申请人应当自进入日起2个月内缴纳优先权要求费；期满未缴纳或者未缴足的，视为未要求该优先权。

申请人在国际阶段已依照专利合作条约的规定，提交过在先申请文件副本的，办理进入中国国家阶段手续时不需要向国务院专利行政部门提交在先申请文件副本。申请人在国际阶段未提交在先申请文件副本的，国务院专利行政部门认为必要时，可以通知申请人在指定期限内补交；申请人期满未补交的，其优先权要求视为未提出。

第一百一十一条 在优先权日起30个月期满前要求国务院

专利行政部门提前处理和审查国际申请的，申请人除应当办理进入中国国家阶段手续外，还应当依照专利合作条约第二十三条第二款规定提出请求。国际局尚未向国务院专利行政部门传送国际申请的，申请人应当提交经确认的国际申请副本。

第一百一十二条 要求获得实用新型专利权的国际申请，申请人可以自进入日起2个月内对专利申请文件主动提出修改。

要求获得发明专利权的国际申请，适用本细则第五十一条第一款的规定。

第一百一十三条 申请人发现提交的说明书、权利要求书或者附图中的文字的中文译文存在错误的，可以在下列规定期限内依照原始国际申请文本提出改正：

（一）在国务院专利行政部门作好公布发明专利申请或者公告实用新型专利权的准备工作之前；

（二）在收到国务院专利行政部门发出的发明专利申请进入实质审查阶段通知书之日起3个月内。

申请人改正译文错误的，应当提出书面请求并缴纳规定的译文改正费。

申请人按照国务院专利行政部门的通知书的要求改正译文的，应当在指定期限内办理本条第二款规定的手续；期满未办理规定手续的，该申请视为撤回。

第一百一十四条 对要求获得发明专利权的国际申请，国务院专利行政部门经初步审查认为符合专利法和本细则有关规定的，应当在专利公报上予以公布；国际申请以中文以外的文字提出的，应当公布申请文件的中文译文。

要求获得发明专利权的国际申请，由国际局以中文进行国际公布的，自国际公布日起适用专利法第十三条的规定；由国际局以中文以外的文字进行国际公布的，自国务院专利行政部门公布之日起适用专利法第十三条的规定。

对国际申请，专利法第二十一条和第二十二条中所称的公布是指本条第一款所规定的公布。

第一百一十五条 国际申请包含两项以上发明或者实用新型的，申请人可以自进入日起，依照本细则第四十二条第一款的规定提出分案申请。

在国际阶段，国际检索单位或者国际初步审查单位认为国际申请不符合专利合作条约规定的单一性要求时，申请人未按照规定缴纳附加费，导致国际申请某些部分未经国际检索或者未经国际初步审查，在进入中国国家阶段时，申请人要求将所述部分作为审查基础，国务院专利行政部门认为国际检索单位或者国际初步审查单位对发明单一性的判断正确的，应当通知申请人在指定期限内缴纳单一性恢复费。期满未缴纳或者未足额缴纳的，国际申请中未经检索或者未经国际初步审查的部分视为撤回。

第一百一十六条 国际申请在国际阶段被有关国际单位拒绝给予国际申请日或者宣布视为撤回的，申请人在收到通知之日起2个月内，可以请求国际局将国际申请档案中任何文件的副本转交国务院专利行政部门，并在该期限内向国务院专利行政部门办理本细则第一百零三条规定的手续，国务院专利行政部门应当在接到国际局传送的文件后，对国际单位作出的决定是否正确进行复查。

第一百一十七条 基于国际申请授予的专利权，由于译文错误，致使依照专利法第五十九条规定确定的保护范围超出国际申请的原文所表达的范围的，以依据原文限制后的保护范围为准；致使保护范围小于国际申请的原文所表达的范围的，以授权时的保护范围为准。

第十一章 附 则

第一百一十八条 经国务院专利行政部门同意，任何人均可以查阅或者复制已经公布或者公告的专利申请的案卷和专利登记簿，并可以请求国务院专利行政部门出具专利登记簿副本。

已视为撤回、驳回和主动撤回的专利申请的案卷，自该专利申请失效之日起满2年后不予保存。

已放弃、宣告全部无效和终止的专利权的案卷，自该专利权失效之日起满3年后不予保存。

第一百一十九条 向国务院专利行政部门提交申请文件或者办理各种手续，应当由申请人、专利权人、其他利害关系人或者其代表人签字或者盖章；委托专利代理机构的，由专利代理机构盖章。

请求变更发明人姓名、专利申请人和专利权人的姓名或者名称、国籍和地址、专利代理机构的名称、地址和代理人姓名的，应当向国务院专利行政部门办理著录事项变更手续，并附具变更理由的证明材料。

第一百二十条 向国务院专利行政部门邮寄有关申请或者专利权的文件，应当使用挂号信函，不得使用包裹。

除首次提交专利申请文件外，向国务院专利行政部门提交各种文件、办理各种手续的，应当标明申请号或者专利号、发明创造名称和申请人或者专利权人姓名或者名称。

一件信函中应当只包含同一申请的文件。

第一百二十一条 各类申请文件应当打字或者印刷，字迹呈黑色，整齐清晰，并不得涂改。附图应当用制图工具和黑色墨水绘制，线条应当均匀清晰，并不得涂改。

请求书、说明书、权利要求书、附图和摘要应当分别用阿拉伯数字顺序编号。

申请文件的文字部分应当横向书写。纸张限于单面使用。

第一百二十二条 国务院专利行政部门根据专利法和本细则制定专利审查指南。

第一百二十三条 本细则自2001年7月1日起施行。1992年12月12日国务院批准修订、1992年12月21日中国专利局发布的《中华人民共和国专利法实施细则》同时废止。

附录3 专利标记和专利号标注方式的规定

第一条 为了规范专利标记和专利号的标注方式，维护正常的市场经济秩序，根据专利法第十五条和专利法实施细则第八十三条的规定，制定本规定。

第二条 标注专利标记和专利号的，均应当按照本规定予以标注。

第三条 在授予专利权之后的专利权有效期内，专利权人或者经专利权人同意享有专利号、专利标记标注权的专利实施许可合同的被许可人可以在其专利产品、依照专利方法直接获得的产品或者该产品的包装上标注专利标记和专利号。

第四条 标注专利标记和专利号的，应当标明下述内容：

（一）采用中文标注专利权的类别，例如中国发明专利、中国实用新型专利、中国外观设计专利；

（二）国家知识产权局授予专利权的专利号，其中"ZL"表示"专利"，第一、二位数字表示提交专利申请的年代，第三位数字表示专利类别，第四位以后为流水号和计算机校验位。

除上述内容之外，标注者可以附加其他文字、图形标记，但附加的文字、图形标记及其标注方式不得误导公众。

第五条 在依照专利方法直接获得的产品或者该产品的包装上标明专利标记和专利号的，应当采用中文注明该产品系依照专利方法所获得的产品。

第六条 各地人民政府管理专利工作的部门负责在本行政区域内对标注专利标记和专利号的行为进行监督管理。

第七条 专利标记或者专利号的标注不符合本规定的，管理专利工作的部门可以要求其限期改正。

专利标记或者专利号标注不当，构成冒充专利行为的，由管理专利工作的部门依照专利法第五十九条的规定进行处罚。

第八条 本规定由国家知识产权局负责解释。

第九条 本规定自2003年7月1日起施行。

附录4　中华人民共和国商标法

（2001年第二次修订版）

（1982年8月23日第五届全国人民代表大会常务委员会第二十四次会议通过；根据1993年2月22日第七届全国人民代表大会常务委员会第三十次会议《关于修改〈中华人民共和国商标法〉的决定》第一次修正；根据2001年10月27日第九届全国人民代表大会常务委员会第二十四次会议《关于修改〈中华人民共和国商标法〉的决定》第二次修正。）

第一章　总则

第一条 为了加强商标管理，保护商标专用权，促使生产、经营者保证商品和服务质量，维护商标信誉，以保障消费者和生产、经营者的利益，促进社会主义市场经济的发展，特制定本法。

第二条 国务院工商行政管理部门商标局主管全国商标注册和管理的工作。

国务院工商行政管理部门设立商标评审委员会，负责处理商标争议事宜。

第三条 经商标局核准注册的商标为注册商标，包括商品商标、服务商标和集体商标、证明商标；商标注册人享有商标专用权，受法律保护。

本法所称集体商标，是指以团体、协会或者其他组织名义注册，供该组织成员在商事活动中使用，以表明使用者在该组织中的成员资格的标志。

本法所称证明商标，是指由对某种商品或者服务具有监督能力的组织所控制，而由该组织以外的单位或者个人使用于其商品或者服务，用以证明该商品或者服务的原产地、原料、制造方法、质量或者其他特定品质的标志。

集体商标、证明商标注册和管理的特殊事项，由国务院工商行政管理部门规定。

第四条 自然人、法人或者其他组织对其生产、制造、加工、拣选或者经销的商品，需要取得商标专用权的，应当向商标局申请商品商标注册。

自然人、法人或者其他组织对其提供的服务项目，需要取得商标专用权的，应当向商标局申请服务商标注册。

本法有关商品商标的规定，适用于服务商标。

第五条 两个以上的自然人、法人或者其他组织可以共同向商标局申请注册同一商标，共同享有和行使该商标专用权。

第六条 国家规定必须使用注册商标的商品，必须申请商标注册，未经核准注册的，不得在市场销售。

第七条 商标使用人应当对其使用商标的商品质量负责。各级工商行政管理部门应当通过商标管理，制止欺骗消费者的行为。

第八条 任何能够将自然人、法人或者其他组织的商品与他人的商品区别开的可视性标志，包括文字、图形、字母、数字、三维标志和颜色组合，以及上述要素的组合，均可以作为商标申请注册。

第九条 申请注册的商标，应当有显著特征，便于识别，并不得与他人在先取得的合法权利相冲突。

商标注册人有权标明"注册商标"或者注册标记。

第十条 下列标志不得作为商标使用：

（一）同中华人民共和国的国家名称、国旗、国徽、军旗、勋章相同或者近似的，以及同中央国家机关所在地特定地点的名称或者标志性建筑物的名称、图形相同的；

（二）同外国的国家名称、国旗、国徽、军旗相同或者近似的，但该国政府同意的除外；

（三）同政府间国际组织的名称、旗帜、徽记相同或者近似的，但经该组织同意或者不易误导公众的除外；

（四）与表明实施控制、予以保证的官方标志、检验印记相同或者近似的，但经授权的除外；

（五）同"红十字"、"红新月"的名称、标志相同或者近似的；

（六）带有民族歧视性的；

（七）夸大宣传并带有欺骗性的；

（八）有害于社会主义道德风尚或者有其他不良影响的。

县级以上行政区划的地名或者公众知晓的外国地名，不得作为商标。但是，地名具有其他含义或者作为集体商标、证明商标组成部分的除外；已经注册的使用地名的商标继续有效。

第十一条 下列标志不得作为商标注册：

（一）仅有本商品的通用名称、图形、型号的；

（二）仅仅直接表示商品的质量、主要原料、功能、用途、重量、数量及其他特点的；

（三）缺乏显著特征的。

前款所列标志经过使用取得显著特征，并便于识别的，可以作为商标注册。

第十二条 以三维标志申请注册商标的，仅由商品自身的性质产生的形状、为获得技术效果而需有的商品形状或者使商品具有实质性价值的形状，不得注册。

第十三条 就相同或者类似商品申请注册的商标是复制、摹仿或者翻译他人未在中国注册的驰名商标，容易导致混淆的，不予注册并禁止使用。

就不相同或者不相类似商品申请注册的商标是复制、摹仿或者翻译他人已经在中国注册的驰名商标，误导公众，致使该驰名商标注册人的利益可能受到损害的，不予注册并禁止使用。

第十四条 认定驰名商标应当考虑下列因素：

（一）相关公众对该商标的知晓程度；

（二）该商标使用的持续时间；

（三）该商标的任何宣传工作的持续时间、程度和地理范围；

（四）该商标作为驰名商标受保护的记录；

（五）该商标驰名的其他因素。

第十五条 未经授权，代理人或者代表人以自己的名义将被代理人或者被代表人的商标进行注册，被代理人或者被代表人提出异议的，不予注册并禁止使用。

第十六条 商标中有商品的地理标志，而该商品并非来源于该标志所标示的地区，误导公众的，不予注册并禁止使用；但是，已经善意取得注册的继续有效。

前款所称地理标志，是指标示某商品来源于某地区，该商品的特定质量、信誉或者其他特征，主要由该地区的自然因素或者人文因素所决定的标志。

第十七条 外国人或者外国企业在中国申请商标注册的，应当按其所属国和中华人民共和国签订的协议或者共同参加的国际条约办理，或者按对等原则办理。

第十八条 外国人或者外国企业在中国申请商标注册和办理其他商标事宜的，应当委托国家认可的具有商标代理资格的组织代理。

第二章 商标注册的申请

第十九条 申请商标注册的，应当按规定的商品分类表填报使用商标的商品类别和商品名称。

第二十条 商标注册申请人在不同类别的商品上申请注册同一商标的，应当按商品分类表提出注册申请。

第二十一条 注册商标需要在同一类的其他商品上使用的，应当另行提出注册申请。

第二十二条 注册商标需要改变其标志的，应当重新提出注册申请。

第二十三条 注册商标需要变更注册人的名义、地址或者其他注册事项的，应当提出变更申请。

第二十四条 商标注册申请人自其商标在外国第一次提出商标注册申请之日起六个月内，又在中国就相同商品以同一商标提出商标注册申请的，依照该外国同中国签订的协议或者共同参加的国际条约，或者按照相互承认优先权的原则，可以享有优先权。

依照前款要求优先权的，应当在提出商标注册申请的时候提出书面声明，并且在三个月内提交第一次提出的商标注册申请文件的副本；未提出书面声明或者逾期未提交商标注册申请文件副本的，视为未要求优先权。

第二十五条 商标在中国政府主办的或者承认的国际展览会展出的商品上首次使用的，自该商品展出之日起六个月内，该商标的注册申请人可以享有优先权。

依照前款要求优先权的，应当在提出商标注册申请的时候提出书面声明，并且在三个月内提交展出其商品的展览会名称、在展出商品上使用该商标的证据、展出日期等证明文件；未提出书面声明或者逾期未提交证明文件的，视为未要求优先权。

第二十六条 为申请商标注册所申报的事项和所提供的材料应当真实、准确、完整。

第三章 商标注册的审查和核准

第二十七条 申请注册的商标，凡符合本法有关规定的，由商标局初步审定，予以公告。

第二十八条 申请注册的商标，凡不符合本法有关规定或者同他人在同一种商品或类似商品上已经注册的或者初步审定的商标相同或者近似的，由商标局驳回申请，不予公告。

第二十九条 两个或者两个以上的商标注册申请人，在同一种商品或者类似商品上，以相同或者近似的商标申请注册的，初步审定并公告申请在先的商标；同一天申请的，初步审定并公告使用在先的商标，驳回其他人的申请，不予公告。

第三十条 对初步审定的商标，自公告之日起三个月内，任何人均可以提出异议。公告期满无异议的，予以核准注册，发给商标注册证，并予公告。

第三十一条 申请商标注册不得损害他人现有的在先权利，也不得以不正当手段抢先注册他人已经使用并有一定影响的商标。

第三十二条 对驳回申请、不予公告的商标，商标局应当书面通知商标注册申请人。商标注册申请人不服的，可以自收到通知之日起十五日内向商标评审委员会申请复审，由商标评审委员会做出决定，并书面通知申请人。

当事人对商标评审委员会的决定不服的，可以自收到通知之日起三十日内向人民法院起诉。

第三十三条 对初步审定、予以公告的商标提出异议的，商标局应当听取异议人和被异议人陈述事实和理由，经调查核实后，做出裁定。当事人不服的，可以自收到通知之日起十五日内向商标评审委员会申请复审，由商标评审委员会做出裁定，并书面通知异议人和被异议人。

当事人对商标评审委员会的裁定不服的，可以自收到通知之日起三十日内向人民法院起诉。人民法院应当通知商标复审程序的对方当事人作为第三人参加诉讼。

第三十四条 当事人在法定期限内对商标局做出的裁定不

申请复审或者对商标评审委员会做出的裁定不向人民法院起诉的，裁定生效。

经裁定异议不能成立的，予以核准注册，发给商标注册证，并予公告；经裁定异议成立的，不予核准注册。

经裁定异议不能成立而核准注册的，商标注册申请人取得商标专用权的时间自初审公告三个月期满之日起计算。

第三十五条 对商标注册申请和商标复审申请应当及时进行审查。

第三十六条 商标注册申请人或者注册人发现商标申请文件或者注册文件有明显错误的，可以申请更正。商标局依法在其职权范围内作出更正，并通知当事人。

前款所称更正错误不涉及商标申请文件或者注册文件的实质性内容。

第四章 注册商标的续展、转让和使用许可

第三十七条 注册商标的有效期为十年，自核准注册之日起计算。

第三十八条 注册商标有效期满，需要继续使用的，应当在期满前六个月内申请续展注册；在此期间未能提出申请的，可以给予六个月的宽展期。宽展期满仍未提出申请的，注销其注册商标。

每次续展注册的有效期为十年。

续展注册经核准后，予以公告。

第三十九条 转让注册商标的，转让人和受让人应当签订转让协议，并共同向商标局提出申请。受让人应当保证使用该注册商标的商品质量。　转让注册商标经核准后，予以公告。受让人自公告之日起享有商标专用权。

第四十条 商标注册人可以通过签订商标使用许可合同，许可他人使用其注册商标。许可人应当监督被许可人使用其注册商标的商品质量。被许可人应当保证使用该注册商标的商品质量。

经许可使用他人注册商标的，必须在使用该注册商标的商品上标明被许可人的名称和商品产地。

商标使用许可合同应当报商标局备案。

第五章 注册商标争议的裁定

第四十一条 已经注册的商标，违反本法第十条、第十一条、第十二条规定的，或者是以欺骗手段或者其他不正当手段取得注册的，由商标局撤销该注册商标；其他单位或者个人可以请求商标评审委员会裁定撤销该注册商标。

已经注册的商标，违反本法第十三条、第十五条、第十六条、第三十一条规定的，自商标注册之日起五年内，商标所有人或者利害关系人可以请求商标评审委员会裁定撤销该注册商标。对恶意注册的，驰名商标所有人不受五年的时间限制。

除前两款规定的情形外，对已经注册的商标有争议的，可以自该商标经核准注册之日起五年内，向商标评审委员会申请裁定。

商标评审委员会收到裁定申请后，应当通知有关当事人，并限期提出答辩。

第四十二条 对核准注册前已经提出异议并经裁定的商标，不得再以相同的事实和理由申请裁定。

第四十三条 商标评审委员会做出维持或者撤销注册商标的裁定后，应当书面通知有关当事人。

当事人对商标评审委员会的裁定不服的，可以自收到通知之日起三十日内向人民法院起诉。人民法院应当通知商标裁定程序的对方当事人作为第三人参加诉讼。

第六章 商标使用的管理

第四十四条 使用注册商标，有下列行为之一的，由商标局责令限期改正或者撤销其注册商标：

（一）自行改变注册商标的；

（二）自行改变注册商标的注册人名义、地址或者其他注册事项的；

（三）自行转让注册商标的；

（四）连续三年停止使用的。

第四十五条 使用注册商标，其商品粗制滥造，以次充好，欺骗消费者的，由各级工商行政管理部门分别不同情况，责令限期改正，并可以予以通报或者处以罚款，或者由商标局撤销其注册商标。

第四十六条 注册商标被撤销的或者期满不再续展的，自撤销或者注销之日起一年内，商标局对与该商标相同或者近似的商标注册申请，不予核准。

第四十七条 违反本法第六条规定的，由地方工商行政管理部门责令限期申请注册，可以并处罚款。

第四十八条 使用未注册商标，有下列行为之一的，由地方工商行政管理部门予以制止，限期改正，并可以予以通报或者处以罚款：

（　）冒充注册商标的；

（二）违反本法第十条规定的；

（三）粗制滥造，以次充好，欺骗消费者的。

第四十九条 对商标局撤销注册商标的决定，当事人不服的，可以自收到通知之日起十五日内向商标评审委员会申请复审，由商标评审委员会做出决定，并书面通知申请人。

当事人对商标评审委员会的决定不服的，可以自收到通知之日起三十日内向人民法院起诉。

第五十条 对工商行政管理部门根据本法第四十五条、第四十七条、第四十八条的规定做出的罚款决定，当事人不服的，可以自收到通知之日起十五日内，向人民法院起诉；期满不起诉又不履行的，由有关工商行政管理部门申请人民法院强制执行。

第七章 注册商标专用权的保护

第五十一条 注册商标的专用权，以核准注册的商标和核定使用的商品为限。

第五十二条 有下列行为之一的，均属侵犯注册商标专用权：

（一）未经商标注册人的许可，在同一种商品或者类似商

品上使用与其注册商标相同或者近似的商标的；

（二）销售侵犯注册商标专用权的商品的；

（三）伪造、擅自制造他人注册商标标识或者销售伪造、擅自制造的注册商标标识的；

（四）未经商标注册人同意，更换其注册商标并将该更换商标的商品又投入市场的；

（五）给他人的注册商标专用权造成其他损害的。

第五十三条 有本法第五十二条所列侵犯注册商标专用权行为之一，引起纠纷的，由当事人协商解决；不愿协商或者协商不成的，商标注册人或者利害关系人可以向人民法院起诉，也可以请求工商行政管理部门处理。工商行政管理部门处理时，认定侵权行为成立的，责令立即停止侵权行为，没收、销毁侵权商品和专门用于制造侵权商品、伪造注册商标标识的工具，并可处以罚款。当事人对处理决定不服的，可以自收到处理通知之日起十五日内依照《中华人民共和国行政诉讼法》向人民法院起诉；侵权人期满不起诉又不履行的，工商行政管理部门可以申请人民法院强制执行。进行处理的工商行政管理部门根据当事人的请求，可以就侵犯商标专用权的赔偿数额进行调解；调解不成的，当事人可以依照《中华人民共和国民事诉讼法》向人民法院起诉。

第五十四条 对侵犯注册商标专用权的行为，工商行政管理部门有权依法查处；涉嫌犯罪的，应当及时移送司法机关依法处理。

第五十五条 县级以上工商行政管理部门根据已经取得的违法嫌疑证据或者举报，对涉嫌侵犯他人注册商标专用权的行为进行查处时，可以行使下列职权：

（一）询问有关当事人，调查与侵犯他人注册商标专用权有关的情况；

（二）查阅、复制当事人与侵权活动有关的合同、发票、账簿以及其他有关资料；

（三）对当事人涉嫌从事侵犯他人注册商标专用权活动的场所实施现场检查；

（四）检查与侵权活动有关的物品；对有证据证明是侵犯他人注册商标专用权的物品，可以查封或者扣押。

工商行政管理部门依法行使前款规定的职权时，当事人应当予以协助、配合，不得拒绝、阻挠。

第五十六条 侵犯商标专用权的赔偿数额，为侵权人在侵权期间因侵权所获得的利益，或者被侵权人在被侵权期间因被侵权所受到的损失，包括被侵权人为制止侵权行为所支付的合理开支。

前款所称侵权人因侵权所得利益，或者被侵权人因被侵权所受损失难以确定的，由人民法院根据侵权行为的情节判决给予五十万元以下的赔偿。

销售不知道是侵犯注册商标专用权的商品，能证明该商品是自己合法取得的并说明提供者的，不承担赔偿责任。

第五十七条 商标注册人或者利害关系人有证据证明他人正在实施或者即将实施侵犯其注册商标专用权的行为，如不及时制止，将会使其合法权益受到难以弥补的损害的，可以在起诉前向人民法院申请采取责令停止有关行为和财产保全的措施。

人民法院处理前款申请，适用《中华人民共和国民事诉讼法》第九十三条至第九十六条和第九十九条的规定。

第五十八条 为制止侵权行为，在证据可能灭失或者以后难以取得的情况下，商标注册人或者利害关系人可以在起诉前向人民法院申请保全证据。

人民法院接受申请后，必须在四十八小时内做出裁定；裁定采取保全措施的，应当立即开始执行。

人民法院可以责令申请人提供担保，申请人不提供担保的，驳回申请。

申请人在人民法院采取保全措施后十五日内不起诉的，人民法院应当解除保全措施。

第五十九条 未经商标注册人许可，在同一种商品上使用与其注册商标相同的商标，构成犯罪的，除赔偿被侵权人的损失外，依法追究刑事责任。

伪造、擅自制造他人注册商标标识或者销售伪造、擅自制造的注册商标标识，构成犯罪的，除赔偿被侵权人的损失外，依法追究刑事责任。

销售明知是假冒注册商标的商品，构成犯罪的，除赔偿被侵权人的损失外，依法追究刑事责任。

第六十条 从事商标注册、管理和复审工作的国家机关工作人员必须秉公执法，廉洁自律，忠于职守，文明服务。

商标局、商标评审委员会以及从事商标注册、管理和复审工作的国家机关工作人员不得从事商标代理业务和商品生产经营活动。

第六十一条 工商行政管理部门应当建立健全内部监督制度，对负责商标注册、管理和复审工作的国家机关工作人员执行法律、行政法规和遵守纪律的情况，进行监督检查。

第六十二条 从事商标注册、管理和复审工作的国家机关工作人员玩忽职守、滥用职权、徇私舞弊，违法办理商标注册、管理和复审事项，收受当事人财物，牟取不正当利益，构成犯罪的，依法追究刑事责任；尚不构成犯罪的，依法给予行政处分。

第八章　附则

第六十三条 申请商标注册和办理其他商标事宜的，应当缴纳费用，具体收费标准另定。

第六十四条 本法自1983年3月1日起施行。1963年4月10日国务院公布的《商标管理条例》同时废止；其他有关商标管理的规定，凡与本法抵触的，同时失效。

本法施行前已经注册的商标继续有效。

附录5　专利申请号标准

前言

《专利申请号标准》是中华人民共和国知识产权行业标准之一，编号为ZC 0006-2003。

本标准由中华人民共和国国家知识产权局提出并归口。

本标准由中华人民共和国国家知识产权局标准化委员会

ZC

中华人民共和国知识产权行业标准

ZC 0006-2003

专利申请号标准

2003-07-14发布　　2003-10-01施行

中华人民共和国国家知识产权局　发布

批准。

本标准起草单位：中华人民共和国国家知识产权局专利申请号标准制定工作组。

本标准主要起草人：田力普、贺化、黄庆、卜方、宁珑、王强、朱仁秀、翟薇、何越峰、严笑卫、王古三、吴大章、汤才祥、徐晵华、施平、方克、冷戈、严勇刚

引言

为完善中国知识产权行业标准体系，中华人民共和国国家知识产权局（以下简称国家知识产权局）根据《中华人民共和国标准化法》和《中华人民共和国专利法》，并参照世界知识产权组织发布的标准ST.13《专利、补充保护证书、工业设计及集成电路布图设计申请的编号建议》，特制定本标准。

为了适应中国专利申请量迅速增长的需求，进一步提高为社会公众服务的质量，本标准对自1985年4月1日起施行的专利申请号编号规则进行了修改。

专利申请号标准

1　范围

本标准规定了专利申请号的编号规则。

本标准适用于为各种目的，特别是为法定程序和文献出版的目的，在任何地点，以任何方式使用中国专利申请号的任何单位和个人。

2　术语和定义

下列术语和定义适用于本标准。除国家法律另有明确规定外，国家知识产权局对于本标准中采用的术语和定义拥有最终解释权。

2.1　专利申请

本标准所称专利申请包括发明专利申请、实用新型专利申请和外观设计专利申请。

2.2　专利申请号

专利申请号是指国家知识产权局受理一件专利申请时给予该专利申请的一个标识号码。

2.3　校验位

校验位是指以专利申请号中使用的数字组合作为源数据经过计算得出的1位阿拉伯数字（0至9）或大写英文字母X。

3　制定原则

3.1　惟一性原则

为了使一件专利申请在受理、审查及其他与专利有关的法定程序中能够明确地区别于任何其他专利申请，本标准制定的专利申请号编号规则体现了惟一性原则。

惟一性原则具有两层含义：第一层含义是，在一件专利申请的审查程序及其他相关法定程序中，以及在由该专利申请所取得的专利权存续期间，国家知识产权局仅给予该专利申请一个专利申请号。这个专利申请号不会由于专利申请文件内容的修改、专利申请法律状态的变化以及发明人/设计人、专利申请人或专利权人的变更而发生变化。专利申请号也不会因分案而发生改变，在依据一件专利申请（母案）提出分案申请的情况下，分案申请将具有新的专利申请号，而母案申请仍然保留原专利申请号不变。第二层含义是，一个专利申请号只可能用于一件专利申请，即使在一件专利申请或由此取得的专利权灭失之后，任何其他专利申请也不再可能使用该专利申请号。

3.2　科学性原则

由于专利制度的法律保护和技术信息作用均具有广泛的社会性和长久的时间性，要求专利申请号既具有惟一性和有利于信息化管理工作的特性，又具有容易理解和记忆、方便使用的特点，因此，在制定本标准时采用了科学的编号规则，在专利申请号中包含了表示受理专利申请的公元年号、表示专利申请种类的种类号和表示专利申请相对顺序的流水号。

4　专利申请号的编号规则

4.1　专利申请号的组成结构

专利申请号用12位阿拉伯数字表示，包括申请年号、申请种类号和申请流水号三个部分。

按照由左向右的次序，专利申请号中的第1—4位数字表示受理专利申请的年号，第5位数字表示专利申请的种类，第6—12位数字（共7位）为申请流水号，表示受理专利申请的相对顺序。

专利申请号中使用的每一位阿拉伯数字均为十进制。

4.2　申请年号

专利申请号中的年号采用公元纪年，例如2004表示专利申请的受理年份为公元2004年。

4.3　申请种类号

专利申请号中的申请种类号用1位数字表示，所使用数字的含义规定如下：1表示发明专利申请；2表示实用新型专利申请；3表示外观设计专利申请；8表示进入中国国家阶段的PCT发明专利申请；9表示进入中国国家阶段的PCT 实用新型专利申请。

上述申请种类号中未包含的其他阿拉伯数字在作为种类号使用时的含义由国家知识产权局另行规定。

4.4　申请流水号

专利申请号中的申请流水号用7位连续数字表示，一般按照升序使用，例如从0000001开始，顺序递增，直至9999999。

每一自然年度的专利申请号中的申请流水号重新编排，即从每年1月1日起，新发放的专利申请号中的申请流水号不延续上一年度所使用的申请流水号，而是从0000001重新开始编排。

4.5　专利申请号编号规则图示

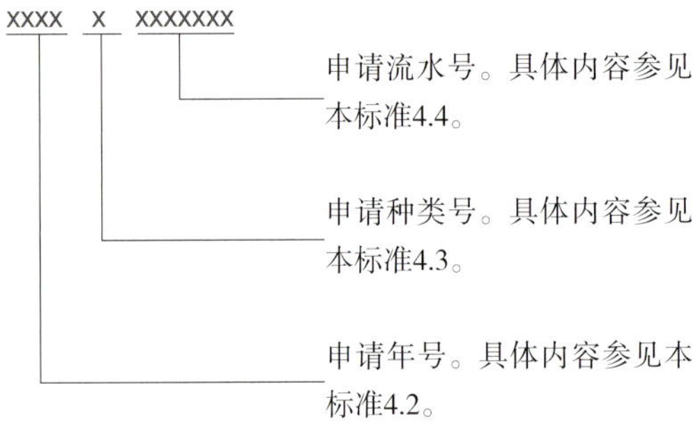

5　专利申请号的使用规则

5.1　专利申请号与校验位的联合使用

国家知识产权局在受理专利申请时给予专利申请号和校验位。校验位位于专利申请号之后，在专利申请号与校验位之间使用一个下标单字节实心圆点符号作为间隔符。除法律法规和行政规章另有规定以外，在专利法、专利法实施细则及其他相关法规规定的各种法定程序中均应将专利申请号与校验位（包括两者之间的间隔符）联合使用。

5.2　专利申请号与中国国家代码CN的联合使用

可以将中国国家代码CN与专利申请号联合使用，以表明该专利申请是由中国国家知识产权局受理。代码CN应位于专利申请号之前，如果需要，可以在CN与专利申请号之间使用1位单字节空格。

5.3　专利申请号的书写及印刷格式

除法律法规、行政规章规定专利申请号（包括与校验位联合使用的情况）的所有数字必须连续书写或印刷以外，在专利申请号的年号与种类号、种类号与流水号之间可以分别使用1位单字节空格。

在表示年号及流水号的数字段内、流水号与间隔符之间、间隔符与校验位之间不得使用空格。

在专利申请号（包括与校验位联合使用的情况）的前后或其中不得使用5.1、5.2和5.3第1款规定以外的任何其他文字、数字、符号或空格作为专利申请号的组成部分。

6　专利申请号标准的管理

由国家知识产权局指定的本标准管理者依据本标准的条款内容，对专利申请号标准进行管理，并负责建立一个专利申请号标准有效运行环境。

本标准管理者的具体职责是：

--依据本标准的内容，保证专利申请号使用的惟一性；

--负责专利申请号的管理和维护；

--解释本标准的规范性术语和定义；

--提出改进建议。

7　标准的发布

本标准于2003年7月14日发布。

8　标准的施行

8.1　标准施行

本标准于2003年10月1日正式施行。

8.2　标准监督

国家知识产权局标准化委员会负责监督标准的实施。

8.3　标准改进

国家知识产权局标准化委员会对本标准管理者提出的改进建议进行评审，如有必要，可以制定新标准代替本标准。